복덩이의 행복한 동행일기

엘림북스는 목회자와 연구자 그리고 평신도들의 의미 있는 기록들을 전문적으로 출판하는 세움북스의 임프린트입니다.

복덩이의 행복한 동행일기

초판 1쇄 인쇄 2026년 1월 10일
초판 1쇄 발행 2026년 1월 15일

지은이 ㅣ 박신구
펴낸이 ㅣ 강인구

펴낸곳 ㅣ 엘림북스
등 록 ㅣ 제2014-000144호
주 소 ㅣ 서울시 종로구 대학로 19 한국기독교회관 1010호
전 화 ㅣ 02-3144-3500
이메일 ㅣ holy-77@daum.net

디자인 ㅣ 참디자인

ISBN 979-11-93996-70-6 (03230)

복덩이의
행복한
동행일기

박신구 지음

엘림북스

***

박신구 어머니

우리 아들은 여섯 살 되던 해에 스무 살 밖에 못 산다는 희귀난치병을 진단받았다. 눈앞이 캄캄했다. 오남매 중 막내인 저 귀여운 아이가 스무 살을 못 넘긴다고 하니 원망과 한숨뿐이었다. 내 인생은 끝장났구나 생각하며, 아들을 생각하며 많이 울었다.

기도원에 가서 금식하면서 주님께 매달렸다. 병든 몸을 고쳐 주소서! 병은 자꾸 진행되는데, 근육은 자꾸 빠지는데, 기도하는 복을 주셨다.

병은 계속 진행되는데, 벌떡 일으켜 세워 주시지는 않았지만 계속 기도하는 복을 주셨다. 그것이 응답이었다.

50을 바라보는 오늘까지 하나님의 특별하신 응답으로 건강하게 살아가고 있다. 예수동행일기를 쓰면서 많은 힘을 주셨다. 오늘까지 지켜 주시고 살려 주시고 사명 주셔서 하나님이 영광 받으신다.

나는 아들을 '복덩이'라고 부른다. 고난이 나에게 복이 되었다. 진정 막내아들은 나에게 큰 복이다. 몸은 한없이 약하고 힘이 없는데 어디에서 나온 힘으로 그런 은혜로운 일기를 쓸까? 오직 하나님의 크신 은혜다. 이번에 처음으로 책을 내게 되어서 너무 감격스럽고 하나님께 감사드린다.

고난이 유익한 줄 이제야 깨닫는다.

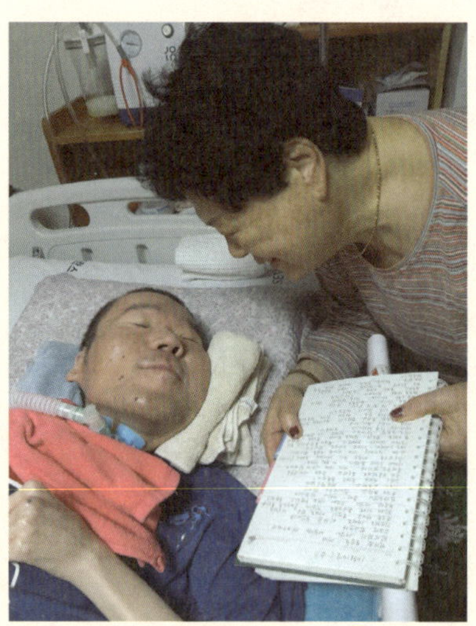

******

예수 안에서 꿈꾸십시오. 찬란한 내 인생의 봄날을…

방성일_ 하남교회 담임목사

후회 없이 사는 사람이 있을까요? 목사로 사는 저 역시 후회가 없지는 않습니다. 하지만 그 후회를 오래 붙들지 않고, 다시 현재를 살고 있습니다. 하지만 지난 11월 어느 날, 본서의 저자를 심방한 후로 제 마음에 들어와 살고 있는 감정이 있습니다.

애틋하고 쓰리며 동시에 벅찬 감정. 도대체 이것이 어떤 감정인지 모르겠습니다. 저자는 목사가 심방을 간다고 하니 지난밤부터 기다리며 설레었다고 합니다. 목사가 방문해도 달라질 것이 없지만, 그래도 기다렸다니 고마울 뿐입니다. 몸은 침대에 누워 있지만 그가 하나님을 얼마나 사랑하는지 느껴졌습니다. 이유 없는 고난의 긴 터널을 지나고 있는 자신이 얼마나 답답하겠습니까. 하나님이 원망스러울 수밖에 없는 상황인데, 여전히 하나님을 사모하고 사랑하는 그 앞에서 작아지는 느낌이었습니다.

20대가 되기 전에 끝난다는 절망적인 의사의 말이 있었지만, 20세가 두 번 지나고 8년을 더 살고 있습니다. 꼼짝 없이 누워 있으면서도 환하게 빛나는 그의 얼굴을 봅니다. 누구이 도움 없이는 아무것도 할 수 없으면서, 움직일 수 있는 손가락으로 글을 쓴다는 사실이 놀랍습니다. 살아온 날을 서러워하거나 자신의 처지를 비관하는 글이 아닙니다. 그의 글 속에는 은혜가 흐르고 감사가 흘러넘칩니다. 이해할 수 없는 환희가 묻어 있습니다.

책 속 본문을 옮겨 봅니다. "주님이 주시는 기쁨과 평안을 누리는 주일 하루였다. 오전에 하남교회 2부 예배를 온라인으로 함께 드렸다. 요즘 대면 예배와 비대면 예배에 대해 논란이 많다. 나는 20년 넘게 주일 예배를 현장에서 드리지 못하고 있다." "어제 하남교회 금요성령집회에서 『스몰 스텝』의 저자이신 박요철 작가님의 메시지를 듣고 큰 가르침을 얻었다. 아주 작은 반복의 힘이 '스몰 스텝'인데, 매일 하루 5분, 10분의 반복된 습관이 시간이 흐르면 하나님이 주신 자기다움을 이룬다고 한다." 아… 얼마나 교회에 나가고 싶을까요? 스몰 스텝으로 무엇을 연습하고 싶을까요? 우리는 마음만 먹으면 너무도 쉽게 할 수 있는 일상인데, 그에게는 평생 소원이 아닐까 싶습니다.

이런저런 생각에 자꾸만 부끄럽고 미안하고 또 감사하게 됩니다. 그러기에 더욱 이 책을 읽는 사람이면 누구도 예외 없이 겸손해질 거라는 생각이 듭니다. 거울 앞에서 매무새를 가다듬듯 자신을 돌아보게 될 것입니다. 나뭇잎 떨구고 선 겨울나무처럼, 있는 그대로 자신을 보게 될 것입니다. 이 책을 손에 든 그대에게 저자의 행복이 전달되기를 기대합니다. 그리고 예수 안에 찬란한 내 인생의 봄을 꿈꾸게 되기를 바랍니다.

**

정주채_ 향상교회 은퇴목사

신구 형제와 공간적인 간격을 넘어 마음으로 가까운 만남을 하게 된 것은 형제가 그의 동행일기를 나와 공유하면서부터입니다. 나는 오래전에 언제나 누워 지내던 신구 형제를 만난 적이 있습니다. 그러나 그냥 지나며 스치던 만남이었고 그 후 수십 년의 세월이 흐르는 동안 나는 형제를 거의 잊고 지냈습니다.

그러다가 다시 만난 것은 형제의 동행일기를 통해서였습니다. 형제는 언젠가부터 카카오톡을 통해 나에게 동행일기를 보내 주었습니다. 동행일기를 통해 교제하게 되면서부터 나는 형제를 사랑하고 존경하게 되었습니다. 존경한다는 말은 결코 빈말이 아닙니다. 일기를 통해 형제의 깊은 영성을 접하면서 나는 경탄을 금하지 못했고, 영적으로 큰 도전을 받았습니다. 신구 형제는 목사인 나를 부끄럽게 만들었습니다.

신구 형제는 교육을 제대로 받지 못했습니다. 스스로 공부할 수 있는 처지도 아니었습니다. 형제는 평생을 방안에 누워서 지내야 했습니다. 때문에 형제는 서로 부대끼며 살아가는 사람들의 삶의 현장을 전혀 경험할 수도 없었습니다. 우리는 복잡한 삶의 현장에서 배우기도 하고 가르치기도 합니다. 그런데 형제는 이런 삶의 현장에서 거의 완전히 격리된 생활을 해 왔습니다.

그러나 그는 인생과 세상사를 꿰뚫어 보고 있습니다. 이런 안목과 지혜는 어디서 왔을까요? 낱말 하나 틀린 것이 없고 자연스럽지 못한 문장 하나 없는 글솜씨는 또 어디서 왔을까요? 나는 지금도 보내 오는 형제의 일기를 읽으며, 여호와를 경외하는 것이 지혜와 지식의 근본이라는 말씀을 상기합니다.

형제는 매일 눈뜨면 천장을 쳐다보며 지내야 합니다. 그러나 사실 형제의 시선은 막힌 천장을 뚫고 하늘에 계신 하나님으로 향합니다. 제한된 공간과 극도로 제한된 신체적 움직임 가운데서도 언제나 말씀을 묵상하며 쉬지 않는 기도로 하나님과 교제하는 형제를 생각하면 나는 좀 쉬려고 누웠다가도 벌떡 일어납니다.

『복덩이의 행복한 동행일기』에는 신구 형제의 신앙과 인생이 녹아 있고 하나님의 말씀과 그분이 주신 복과 은혜가 들어 있습니다. 한 권씩 사서 읽고 행복한 복덩이의 복을 우리도 함께 공유할 수 있으면 정말 좋겠습니다.

******

김순성_ 목사, 전, 고려신학대학원장

신구는 나의 신학교 은사이신 박성복 교수님의 막내아들이다. 어느 날 교수님 댁을 방문했는데 당시 개구쟁이였던 여섯 살 신구의 모습이 지금도 눈에 선하다. 그러던 그가 온몸이 마비되는 근이영양증이라는 희귀병에 걸려 평생을 침대에 누워 지내고 있다. 폐 근육이 마비되면서 스무 살을 넘기기 어려운 질병인데 그 무렵 가정용 인공호흡기가 발명되어 48세가 된 지금까지 생명을 유지하고 있다. 이 어찌 우연이랴. 그의 삶에 남다른 사명이 있어서가 아닐까.

자기 목숨 연명을 위해 그가 할 수 없는 일은 아무것도 없다. 호흡조차도 기계에 의존해야 한다. 그런 그가 손가락에 미세하게 남은 감각으로 마우스를 이용해 그의 영혼을 글자로 한자 한자 토해낸다. 지극히 평범해 보이는 글이지만, 그의 일기 속에는 순간순간 삶과 죽음을 마주하며 치열하게 씨름하는 그의 혼이 담겨있다. 그 누구도 흉내 낼 수 없는 글이다. 나는 오랫동안 카톡으로 그와 글을 나누며 교제하는 복을 누렸다. 그의 글은 때로 내 영혼을 비추는 거울처럼 다가오기도 하고, 때로는 강력한 설교로 다가온다. 지극히 낮은 자리에서 온몸으로 전하는 그의 메시지는 사지가 멀쩡한 나를 부끄럽게 하고 회개하게 한다. 그의 삶의 순간순간이 기적인 것처럼, 내 삶도 매 순간이 은혜와 기적의 연속임을 새삼 깨닫고 감사하게 한다. 그는 자신의 글을 통해 "예수 그리스도 안에서 살아있는 것이 소명이며 은혜와 기적"이라는 것을 삶으로 살아내고 있다. 신구 곁에는 이런 아들을 복덩이로 자랑하는 팔순의 노모가 계신다. 그 어머니에 그 아들이다. 아흔을 바라보는 나이에도 어머니의 글은 언제나 소녀처럼 청순하고 생기가 넘친다. "늙어도 여전히 결실하며 진액이 풍족하고 빛이 청청한" 레바논의 백향목이 바로 이런 모습이 아닐까. 복덩이보다 하루만 더 사는 것이 유일한 소원이라는 어머니에게 복덩이의 일기 출판을 권유했는데 마침내 멋진 책이 되어 나왔다. 주님께서도 기뻐하시리라 믿는다. 온 마음으로 축하하며 이 글을 많은 이와 함께 나누었으면 한다.

******

약할 때 강함 되시는 주님

노록수_ 남아공 선교사

신구 형제는 신대원 시절 신약학을 가르쳐 주셨던 나의 은사님이신 박성복 교수님의 자제 중 막내이시다.

은사님이신 박 교수님을 존경했기에 막내아들이 중증 장애를 입고 인공호흡기에 의지한 채 하루 종일 침대에만 누워 있다는 소식을 듣고 안타까워 위로하려고 신구 형제를 자주 방문하였다. 어려서부터 수십 년을 스스로 움직이거나 자가 호흡을 하지 못하고 살아왔기에 신구 형제의 몸은 많이 야위었고 근육들은 힘이 없다. 오직 발가락을 움직여 돌보는 이들을 긴급 시 호출하며 손가락을 겨우 움직여 컴퓨터로 영상도 보고 예수님과의 동행일기도 쓰고 있었다.

사도 바울에 대해 고린도 교인들은 그의 글에는 장중함이 있으나 실제로 보면 약하고 실망스럽게 보인다고 평했듯이 신구 형제를 실제로 보면 가슴을 졸여야 하는 육신의 장애가 심각하지만 막상 그가 쓴 글을 읽어 보면 맑은 영혼과 주님을 의지하고 믿음으로 살려고 발버둥치는 아름다운 신앙인의 모습이 경이롭다.

극한의 장애 속에서 하나님의 기적적인 간섭으로 오늘까지 살아오면서 신구 형제의 피난처는 한결같이 예수님이시다. 예수님이 계셔서 신구 형제가 오늘까지 버티고 살아올 수 있었다.

부활의 그 날 천사보다 아름다운 영광의 몸을 입고 기뻐 뛰며 춤추며 주님을 찬양할 신구 형제의 모습을 그려 본다.

우리를 약하게 하셔서 그의 능력을 보이시는 하나님, 약할 때 강함 되시는 주님께 감사와 찬양과 영광을 돌려드린다.

**
*

『복덩이의 행복한 동행일기』를 읽고

전병두_ 유진중앙장로교회 목사

개혁주의 신학의 요람지인 화란 깜펀 신학교에서 공부를 마치고 본교에 부임하신 박성복 교수님 밑에서 제가 신약학을 공부할 수 있었던 것은 큰 축복이었습니다. 학부와 신학원에서 사사하는 동안 교수님의 깊은 신앙과 신학적인 가르침은 평생 목회의 길잡이가 되었습니다.

교수님의 5남매 중 막내둥이로 귀여움 받고 자라던 신구 형제가 불치의 병으로 고생한다는 소식을 들은 것은 한국을 떠난 지 여러 해가 지난 후의 일이었습니다. 카톡방을 통하여 전해 주는 신구 형제의 간증은 그 아버님께 받은 신학 훈련 못지않은 강한 감동과 도전으로 다가왔습니다. 평생 침대 생활을 해야 함에도 신구 형제는 "원망할 시간조차 주지 않으신 것은 은혜였다"라고 고백합니다. 이 간증은 어떤 시련 가운데서도 꺾이지 않는 강철 같은 신앙을 증명합니다.

신구 형제의 어머님은 병약한 이 막내둥이를 "복덩이"라고 부릅니다. "… 고난이 나에게 복이 되었다. 막내아들은 나에게 큰 복이다." 어머니의 이 간증은 아무나 할 수 있는 것이 아닙니다. 20년 이상을 인공호흡기로 호흡하며 누워서 하루하루를 지내야 하는 막내둥이를 지켜보는 어머니의 마음을 어떻게 다 헤아릴 수 있겠습니까. 주님께서는 아들의 신앙 못지않은 강한 믿음을 어머님께도 주셨습니다. "…오직 하나님은 미쁘사 너희가 감당하지 못할 시험 당함을 허락하지 아니하시고 시험 당할 즈음에 또한 피할 길을 내사 너희로 능히 감당하게 하시느니라"(고전10:13)고 한 바울 사도의 말씀이 어머님께 그대로 적용되는 모습입니다.

24시간 내내 누운 채로 돌봄이 있어야 하는 자신을 위해서 그 큰 고생을 고생으로 여기지 아니하고 오히려 하나님께서 베풀어 주신 '복덩이'라고 불러 주는 연로하신 어머님을 위한 아들의 기도는 이 세상의 어떤 기도보다 숭고하고 아름다운 기도이기도 합니다.

156개의 항아리에 고스란히 담긴 진주알 하나하나는 신구 형제가 50년 가까이 거쳐 온 삶과 죽음의 세계를 오가면서 나눈 하나님과의 진솔한 대화인 동시에 자아와의 처절한 투쟁의 고백이기도 합니다. 이 육필기는 신구 형제가 매일의 삶이라는 시공간 세계에서 날줄과 씨줄로 엮어 비단으로 짠 길입니다. 이 글은 신구 형제만이 남길 수 있지만 모든 독자를 찾아가 한 사람 한 사람에게 전해 주는 강력한 메시지이기도 합니다.

오늘이 지루해 보이는 이에게는 강한 도전으로, 내일이 보이지 않는 이에게는 밝은 빛으로, 하루하루가 무의미한 삶이라고 느끼는 이에게는 오늘의 삶이 얼마나 소중한가를 보게 하는 한 줄기 빛의 역할을 할 것으로 확신합니다. 하나님을 더 가까이에서 만나고 싶은 분에게 꼭 일독을 권합니다.

*
**

서정열_ 예비역 육군 소장, 절절포장군

박신구 형제의 『복덩이의 행복한 동행일기』는 중환자실에서 삶을 포기할 수 있는 순간에 절절포 정신으로 마음의 절망과 육신의 어려움을 잘 이겨 내고 주님과 동행하며 컴퓨터 자판기에 손가락과 발가락 한두 개의 힘으로 한 글자 한 글자 쓴 일기로 그의 삶의 이야기이며 우리 모두의 이야기입니다. 우리의 싸움은 영적인 것이지만 그 싸움의 실제는 내가 살아가고 겪는 삶에서 벌어집니다. 사탄은 우리가 하나님의 사람으로 살아가지 못하도록 예배와 말씀, 기도생활도 방해하지만 우리의 삶의 문제도 함께 공격합니다. 이 『복덩이의 행복한 동행일기』는 특히 신구 형제의 건강과 육제에서 실세적인 싸움에서 승리하고 있는 이야기입니다. 영을 세우기 위해서는 영을 담고 있는 몸을 온전히 세워야 하며, 내 몸에 있는 나의 삶을 바로 세워야 합니다. 우리의 삶을 무너지게 하는 것이 사탄의 목표인데 신구 형제는 자신의 삶이 무너지지 않도록 믿음으로 지켜 온 형제입니다. 하나님의 사람으로서 자신에게 주신 삶의 터전에서 포기하지 않는 절절포(절대 절대 포기하지 말자) 정신으로 지켜온 것입니다.

신구 형제는 '근이영양증'이라는 온몸이 마비되는 희귀 질병으로 가족들의 사랑과 신구 형제의 의지, 인공호흡기 등의 도움이 없이는 20세 정도 살면 최고 길게 사는 것이라 예상했지만 20세를 넘어 지금 48세(1977년생)로서 하나님께 영광 돌리며 하루하루 믿음의 여정을 가고 있습니다. 신구 형제를 통해 『복덩이의 행복한 동행일기』를 쓰게 하신 하나님께 감사드립니다. 이 책을 읽는 많은 사람들에게 용기와 희망을 주고 동기부여가 될 것입니다. 진심으로 책의 출간을 축하드리며 이 책을 통해 더 많은 사람들이 회복되고 용기를 갖길 바랍니다. 절절포(never never give up) 파이팅!

＊＊

이지선_ 이화여대 사회복지학과 교수, 『지선아 사랑해』 저자

교회를 오가던 길에서 전동 휠체어에 기대어 밝은 미소로 인사를 건네던 신구 오빠를 기억합니다. "스무 살을 넘기기 어렵다"라는 진단을 받았다는 이야기를 들었었는데, 오빠의 그 복스러운 미소가 반갑고 좋으면서도, 참 역설적이라는 생각이 들었습니다. 오빠는 그 미소 그대로 스무 살도 넘기고, 마흔 살도 넘겼습니다. 그렇게 일주일에 두세 번 오빠가 보내 주는 오빠의 동행 일기를 받을 때마다, '크게 이기는 법'이 아닌 '작게 행복해지는 법'을 배울 수 있었습니다.

오빠가 마주한 삶의 무게도, 그로 인해 감내해야 했던 고통의 깊이도 저와는 비교할 수 없을 만큼 깊었지만, 페이지 곳곳에서 비슷한 힘과 감사를 느낍니다. 희귀 난치병이라는 거대한 벽 앞에서 오빠가 쏟아낸 솔직한 고백과 그 벽을 넘어 발견한 눈부신 평안을 읽어 내려가며, 오빠의 남다른 단단함과 깊은 신앙에 힘입어 저의 지나온 시간과 지금을 되돌아보게 되었습니다.

기관 절개로 목소리를 잃은 침묵의 자리마저 주님과의 친밀한 대화로 소화해 내는 오빠의 삶의 태도가 이 책을 통해 온전히 전해집니다. 복덩이 신구 오빠의 이 치열하지만 담담한 동행의 기록은 삶에서 길을 잃거나 무엇이 진정한 복인지 헷갈리는 모든 이들에게 건네고 싶은 귀한 선물입니다. 저자의 고백처럼 우리 모두가 이 책을 통해 '살아 있는 것 자체가 기적이고 은혜'임을 깨닫고서, 자신만의 행복한 동행 일기를 써 내려갈 용기를 얻길 소망합니다.

＊＊

채정미_ 아동문학가

사랑하고 축복하는 복덩이 신구. 얼마 전 신구에게서 "선생님, 선생님이 추천사를 써 주시면 좋겠어요"라는 부탁을 받았습니다. 그러고 나라면 이 책을 읽는 독자들

에게 어떤 말을 해주면 좋을까 생각하다가 문득 제가 들었던 말 중 제일 좋았던 말을 해주고 싶었습니다. "선생님, 선생님은 글과 시가 똑같아요. 선생님 시를 읽으면 선생님이 보여요." 저는 저에게 하고 싶은 말, 제가 듣고 싶은 말을 제 글 속에 씁니다. 그래서 제가 쓴 글이 곧 제가 됩니다.

이 책 속의 복덩이도, 복덩이의 이야기도 그러합니다. 하나님이 특별히 사랑하시고 그의 어머니가 "우리 복덩이, 복덩이"라고 부르는 복덩이 신구. 아직 신구를 직접 만난 적은 없지만, 계속 메시지로 소통하며 그가 얼마나 하나님을 사랑하는지, 얼마나 신실한지, 또 하나님이 그를 얼마나 사랑하시는지 알게 되었습니다.

하나님은 감당 못 할 고통은 주지 않으신다고 하셨지만, 인간의 입장에서 보면 이건 분명히 감당하기 어려운 고난이고 시련입니다. 그러나 그저 몸이 불편하고 안타깝고 불쌍한 신구가 아닌 "삶의 모든 순간에는 하나님의 뜻이 있다"라는 말씀을 붙잡고서 감당할 수 없는 고통 속에서도 하나님을 믿고 의지하며, 더욱 사모하면서 희망의 씨앗을 뿌리는 복덩이 신구를 독자들이 있는 그대로 봐 주기를 바랍니다. 그리고 그의 또 다음 행보를 기대합니다. 그의 가는 길에 든든한 도반이 되고 싶습니다.

*
**

배준완_ 서울서문교회 목사

처음 신구 형제와 만났을 때가 생각납니다. 45년이 넘도록 근무력증이라는 희귀 난치병과 씨름하면서도, 너무나 편안하게 친한 형님처럼 저를 대하며 자연스럽게 이야기를 건네던 형제의 모습이 저에게 깊은 울림을 주었습니다. 복음송 가사처럼 "형제의 모습 속에 보이는 하나님 형상"의 아름다움이 보였습니다. 삶의 어떤 고난 속에서도 변함없이 우리 존재 밑바닥을 흐르고 있는, 하나님의 선하신 창조와 성육신의 신비가 교리를 넘어 현실로 다가오는 것 같았습니다. 그만큼 신구 형제의 밝고 자연스러운 모습 속에서 빛나는 존귀함이 보였습니다. '아, 하나님은 신구 형제에게 전혀 미안하실 게 없으시구나. 하나님의 최선과 최고의 사랑이 이 형제 속에 함께 있구나' 하는 마음이 들었습니다.

이후 신구 형제가 보내 준 "동행 일기"를 읽으면서 또 다른 감동이 느껴졌습니다. 하나님의 영광이 그리스도를 통해 작고 약한 모습으로 찾아오신 것처럼, 연약한 형제 속에 지금도 말씀으로 찾아오셔서 우리 삶을 비춰 주시는 주님의 임재를 느끼는 감동을 말입니다. 작은 손가락 하나로 자신의 온 힘과 생명을 다해 말씀을 삶으로 살아내는 신구 형제의 모습에 저도 늘 거룩한 도전을 받습니다. 신구 형제의 "예수 동행 일기"는 "너희 몸을 거룩한 '산 제물'로 드리라"라는 말씀에 대한 매일의 '산 순종'이며, 지금도 우리를 찾아오시고 함께하시는 "예수님의 임재 일기"이기도 합니다. 이 귀한 책이 많은 분에게 동일한 감동과 도전이 되기를 바랍니다.

나는 1977년 어느 봄날, 3남 2녀 중 막내로 태어났다. 늦둥이 막내였기에 부모님과 형제들의 사랑을 온전히 받으며 자랐다. 아버지는 나를 목회자로 세우고 싶어 하셨다. 그러나 그 행복한 시간은 오래가지 않았다. 내가 또래보다 걸음이 늦고 걸음걸이가 다르다는 것을 이상히 여겨 병원을 찾았을 때, 의사는 근육이 점점 사라지는 병이라고 진단했다. 스무 살을 넘기기 어렵고 치료제도 없다는 이야기는 부모님께 하늘이 무너지는 소식이었다. 그날 이후, 나의 어린 시절은 부모님의 눈물과 한숨 속으로 묻혀 갔다.

그 무렵 신학교 교수였던 아버지의 목회가 시작되었다. 어쩌면 내가 아프지 않았다면 안정된 교수 생활을 내려놓고 목회를 시작하기 어려웠을지도 모른다.

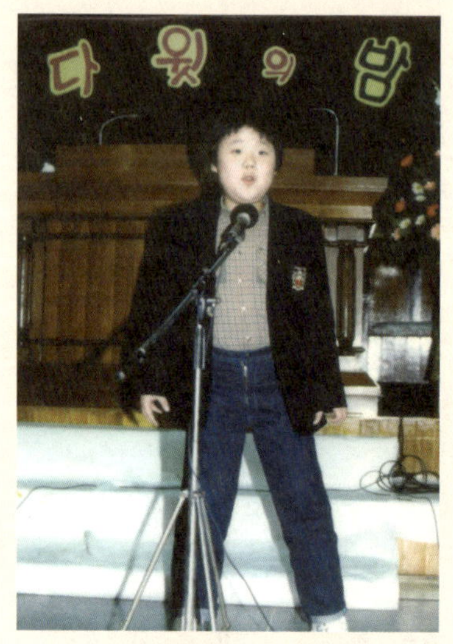

나는 아홉 살부터 걸을 수 없게 되었고 휠체어를 타고 10대를 보냈다. 죽음에 대한 두려움은 막연히 지나가고 극복할 수 있었지만, 장애로 인해 현실에서 부딪히는 감정과 삶의 무게는 날이 갈수록 실감되었다. 학교에 갈 수 없고 미래를 꿈꿀 수도 없던 시절, 그러나 주님은 나를 그냥 두지 않으셨다. 큐티 말씀과 교회 청년 선생님을 통해 나를 붙들고 이끌어 주셨다. 원망할 시간조차 주지 않으신 것은 은혜였다.

하나님의 은혜로 가정용 인공호흡기가 보급되며 나는 스무 살을 넘길 수 있었다. 그러나 이성에 눈이 뜨이고 사회적 관계를 바라보게 된 20대의 나는, 나 자신이 더 초라하게 느껴졌고 마음은 점점 고립되었다. 신앙도 멀어졌다. 그러던 중 병의 악화로 소화와 배변조차 어려워지는 고통을 겪으며, 나는 다시 주님을 부르기 시작했다.

겉으로는 신앙인의 모습이었으나 속으로는 세상과 타협하고, 은밀한 죄 속에서 주님과의 동행 없이 살아가던 시간이 이어졌다. 그리고 주님은 다시 나를 깊이 만나 주셨다.

5년 전 봄, 맹장이 터져서 응급 수술을 받았고 중환자실에서 한 달 가까이 생사를 오갔다. 목숨은 건졌지만 기관절개로 인해 말하고 먹는 기능을 잃었다. 가장 힘들고 외로운 순간, 나는 오직 주님만을 부르고 찾을 수 있었다.

이후 나는 예수동행일기를 매일 쓰기 시작했다. 오늘 하루 주님을 얼마나 의식하고, 얼마나 함께 걸었는지를 기록하기 시작하며, "내가 사는 것이 아니라 내 안에 그리스도께서 사신다"는 말씀을 삶으로 경험하게 되었다.

여전히 나는 약하고 병은 진행 중이며, 현실 앞에서 두려움에 떨기도 한다. 그러나 분명히 믿는다. 주님은 내 안에 계시고, 나는 주님 안에 있다. 어떤 고난과 죽음도 나를 주님과 떼어놓을 수 없다.

『복덩이의 행복한 동행일기』 출간을 허락하신 주님께 감사드린다. 돌아보면 내가 한 것은 아무것도 없다. 호흡조차 스스로 할 수 없는 내가 손가락 하나로 써 내려간 이 기록은 기적이다.

오늘도 살아 역사하시며 나와 동행하시는 하나님 아버지께 모든 영광을 올려드린다.

차례

생명이 곧 사명이다

20년 넘게 인공호흡기로 숨 쉬고 거의 누워 지냈지만 익숙한 상태와 생활에 지루하거나 크게 괴로움을 느끼고 살지 않았다. 외부 활동이나 대인관계가 제한적이었어도 나의 일상에 소통이 가능했고 먹는 낙도 누리며 살아서 큰 아쉬움도 없었다.

결국 올해 올 것이 오고 말았다. '진행성 근이영양증'(근육 장애와 근육을 사용한 후에 근육을 이완하기 어려운 증상)의 악화로 삼킴 기능이 떨어지고 내장도 힘을 잃었기에 수술 한 번에 무너져 내렸다. 죽어도 목에 구멍을 내고 말도 못 하고 콧줄로 영양공급을 받으며 생명 연장하긴 싫었는데…. 그래도 하나님 주신 생명이 곧 사명인 줄 알기에 원치 않는 질병과 고난도 받아들이고 순종으로 살아가야 한다.

지난날 동안 항상 나를 돌보시고 푸른 초장으로 인도하신 선한 목자 주님을 신뢰하고 감사함으로 인생의 광야 길을 걸어가야겠다.

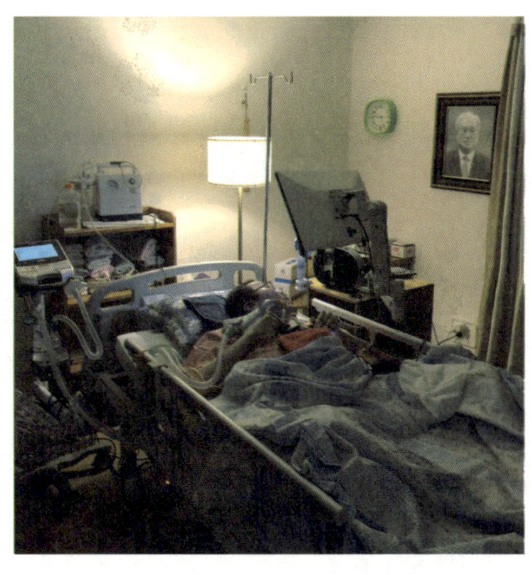

1. 현실의 어려움이 고통스럽지만, 감당할 힘을 주시는 하나님께 감사합니다.

2. 전신마취 수술과 긴 입원, 치명적인 폐렴 속에서 지켜 주신 주님께 감사합니다.

3. 수많은 손길과 도움으로 곤란 속에서 벗어나게 해 주셔서 감사합니다.

4. 말하지 못하는 시간 속에서, 주님을 더 깊이 생각할 기회 주셔서 감사합니다.

5. 오늘 시원하게 머리 깎게 해 주셔서 감사합니다. 작은 기쁨에도 감사할 수 있어서 감사합니다.

광야로 부르신 하나님

상상도 할 수 없었던 또 다른 육신의 고통이 닥쳐온 2020년. 코로나19로 일상이 멈추고 많은 사람이 고통을 당하는 걸 뉴스로 접하면서 나에게는 그런 불행이 오지 않기를 바랐다. 올해만큼은 병원도 가지 말고 몸조심해야지 했건만 갑자기 맹장이 터졌고 3시간이 넘는 큰 수술에 내 몸은 속절없이 무너져 내렸다.

한동안 받아들이기 힘들었고 내가 무슨 죄를 지은 건가 싶어 회개도 하고 하나님이 나를 버리셨나 싶어 기도로 매달려 보았다. 그렇게 하면 하나님이 이 환난을 당장 거두어 가실 것 같았다. 그런 기대로 한 달, 두 달을 버텼는데 아무 응답도 없었고 기대와 소원이 무너져 깊은 절망이 찾아왔다.

그렇게 또 괴로운 시간을 한참 지냈는데 하나님의 응답이 들려왔다. 이 고난은 하나님이 나의 죄를 징계하심도 아니고 나를 떠나고 버리셨기 때문도 아니라는 확신을 주셨다. 이건 믿음의 선배들이 모두 지나간 광야인 거다. 죄를 벌하고 버림받는 곳이 아니라 나를 단련하고 진짜 믿음과 하나님을 경험하는 훈련의 자리라고 알려 주셨다.

그리고 말로는 종교적인 모습을 보이고 살았지만 정말 삶으로는 이중적이고 가식적인 사람이었던 나를 보게 하셨다. 평생 종교인으로 살다가 어디로 갈지도 모를 나를 진짜 하나님의 자녀, 예수의 제자로 부르시는 걸 깨달으니 다시 소망이 생긴다. 하나님은 광야로 나를 이끄셨다. 하나님의 선한 뜻을 이루기 위해서, 그분과 영원히 동행하도록 부르셨다.

기적보다 크신 은혜

나 같은 중증 장애 환자에게 전신마취 수술은 치명적이다. 생명에 지장 없이 마친 게 다행일 정도다. 겨우 음식을 삼키고 말도 하고 살다가 맹장 수술하는 바람에 모두 잃어버리게 돼서 속상하고 더 고달픈 일상이 됐다. 한탄과 원망이 없다면 거짓말일 거다.

나의 고통이나 고생을 생각하면 당장 해결책을 응답해 주시길 바란다. 그러나 내 소원처럼 즉각적인 기적은 일어나지 않는다. 동화 속 도깨비 방망이나 지니의 요술 램프처럼 소원대로 뚝딱 이뤄줄 하나님을 기대한 나를 본다. 이 고난이 나의 그런 생각을 깨뜨리고 하나님과의 관계를 성숙시켜 준다. 기적의 경험은 놀라운 거지만 오래가지 못한다. 아무 변화가 일어나지 않으면 괴롭고 힘들지만 하나님을 더 깊이 만날 수 있다.

힘든 수술을 하고도 살게 해 주신 은혜에 감사하고 힘들지만 가족과 활동보조 선생님들의 수고로 견디게 해 주신 긍휼에 감사드린다.

기관절개를 바로 막아 주실 수도 있지만 폐렴을 막아 주시기 위해 지체하신다고 믿고 감사드린다. 이 땅에 기대할 것들을 다 끊어 주셔서 주님만 바라고 말씀과 기도의 자리로 불러 주셔서 감사하다. 가장 선한 그분의 때에 가장 좋은 응답 주실 거고 나의 기대와 다를지라도 주님 뜻 이뤄지리니 할렐루야!

하나님 없는 긍정이나 희망은 자기 최면에 불과하다. ‘나는 행복합니다’라고 스스로 최면을 걸 수도 있지만 그건 정말 비참한 일이다. 살아 계신 하나님을 신뢰하고 능력의 복음 예수 그리스도로 인한 소망으로 항상 기뻐하고 쉬지 않고 기도하고 모든 일에 감사할 수 있으니 진정한 행복이다. 하나님께 모든 영광을!

끝이 아닌, 새로운 시작

2020년은 나에게 큰 시련이 닥친 한 해로 기억될 거다. 내 평생 처음으로 전신마취 수술을 했고 고통과 외로움의 3주 간의 중환자실 생활, 기관절개로 인한 목소리와 음식 섭취 기능을 상실한 아픔은 감당하기 힘든 시련이다. 하지만 근이영양증 환자로서 언젠가 겪어야 할 필연적인 고통일 거다. 우선 이 현실을 받아들이고 감당해야 한다.

그러나 체념이 아니라 천국에 대한 소망과 하나님의 뜻을 신뢰하는 마음과 그분의 때를 기다리는 태도다. 그다음으로는 이 고난을 운명처럼 생각하지 말고 감사와 기도와 말씀 순종의 기회로 삼고 주 예수의 영광 나타낼 복의 기간이 되길 원한다. 기적만 바라는 게 아니라 영육 간에 치유와 회복을 믿고 감사와 영광을 올려드리고 싶다. 모두가 끝났다 할 상황에도 절대 포기하지 않으리라.

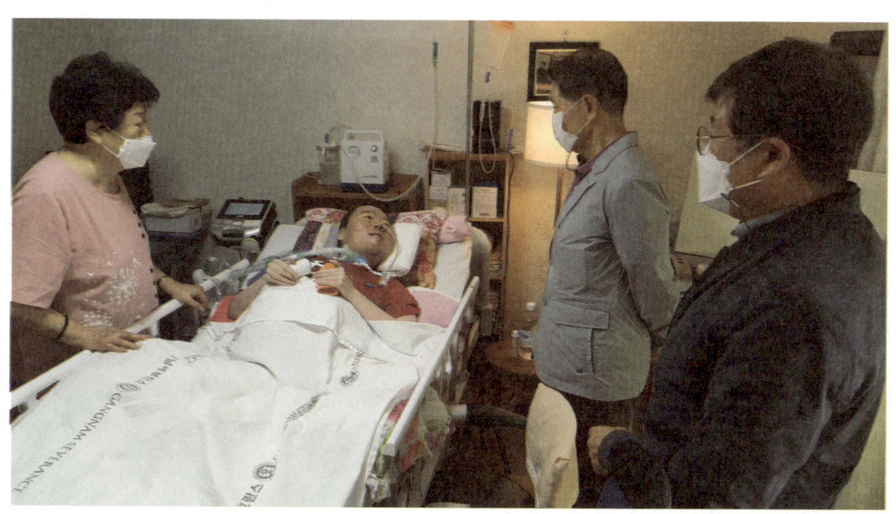

눈뜨자마자
부르는 이름

아침에 눈뜨자마자 주님을 불러 보니 저절로 첫 일과가 기도로 주님과 대화를 나누는 것이 되었다. 일부러 주님 생각하고 부르지 않으면 하루 종일 주님과 교제 나누기가 쉽지 않다. 그런 상태로 큐티하고 성경 읽고 기도했으니 형식적인 신앙생활이었다. 주님을 별로 생각하지도 않고 의무적으로 경건 생활하다 보니 나는 왜 은혜가 크지 않을까 늘 목이 말랐다.

매일 예수동행일기를 쓰려고 생각하니 자연히 예수님 먼저 생각해야지 하는 의식을 갖게 된다. 예수님을 생각하는 건 해도 되고 안 해도 되는 선택이 아니라는 걸 알게 해 주셔서 감사하다.

눈뜨자마자 예수님 부르는 걸 잊어먹고 못한 날도 많았다. 이러다 또 흐지부지되겠구나 했는데 오늘 다시 하게 하셔서 할 수 있다는 용기를 주셔서 감사드린다. 그냥 한번 예수님 불러보고 끝나는 게 아니라 이어서 기도가 되고 주님을 더 의지하게 되는 경험을 하니 정말 좋다.

하루의 시작을 예수님과 함께하니 종일 주님 품에 안겨 있는 평안함을 누리게 됐다. 매일 하던 큐티도 숙제 같지 않고 주님의 음성을 듣는 행복한 시간이 되고 성경 말씀이 꿀송이보다 더 달다고 하는 고백이 나의 고백이 된다. 눈뜨자마자 사람을 생각하고 세상을 바라볼 때 주님의 말씀이 잘 들리지 않았었구나 깨닫는다.

오 주님, 내가 주님을 부르고 생각만 해도 큰 은혜를 주시니 감사와 찬양을 올려드립니다. 나보다 더 나를 사랑하시는 주님을 사랑합니다.

주 예수 한 분이면 충분합니다

주 예수님, 오늘도 연약한 나와 함께해 주셔서 감사합니다.

오늘은 몸이 좀 힘들어서 큐티하고 성경 읽기만 겨우 마치고 하루를 버텼다. 마음으로는 더 많이 기도하고 주 예수님을 위한 일을 하고 싶지만 가장 중요한 건 주 예수님의 임재 가운데 머무는 것인 줄 믿는다.

나의 만족, 욕심, 자랑이 신앙생활의 목적이 되지 않고 오직 예수님과 동행하여 예수님 닮은 제자 되는 것이 목표 되기를….

나의 즐거움과 보람으로 살기에는 너무 약하고 무력하다. 예수님만으로 내 삶에 충분한 이유가 되니 참 다행이다. 오늘 무기력한 내 모습을 볼 때는 한숨만 나오고 답답했는데 한계가 느껴질 때마다 무한하신 사랑과 능력의 예수님만 바라보기 원한다.

2020년에 육체의 시련으로 먹고 말하는 능력이 사라져서 많이 힘들고 절망했지만 그런 고난으로 인해 예수님만 기대하게 된 줄 알고 감사드린다. 예수님과 동행한다면 모든 걸 잃어도 모든 것 되시는 한 분 얻었으니 행복하다. 나의 고백을 경배와 찬양으로 올려드린다.

별로 신나는 일 없는 오늘도 예수님을 높여드리니 멋진 하루다. 주님, 영광 홀로 받으소서.

완전하신 하나님 앞에 드리는 기도

공의로우시고 사랑이 풍성하신 나의 아빠 하나님, 목소리로 기도할 수 없어 간절한 마음으로 글로 기도 올립니다. 실수가 없으신 하나님, 인류의 조상 아담의 범죄와 타락으로 세상이 오염되고 망가지고 질병과 죄악으로 모두가 고통하지만 하나님은 실수 없이 구원을 이루셔서 건져 주시는 완전하신 분이십니다.

나에게 생긴 희귀 질병으로 평생 고통당하고 살지만 썩어질 육체만 주시지 않고 영원한 생명을 선물로 주셨으니 감사드립니다. 사람의 생각으로는 불가능한 감사인데 독생자를 내어 주신 아버지의 사랑으로 가능한 기적인 줄 믿습니다.

인생은 금방 시들어 버리는 들꽃과 같사오니 잠시 누릴 영광과 즐거움과 풍요함에 목숨 걸지 않게 하소서.

이 모습 이대로 아버지의 뜻을 이루게 하소서. 지금 순종하지 못한다면 기적이 일어난다 해도 못할 줄 믿습니다. 건강해지면, 장애가 없어지면 주를 위해 살겠다고 잘못 생각하고 평생을 살았습니다. 어리석음을 용서하소서. 그러나 아버지의 뜻이라면 불가능한 일이 없음을 믿사오니 능하신 손으로 역사하여 주소서. 그리 아니하실지라도 나는 주를 찬양하겠습니다.

몸으로 섬기지 못하오나 기도와 물질로 힘써 동역하기 원합니다. 온라인으로 복음 전하고 지체들을 돕게 하소서. 나의 약함을 통해 같은 아픔을 가진 사람들을 섬기게 하소서. 희귀 난치병 환우와 중증 장애인과 그 가족들, 질병과 장애로 활동이 힘든 사람들, 육신의 연약함으로 교회에서 멀어진 성도들, 게임 중독과 여러 중독으로 어려움 당한 영혼들. 그들을 공감하며 복음과 사랑으로 예수 그리스도를 이어 주는 다리가 되게 하소서. 예수님 이름으로 기도합니다. 아멘.

내 안에 거하시는 하나님

"낮에는 여호와의 구름이 성막 위에 있고
밤에는 불이 그 구름 가운데에 있음을
이스라엘의 온 족속이 그 모든 행진하는 길에서
그들의 눈으로 보았더라"(출애굽기 40:38)

하나님이 모세에게 명령하신 대로 성막이 완성되고 희생제물의 피와 거룩한 기름으로 정결하게 하신 후에 임재하신 것처럼 예수 그리스도의 피로 속죄함 받고 성령의 기름 부음을 받은 사람만이 거룩하신 하나님의 임재를 누린다는 걸 깨닫게 하신다.

하나님의 임재를 특별한 장소에서만 경험하는 게 아니라 예수님과 동행하는 24시간 느끼게 해 주시니 그 은혜가 차고 넘친다. 예수님의 십자가 대속의 은혜와 성령의 기름 부으심이 없다면 누릴 수 없는 복임을 고백한다. 하나님이 임재해 계신 나의 몸이 거룩한 성전 되고 나의 삶이 예배되게 하소서!

오늘도 세상 염려, 근심 없이 평안한 하루 보내게 해 주셔서 감사합니다. 현실과 환경은 달라진 게 없는데 평안이 생겼으니 하나님의 은혜가 확실합니다. 예수님만으로 충분하고 만족하는 온전한 믿음 주소서.

혈육만이 가족이 아니라 예수 안에서 믿음으로 하나 된 사람들 모두가 내 가족인 걸 알게 해 주셔서 감사합니다. 더욱 사랑이 뜨거워지게 하소서. 그들을 내 몸처럼 아끼고 사랑하고 위하여 기도하게 하소서.

성경을 통하여 말씀해 주시고 가르쳐 주셔서 감사합니다. 음성과 환상과 꿈보다 더 확실한 계시를 성경을 통해 주시니 더욱 사모하게 하소서.

작지만 빛나는 하루

하나님 아버지, 하루가 너무 짧아서 이슬처럼 금방 사라지는 것이 우리 인생임을 깨닫습니다. 허무함에 빠지거나 지나간 세월을 후회하지 말고 지금 허락된 삶을 감사하고 더 힘써 감당하게 하소서. 유한한 인생에 무한하신 하나님이 찾아오셔서 참 소망 주시니 감사와 찬양 올려드립니다.

오늘은 사랑하는 누나와 조카와 함께해서 행복한 하루였다. 존재만으로도 기쁨과 위로가 되는 사람이 있으니 감사하다. 혼자 있는 시간이 없어 큐티와 성경 읽기는 어려웠지만 화목하게 함께하는 시간도 하나님이 기뻐하실 줄 믿는다. 신앙이 뜨거워지고 열심을 낼수록 사람을 돌아보고 섬기는 사랑이 많은 향기 나는 예수의 사람 되게 하소서.

저녁에는 큰형님과 형수님과 영상통화를 해서 사랑을 나누게 해 주셔서 위로가 됐다. 코로나로 인해 자주 대면하기가 어렵지만 마음의 친밀감은 더 높아지니 감사하다.

사실 매일 큰 이벤트나 근사한 일은 없이 평범한 환자의 일상이라 초라할 수도 있지만 주님의 보호와 사랑으로 가장 빛나는 하루하루를 보내고 있다. 코로나로 인해 힘든 사람들 모두에게 주님을 만나는 위로와 행복 주소서.

그리움, 그리고 소망

20대부터 25년 동안 친형제처럼 생각하고 소통한 동생 천수가 갑자기 천국으로 떠나고 하루가 지났지만 아직도 믿어지지 않고 허전하고 슬프고 많이 보고 싶다.

최근에 너무 힘들어한 동생이 예수님 믿고 고통과 질병 없는 천국에 간 것은 감사한 일이지만 이 땅에서 함께할 수 없다는 슬픔과 섭섭함은 당연한 거고 숨길 수 없다. 지금은 맘껏 슬퍼하고 그리워하고 싶다.

내가 신앙인이라고 해서 사랑하는 사람의 죽음이 아무렇지 않고 의문이 없는 건 아니다. 주님 왜 벌써, 나보다 먼저 착하고 귀한 동생을 천국으로 부르셨습니까? 묻고 싶다. 답은 나도 알 거 같다. 고통이 너무 심했고 감당하기 힘든 동생의 형편과 사정을 아시고 안식과 위로를 주셨다고 믿고 감사드렸다. 그래도 너무 슬프고 아쉽다. 조금만 더 머물러 있게 해 주시지…. 나는 주님의 섭리를 다 이해할 수 없다.

그럼에도 어디로 가는지도 모르는 허무하고 두려운 죽음이 아니라 고통스러워 구한 것일지라도 주님 계신 천국을 바라고 기대한 성도의 죽음이라 구원의 은혜를 경험한다. 평생을 장애로 불편하고 질병으로 고통한 동생이 죽음 앞에 예수님을 만나고 소망했음에 감사하고 또 감사하다.

그리고 구원받고 대단한 신앙 체험과 성장의 간증과 보이는 열매가 없다 해도 예수님을 믿고 영접하는 자체가 하나님의 일이라는 깨달음을 얻는다. 솔직히 교회 열심히 섬기고 직분을 받고 많은 종교적 명예를 쌓았다 해도 별로 은혜스럽지 못한 경우도 얼마나 많은지 모른다. 신앙이 성장하고 사명을 감당하는 게 쓸데없다는 말이 아니다. 초신자의 믿음일지라도 그 마음과 삶이 예수로 채워지고 닮아 있다면 오래 믿고 헌신했을지라도 나로 가득 찬 마음과 삶보다 향기롭다는 말이다.

나도 그런 삶을 살고 싶다. 오래 믿었고 기독교적인 문화에 익숙한 걸로 말고 사랑이 많고 따뜻하고 용서할 줄 아는 예수 닮은 삶으로.

예수동행이 성공적인 결과나 나의 자랑이 되지 않고 사랑과 겸손, 포용으로 열매 맺길 기도합니다.

죽음을 넘어선 은혜

오늘도 사랑하는 동생의 죽음을 슬퍼하는 가운데 예수님을 생각하니 소망과 위로를 더하여 주신다. 사랑하는 동생도 예수님을 믿고 천국에 가서 영원한 안식을 누리고 있으니 나중에 다시 만날 날이 기다려진다. 슬프고 절망스럽지 않은 죽음은 예수 믿는 사람만의 특권이다. 언젠가 나도 세상을 떠날 때 편안하게 잠들기 원하고 남은 이들에게 예수님이 주시는 평안이 증거 되길 기도드린다.

동생의 소식을 듣고 내 주변에서 회개와 용서, 화해와 사랑의 역사가 일어나고 있다. 동생은 신앙을 간증하거나 교회 활동을 한 것은 없지만 그가 믿고 마음에 모신 예수님이 주변 사람들에게 선한 역사를 행하신다. 세상과 종교는 내 이름, 내 공로, 업적을 남기지만 예수 복음은 오직 예수로 충분하다.

사람은 다른 사람의 잘못을 용서하기가 어려운데 예수님을 만난 사람은 무한 용서가 가능하다는 놀라운 사실을 경험했다. 복음의 능력은 하나님의 성품을 불완전한 사람을 통해 보여주시는 것이다. 오늘은 용서와 화목의 은혜로 충만한 하루였다. 예수 안에 거한다면 선한 능력으로 사람은 변한다. 할렐루야!

별일 없는 것이 은혜

예수동행일기는 매일 쓰고 있는데 일상 중에 예수님을 생각하고 바라보는 일은 별로 진전이 없는 듯하다. 그래도 하루를 돌아보면서 예수님을 떠올리고 생각을 하니 나에게 유익하다. 그저 그런 환자의 하루지만 예수님과의 동행으로 바라보니 은혜가 된다.

오늘은 여전한 치질 때문에 괴로워서 몇 번 주님을 부르며 짧게 기도드렸다. 보통 약으로 쉽게 치료되는 건 굳이 기도 안 한다. 기도 안 해도 나을 거라고 생각하기 때문이다. 어려운 고비가 있어서 예수님과 동행하는 기회가 되니 그 또한 감사하다.

사랑하는 동생이 내 곁을 떠나서 아직도 슬픔과 허전함이 있다. 그냥 살아만 있어도 얼마나 좋을까 싶다. 있을 때는 늘 있는 줄 생각하고 좋은 사람도 간절히 생각 못 한다. 사랑하는 가족, 친구와는 서운한 헤어짐을 경험해야 하지만 예수님과는 이 땅에서나 영원한 천국에서나 늘 함께할 수 있으니 정말 감사하고 안심이 된다. 지금 나와 함께하시는 주님과 동행하는 사람들을 기억하고 소통하기를 즐겨 해야겠다. 나 혼자라면 얼마나 외롭고 쓸쓸할까 생각해 본다. 교회를 다녀도 주님과의 동행이 없다면 기쁨과 행복이 없을 거다.

오늘 하루도 별로 기록할 만한 일은 없다. 그냥 별로 신나는 일이 없다. 그러나 갈등이 사라지고 평안을 누리니 최고로 좋은 날이다. 늘 새롭고 멋진 일만 기대하면 평범한 일상은 초라하게 느껴질 거다. 하루라도 주님 생각 안 하고 평안이 없다면 멋진 일도 아무 필요가 없다. 별일 없음과 작은 것에 감사하는 마음으로 주님과 동행하자.

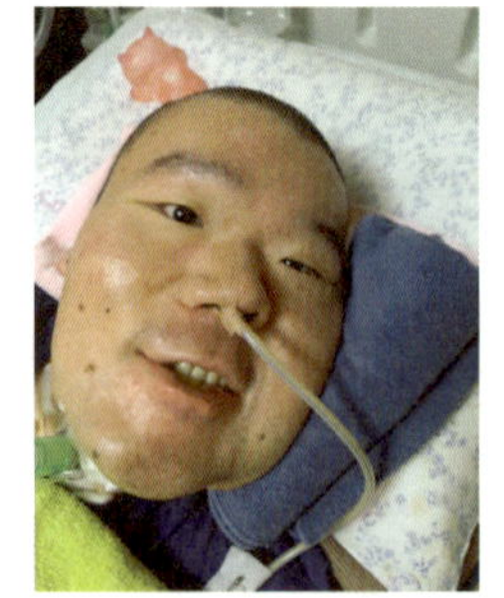

고통 속에 빛나는 동행의 은혜

육체의 고난도 유익이 되는 것은 나의 생명이요 소망이요 빛이신 예수님을 의지하게 되고 그분과 친밀한 동행을 하게 만들어 주기 때문이다. 아무 고난 없이 믿음이 단련될 수 없고 내 자아가 깨어질 수 없는 이유가 거기에 있다.

나도 평생 심한 장애와 희귀 질병으로 육체의 고난을 겪으면서 나의 한계를 절실히 느꼈다. 그대로 절망하고 체념하는 상태로 머물 때는 세상에서 가장 불행하고 비참한 것처럼 느껴졌다. 감사하게도 어려서 접하게 된 성경과 복음으로 미약하나마 예수님을 의지하고 의식하다 보니 은혜와 평강을 선물로 받았고 최근 들어 예수동행일기로 예수님 바라보는 훈련을 하면서 고난도 축복으로 느껴진다.

오늘 눈뜨자마자 예수님을 생각하고 기도할 수 있어서 감사하다. 다른 누구를 생각한다고 해도 그런 평안을 얻을 수 없을 것이다. 어떤 신비한 체험보다 의식적인 예수동행이 더 놀라운 경험이라고 말할 수 있을 것 같다. 기적과 체험으로는 삶의 지속적인 변화가 불가능하다. 출애굽 하고 홍해를 건넜던 이스라엘 백성도, 예수님을 따라다닌 무리들도 놀라운 이적과 기사를 보고도 믿지 못하고 불순종하고 방황했다.

오늘날 기독교를 종교로 가지고 교회를 다니는 사람도 예수님을 만나지 못하고 그분 안에 머물지 않고 동행하지 않는다면 마찬가지다. 더 많은 사람들이 예수님을 믿고 영접하고 평생 동행하는 복을 누리길 기도하면서 나도 매일 예수동행의 삶을 증거할 것이다.

사랑만 하라, 감사만 하라

생각이 복잡하니 아무것도 할 수 없었다. 문제와 사람만 보여서 그랬다. 오늘 아침에 하나님이 주시는 마음의 소리가 들렸다. "너는 그저 나만 믿고 감사하고 사랑만 하라." 정신이 번쩍 나고 무거운 마음이 사라졌다. 내가 모든 문제를 짊어지고 사람들의 마음을 해결하려고 할수록 엉킨 실타래처럼 문제가 커지고 더 꼬였다. 사실 이미 많은 어려움을 하나님이 해결하셨다. 관계에 생긴 문제도 각자의 마음을 만지시니 기다리면 된다.

당장 감사일기를 써서 범사에 감사하는 태도를 회복하기로 결단한다. 내 입장을 왜 몰라주냐고 섭섭해하고 원망할 게 아니라 사랑하며 축복하며 기도할 것이다.

예수동행은 무슨 관념이나 수도 훈련이 아니다. 예수님으로 살면서 하루를 감사와 사랑으로 사는 것이다. 기도원이나 교회를 가서 하는 게 아니라 내 삶의 현장에서 그렇게 살면서 나는 죽고 예수로 사는 것이다.

깨닫게 하시는 주님, 감사하고 사랑합니다. 내게 주신 사람을 고마워하고 사랑하게 하시고 환경을 감사하게 하소서.

약함 속에 부르는 이름

주님! 나의 예수님! 이름만 불러도 기도가 되는 줄 믿습니다. 하루를 지내다 보면 뭐가 그리 분주한지 주님 부를 틈도 없고 눈을 감고 기도하기가 어렵습니다. 별로 중요하지도 않고 가치도 없는 소셜미디어와 뉴스와 정보에 시간과 마음을 다 뺏겨서 그런 것 같습니다.

주님…. 주님과의 교제와 소통이 회복되고 삶의 우선순위가 되기 원합니다. 헛되고 무가치한 것을 버릴 수 있는 분별과 결단을 주소서. 기도만큼 능력 있고 가치 있는 것이 없다는 걸 깨닫게 하소서.

오늘도 유튜브와 뉴스를 보는 시간이 많았습니다. 큐티하고 성경 읽기만 겨우 마치고 거의 그런 허비하는 시간을 보내느라 마음 다해 기도하지 못했습니다. 주님, 주님을 부르지도 못했습니다. 그럼에도 나를 케어해 주시는 권사님의 기도를 두 번이나 받게 해 주셔서 조금 묻어갈 수 있었습니다. 믿음 있는 지체나 가족이 가까이 없다면 더욱 힘겨울 텐데 나는 복 있는 사람입니다.

주님, 오늘은 변이 너무 많이 자주 나와서 기운도 빠지고 멍한 상태입니다. 사람의 기본적인 배설이나 식이생활도 힘겨워진 나를 불쌍히 여기소서. 중증 환자로 40대 중반이 되니 내일을 기약하기 힘든 건강 상태가 됩니다. 새로 맞이한 날을 늘 선물로 여기고 감사하고 기뻐하게 하소서.

육체가 곤하니 내 본향 천국을 생각하게 되는데 그 또한 복인 줄 믿습니다. 세상 살이와 즐거움에 빠져 영혼을 잃어버린다면 저주가 될 것입니다. 천국 소망으로 오늘을 복되게 하소서.

주님, 코로나 백신이 개발되어 이 나라 사람들도 벗어날 기대를 하지만 부작용과 효능에 대한 불신이 커져서 비관적인 것을 아십니다. 노약자와 만성질환자와 중증 환자는 부작용으로 생명을 잃을 수 있어 백신도 또 다른 공포가 됩니다. 세상이 발전하고 고통과 질병 없는 시대를 약속하지만 헛된 기대라는 것을 깨닫습니다. 부디 많은 사람들이 코로나에서 벗어나길 원합니다. 그러나 그보다 영혼을 구원하고 영생을 얻는 복을 모두 얻기 원합니다.

불평을 멈추고 감사로 채우게 하소서

주님, 힘든 시간이 지나가고 다시 평안한 날들을 허락해 주셔서 감사합니다. 그냥 우연히 좋은 날이 오는 게 아니라 여러 사람이 깨어 기도하며 자신을 돌아보고 스스로를 낮추기 때문인 줄 압니다. 사탄은 하나님 자녀를 참소하고 훼방하여 넘어뜨리려 한다고 성경에서 배웠으니 우리 연약함과 기질을 말씀과 기도로 하나님의 보호 아래 숨기게 하소서.

좀 평안하고 형통하면 기도가 줄어들고 말씀을 멀리한 것을 고백합니다. 이 땅에서 문제와 갈등 없는 곳이 없고 완전한 사람이 없다는 걸 잊지 말고 의로우시고 신실하신 주님만 의지하게 하소서.

컨디션이 썩 좋지 않아서 사소한 일로 좀 짜증 나려고 하는데 작은 틈을 내 주면 더 시험된다 인지하고 멈추게 해 주셨습니다. 정당한 불평불만이란 없는 줄 압니다. 스스로 기분을 망치고 은혜를 까먹는 어리석은 행위를 하지 않도록 항상 간섭해 주소서.

사소한 불평불만을 가라앉혔더니 종일 좋은 일만 일어난 줄 믿습니다. 내 힘으로는 누워서 아무것도 할 수 없는 사람을 도움 되는 존재로 만들어 주셔서 감사합니다. 다른 사람 위해 기도하고 좋은 말씀이나 설교, 찬양을 공유한 걸로 칭찬 듣고 축복의 말을 들으니 기뻤습니다. 앞으로도 내가 할 수 있는 일에 보람을 가지고 기쁘게 행하게 하소서.

사랑의 마음, 고마움만 가지고 살면 내가 먼저 행복해지는 걸 알겠습니다. 굳이 남을 미워하고 비판하고 원망할 필요가 없겠습니다. 늘 그렇게 살게 하소서. 예수님처럼….

내가 머무는 이곳에 계신 주님

내가 머무는 이곳에 함께 계시는 주님. 지극히 평범한 나의 일상에 임하시고 역사하시는 하나님을 찬양합니다. 오늘도 나는 연약하고 불완전하지만 하나님은 강하고 완전하시니 내가 믿고 의지합니다.

하나님이 나를 부르고 찾지 않으셨다면 내가 어떻게 하나님을 아버지로 알겠습니까. 나를 하나님 형상대로 만드시고 독생자 예수 그리스도를 십자가에 못 박아 구원하시고 성령을 보내어 도우시는 은혜와 사랑에 감사드립니다.

기도와 말씀으로 많은 시간을 드리지 못하지만 내가 예수 안에 거하고 그가 내 안에 거하심을 믿고 담대함을 얻습니다. 행위로는 자격 없기에 예수 십자가 공로만 의지합니다.

성경 말씀을 통해 하나님을 알게 하시고 복음을 듣게 해 주셔서 감사드립니다. 어떤 꿈과 환상의 계시도 필요 없고 성경을 펼치면 성령께서 알게 하십니다. 수많은 이단과 잘못된 해석에 빠지지 않도록 신실한 종들을 세워 주셔서 감사합니다.

하나님 자녀들을 교회로 부르시고 빛으로 소금으로 세상을 향해 가라고 하시는데 자꾸 익숙한 곳에 머물려고 하는 나를 봅니다. 신앙으로 인정받고 더 높아지려고 하는 마음이 있습니다. 믿음 때문에 멸시받고 낮아지는 걸 더 영광으로 여기는 예수님 닮은 사람 되기 원합니다.

다시 주님과 동행하는 삶을 힘쓰게 하소서. 항상 주님 먼저 생각하고 행동하게 하시고 주님을 바라보고 의식하게 하소서. 기도가 나의 호흡이 되고 말씀이 양식이 되고 삶이 예배되게 하소서. 죄와 마귀와 목숨 걸고 싸우게 하시되 예수 이름으로 승리하게 하소서. 아멘.

주님이 중심이 되소서

주님, 오늘도 선물 같은 하루를 허락하시니 감사드립니다. 제한된 상태와 시간 가운데 많은 것 드리지 못하지만 말씀과 기도로 하루를 시작하니 주님 바라보고 동행하는 기쁨이 있습니다.

최근에 나의 형식적인 신앙생활을 깨닫게 하시고 교회의 본질을 생각하게 하십니다. 주님이 중심에 없는 많은 예배와 겉격 생활과 익숙한 문화와 관계와 건물로 유지되는 교회 개념으로는 주님 오실 날을 예비할 수 없다는 걸 깨닫습니다. 교회는 외형적인 건물이나 모임이 아니라 나 자신이 주님의 신부 된 교회임을 고백합니다.

신앙과 교회 생활의 주인과 목적이 오직 주님으로 회복되길 기도합니다. 주님의 도구인 목사나 장로, 권사가 주인이 되지 않고 교회 건물과 크기가 교회 본질이 되지 않게 하소서.

오늘 오전에 큰누나와 귀한 자매님과의 만남을 인도해 주신 주님 감사합니다. 큰누나와 대학교 때부터 교제한 귀한 분인데 나눠 주시는 모든 이야기가 주님이 나에게 하시는 말씀 같았습니다.

포스트 코로나 시대에 대형 교회나 건물 중심의 교회로는 많은 어려움이 있습니다. 교회 성장과 부흥이 외적인 것이 아니라 내적인 성숙과 변화로 나타나도록 기도합니다.

누나와 자매님의 말씀과 기도로 어머니와 권사님에게도 큰 위로와 은혜가 됐습니다. 모든 것을 주관하시는 주님 영광 받으소서.

예수동행은 실제적인 능력이다

하루를 주님과 친밀하게 동행하기 위해 아침에 눈뜨자마자 주님을 먼저 생각하려고 했다. 그런데 요새 그런 의식을 거의 잃어버렸다. 별로 중요한 게 아니라고 생각했는데 그렇게 하고 안 하고의 차이가 크다.

이렇게 매일 일기로 실행 여부를 점검해야 습관이 될 거 같다. 아무 생각 없이 순간 주님 잊고 지내다 보면 예수동행은 어려워진다. 느슨해졌으니 다시 한번 결심한다.

요즘 설교 말씀과 성도와의 교제를 통해서 나의 믿음 생활이 삼위일체 하나님 외에 불필요한 것으로 채워지고 오염되고 있다는 사실을 깨닫는다. 나의 믿음이라는 것도 나를 집중하게 만들고 내 생각이 하나님의 생각보다 앞서게 만든다. 주님 자체로 가득 채워져야 온전한 믿음이요 교회가 된다. 여러 가지 사람의 생각과 형식과 제도가 주가 되지 않도록 하고 교회의 머리이신 그리스도가 나의 주인이다.

사탄은 수시로 시험한다. 오늘도 말로 틈을 엿보는데 인식하고 돌이키니 사탄이 힘쓰지 못하고 떠나갔다. 믿음으로 교제하는 관계가 그래서 중요하다. 혼자서는 쓰러진다. 나도 늘 깨어 시험이 와도 빨리 벗어나도록 해야겠다. 예수동행은 막연한 것이 아니라, 실제적인 능력이다.

새로운 한 주의 시작 월요일. 몸이 좀 무겁고 마음도 좀 시원하지 않은 상태로 하루를 보냈다. 작년부터 예전처럼 입으로 먹고 말하는 걸 포기하고 늘 같은 자세로 누워서 지내야 하니 좀 답답한 게 사실이다. 기분 전환이나 스트레스 해소가 쉽지 않다. 매일 주님 바라보지 않고는 감당할 수 없는 상황이다.

세상 낙을 절반은 잃은 것처럼 느껴질 만큼 혀로 맛을 느끼고 수다를 떠는 건 나에게 큰 부분이다. 1년이 돼 가니 이 상태를 벗어나고 싶은 의지도 많이 사라지고 익숙해졌는데 무기력감은 숨기지 못한다. 이런 형편이 주님을 바라보고 동행하는 삶으로 나를 이끌어 가니 고통이 나에게 유익이다.

오늘도 하나님 말씀만이 힘이 된다. 세상의 즐거움은 순간이고 너무 허무하다. 즐거움 뒤에는 더 깊은 공허함이 찾아온다. 나 혼자 말씀 듣고 기도하면 힘들 때도 있는데 함께 나눌 지체들이 있어서 연약한 나를 도우시는 주님께 감사드린다. 매일 하나님만을 구하고 성경을 먹는다는 자세로 주님과 동행하기 원한다.

주님, 오늘도 옥합을 깹니다

마태복음 26장

10 예수께서 아시고 그들에게 이르시되 너희가 어찌하여 이 여자를 괴롭게 하느 냐 그가 내게 좋은 일을 하였느니라

11 가난한 자들은 항상 너희와 함께 있거니와 나는 항상 함께 있지 아니하리라

12 이 여자가 내 몸에 이 향유를 부은 것은 내 장례를 위하여 함이니라

13 내가 진실로 너희에게 이르노니 온 천하에 어디서든지 이 복음이 전파되는 곳에서는 이 여자가 행한 일도 말하여 그를 기억하리라 하시니라

오늘 묵상 말씀이다. 주님께 헌신하는 것도 사람의 눈으로 볼 때는 쓸데없는 낭비로 보일 것이다. 주님은 값비싼 향유를 전부 부어드린 여인을 무작정 칭찬하신 것이 아니라 십자가 죽음을 준비한 믿음의 헌신임을 아시고 크게 칭찬하셨다. 상식적으로는 이해할 수 없는 것이 믿음의 헌신과 순종이다. 내 것을 내어드리는 것이라면 불가능하지만 모든 것의 주인이 주님이시기에 돌려드릴 수 있다.

향유보다 더 큰 목숨도 삶도 다 바쳐도 전혀 무리가 없는 나의 구주 예수 그리스도시다. 향유 옥합을 깨어 부어드리는 마음으로 나에게 있는 생명, 몸과 마음, 시간과 물질 전부 주님께 드리고 나의 하루를 주님과 동행하리라 다짐한다.

하루를 주 예수님과 온전히 동행하기 위해 나의 생각과 의지조차 모두 내려놓으려고 한다. 그동안 내가 신앙이라고 생각하고 주님을 위한 것이라고 생각한 것이 전혀 아닐 수도 있다는 생각이 든다. 더 단순하게 말하자면 사랑과 순종이 아닌 종교와 율법이 내가 주님을 위한 헌신이라고 착각한 점이다. 주일에 한 번 예배하고 하루만 경건한 교인으로 지냈던 것 같다. 기독교 종교인으로 살았어도 마음속에 예수의 사랑이 없어서 사람들에게 생명의 복음을 전하지 못했다.

이제부터는 하루 24시간 내가 예수 안에 거하고 그가 내 안에 사는 동행을 나의 신앙으로 삼기로 결단한다. 신앙으로 다른 사람을 판단하고 교회와 세상을 구분 짓고 종교적으로 열심히 산 것을 회개한다. 그리고 주님의 말씀보다 멋지고 감동 있는 설교를 더 찾고 구한 것을 회개한다. 복을 더 달라고 하지 않고 내가 주님의 복이 되어 세상에 복의 통로가 되기를 구할 것이다. 복이신 주님을 모신 것으로 나는 모든 복을 받았고 나의 존재 그 자체가 복이 됐다. 할렐루야.

주님만 붙잡습니다

나의 소망은 예수님밖에 없다. 매일 반복되는 중증 장애인의 하루는 늘 사선을 넘나드는 고통과 위기의 연속이다. 조금 편해진다 싶으면 또 다른 몸의 어려움이 생긴다. 지나온 시간을 돌아보면 어떻게 어려운 순간을 지나왔는지 모르겠다. 죽음의 고비도 수십 번 넘겼다. 살아 있는 게 기적이고 은혜다.

나의 생명이 주님의 도우심으로 보전된 줄 알기에 오늘도 힘들고 괴로우면 주님을 생각한다. 내가 할 수 있는 최선은 그저 주님을 불러보고 의지하는 것뿐이다. 대단한 노력과 헌신도 병들고 고장 난 육체로는 할 수 없다. 그저 "나는 아무것도 아닙니다. 아무것도 못합니다"라고 고백하며 주님 손만 붙잡는다.

늘 그렇게 생각하고 나는 죽고 내 안에 그리스도만 사는 예수동행의 삶이 돼야 하는데 아직도 부끄럽고 죄악 된 본성이 나를 이끌어 간다. 주님 부르면서 말씀 의지하면 나를 붙드시고 도우셔서 죄와 어둠도 이기게 하실 텐데 여전히 내가 주인 되어 내 힘으로 하려고 하니 자꾸 넘어지고 실패한다. 예수동행만 외치고 실천하면 모든 게 단번에 완전히 바뀔 거라고 생각했는데 그건 아니었다. 내 안에는 지금도 육신의 생각과 성령의 생각이 싸우고 있다. 마치 하얀 늑대와 검은 늑대가 싸우는데 내가 어느 편에 밥을 주느냐에 따라 우세와 열세가 달라지는 것과 같다. 예수님을 믿고 한 번에 변화된다면 이렇게 처절하게 예수동행을 실천할 필요가 없을 것이다.

오늘도 나를 무력하게 만들고 패배감을 주는 내 안에 어떤 부분이 있는데 그걸 주님께 들고가서 씨름해야 하는데 아무것도 못하는 나를 보니 절망적이다. 그러나 내가 철저히 무너지는 게 오히려 은혜라고 생각한다. 주님만이 소망되는 과정의 첫 시작은 철저히 깨어지고 포기하는 것이라고 믿는다.

나의 연약함도 주의 완전하심을 바라보게 하시니 한없는 주님의 은혜가 넘친다. 내 마음이 힘겹고 무너질 때 주 예수만 바라보고 그에게 피하리라 선포한다.

내가 죄에 넘어지고 마음이 무너질 때 오히려 감사하고 그 모습조차 주님께 올려 드리자. 하나님은 결코 거절하지 않으신다.

주님 품 안에서
회복되다

평소보다 몸과 마음이 힘든 하루였다. 기분이 별로거나 마음 불편할 일이 있는 것도 아닌데 몸이 좀 무거우니 마음까지 가라앉았다. 오후까지 소화도 잘 안되고 배가 답답해서 몸도 뜨거워져서 편하지 못하다 보니 기분도 꿀꿀해지고 나 사는 게 초라하고 답답하다는 생각이 들어서 주님도 안 보이고 은혜가 하나도 없었다. 사람이 얼마나 연약한지 은혜가 넘치다가도 뭐가 좀 달라지면 전혀 다른 상태로 변한다. 큰 어려움 없음에 감사하다가도 인생에 낙이 없구나 한탄하고 우울해한다. 정말 이러고도 예수 믿는다 말할 수 있나 싶다. 어떤 상황에서도 예수님 안에 머무는 동행을 하면 덜 오르락내리락할 텐데 난 아직도 기분대로 변하고 있다. 몸이 좀 고달파져도 흔들린다.

저녁이 되어 어머니와 권사님의 위로와 공감의 말을 듣고 회복이 됐다. 가까이 있는 사람의 말로도 나를 도우시는 주님을 본다. 혼자 주님 안에서 바로 서 있으면 좋겠지만 그렇게 못해도 바로잡아 주시니 연약하고 허물 많은 나도 소망이 있다.

45살 먹고 무슨 생일 타령이겠냐만 언제 하늘나라 갈지 모르는 상태로 살다 보니 일 년마다 돌아오는 생일이 특별하게 느껴지는 거 같다. 그렇지만 이제 생일 하루 축하받고 멋지게 보내는 건 큰 의미가 없다. 살아 있는 매일의 삶을 영원한 생명 주신 예수님 안에 거하면서 동행하는 게 더 중요하고 복된 일이다. 세상에서 잘살아야 만족하고 행복하다면 별로 좋은 날이 없을 거다. 좀 힘들고 되는 일 없어도 복되고 기쁜 인생은 예수님과 함께일 때 누리게 될 거다.

주님, 기쁘고 좋은 일이 생겨야 희망이 생기고 평안해지던 나의 모습이 예수님과의 친밀한 동행으로 인해 주님만으로 만족하고 기뻐하는 것으로 달라지게 하소서. 사람을 바라보고 의지하는 마음을 사랑하고 기도로 돕는 마음으로 넓혀 주소서.

고난 가운데 피어난 믿음

오늘도 다시 오지 않을 하루를 살았다고 생각하니 특별하고 감사한 하루다.

1년 전 오늘 나는 충수(맹장)염이 생겨서 병원에 갔다. 일어나지 않았으면 좋았을 일이지만 수술을 받아야 했고 엄청난 고생이 뒤따랐지만 수많은 고비를 넘기고 살아남은 게 놀랍고 감사하다.

수술 후 중환자실에서 며칠 머물다가 일반 병실에서 회복 중에 상태가 안 좋아져서 흡인성 폐렴이 생기는 바람에 집으로 못 오고 다시 중환자실로 실려가서 한 달을 보냈고 생명을 건지기 위해 기관절개관을 목에다 뚫어서 하게 됐다. 그래서 목소리를 낼 수 없고 아무것도 입으로 맛보고 먹을 수 없다. 처음에는 그 현실이 너무 기가 막히고 절망스러웠다. 간단한 의사소통도 어려워져서 살아도 고통스러운 하루하루가 이어졌다.

중환자실에서도 한동안 섬망 현상을 심하게 경험했는데 현실 같은 환상이 힘들게 했다. 지금 생각해도 말도 안 되는 일이 보이고 들렸다. 마취 수술의 후유증이 그렇게 무서운 거였다. 외롭고 무섭고 고통스러운 시간을 버텨내다가 그래도 벗어난 게 대단히 감사하다. 많은 분들의 간절한 기도의 힘이 컸다고 생각한다.

1년이 지난 지금 자연스럽게 고난이 유익이라는 고백이 나온다. 많은 기본적인 걸 잃었지만 내가 가진 신앙이 실체 있는 믿음인 걸 알았으니 더 많은 걸 얻었다. 그냥 천국이라도 가니까 믿었던 신앙이 예수님을 경험하고 동행하기 위한 신앙으로 변했다. 그전에는 삶의 변화를 열망하기 힘든 종교적인 신앙생활이었다.

소리 높여 기도할 수도 없고 찬양도 부를 수 없지만 내 안에 계신 주님은 더 느껴지고 교통하게 됐다. 아직도 내가 더 살아서 주님과의 연합을 방해하지만 그런 의식이 생긴 건 신기한 변화다.

앞으로 나에게 어떤 어려움이 또 생길지 모르지만 감당할 일만 허락하시고 나를 홀로 두시지 않을 것을 믿고 두려워하지 않는다. 예수님이 나의 죽음과 저주를 대신 담당하셔서 나는 나음을 입었기 때문이다(이사야 53:5).

너무나 연약한 나를 여러 손길과 은혜로 돌보시고 도우시는 하나님을 느낀다. 내가 그렇게 믿고 싶어서 하는 말이 아니라 정말 괴롭고 힘든 현실 속에 위로와 평안을 경험하고 있다.

오늘도 반복되는 생활인데 찬양을 듣다가도 주님의 위로와 권면이 들려오고 매일 듣는 큐티 말씀과 권사님의 기도외 은혜 나눔을 통해서도 나를 만져 주심을 느낀다.

연약한 사람들이 함께 동역해야 하기에 순간순간 어려운 시험이 있지만 가만히 주님 생각하면 곧 지나가고 문제가 작게 보이고 상함도 떠나간다.

오후에는 사랑하는 친구가 예고 없이 찾아왔다. 나를 위로하러 온 게 정말 고맙고 위로만 하는 게 아니라 자신의 어려움도 나눠 주니 마음이 통해서 감사하다. 내가 받는 관심과 사랑에 마음과 기도로 보답하고 싶다. 오늘 하루도 주 안에서 행복한 날 살아서 감사합니다.

동행의 위기와 다시 세우는 결단

예수님과 동행하는 삶이라고 말하기에는 나의 실천과 노력이 너무 미미하다. 내가 특별한 노력을 하지 않아도 큐티와 성경 읽기, 설교와 책을 통해 말씀을 접하니 겉으로는 만족하는 듯하다. 그러나 그것조차 안 하는 것보다는 낫지만, 문제는 잠깐 말씀을 대할 때만 주님과 함께하고 하루의 실제 생활 속에서 주님과 동행하는 부분은 줄어든 것 같다. 이대로라면 예수동행일기를 쓰기 전과 다를 게 없다.

눈뜨자마자 예수님을 의식하고 대화하는 지속적인 습관이 다시 회복되어야 한다. 여전히 옛 습관과 행동이 그대로이고, 솔직하게 일기에 쓸 때는 조금 억제되던 마음조차 지금은 힘이 빠져 있다. 무엇보다 가장 위기로 느껴지는 것은 조용히 기도하는 시간이 거의 없다는 것이다. 하루는 너무 짧고, 나만의 시간을 갖기 어렵다. 그러나 다시 결단한다. 내일 아침부터는 주님께 수시로 말을 걸고, 유튜브 시간을 줄이고, 기도의 시간을 회복하리라.

나와 동행하기 원하시는 하나님,
내 마음이 주를 향하게 하셔서
하루 24시간이 예배와 기도가 되게 하소서.
예수님의 이름으로 기도드립니다. 아멘.

이제는 누워서 아무것도 할 수 없는 몸이 되어 버렸지만 귀한 생명을 주셨기에 난 아직 살아야 할 이유와 목적이 있다. 그것은 나를 만드시고 구원하신 하나님을 증거하는 일, 나의 존재만으로 기뻐하고 감사하는 일이다. 비록 초라하고 무능한 나의 모습이지만 이런 나를 가치 있는 존재로 사랑하시는 하나님을 드러낸다면 영광스러운 삶이다.

오늘도 나는 산을 옮기는 겨자씨 한 알의 믿음을 심고 기적의 삶을 산다. 절망의 산, 질병과 장애의 산을 옮기는 기적은 내가 주님 안에서 기뻐하고 감사하는 것이다. 그럴 때 산은 이미 옮겨진 것처럼 나에게 문제가 되지 않는다.

내 남은 삶이 얼마일지 모르지만 살아 있는 동안 기도하고 감사하고 사랑하고 산다면 후회 없는 기적 같은 삶이 될 것이다. 겨자씨 같은 믿음으로 산을 옮기는 기적을 보리라.

내 생명,
주님의 손에 있다

오늘도 진심으로 감사한 하루였음을 고백한다. 죽을 거 같은 위험한 순간도 무사히 지나가고 연약함을 느끼지만 그걸 통해 전능하신 하나님을 의지하게 돼서 겸손할 수 있으니 고난과 한계도 감사하다. 놀라고 지친 몸과 마음을 종일 편안하게 해 주시고 위로해 주신 하나님께 감사드린다.

호흡기 문제 해결이 조금만 더 지체됐어도 큰일이 날 뻔했는데 기가 막힌 타이밍에 발견되게 해 주셔서 감사드린다. 내 생명은 내가 지킬 수 있는 게 아니다. 삶도 죽음도 그분이 허락하실 때 정해진다.

오늘같이 위험한 순간을 지나고 나서 여러 사람의 위로와 걱정에 힘을 얻게 돼서 감사드린다. 그리고 이런 일을 통해 나를 돌아보고 반성하게 해 주셔서 감사하다. 사실 내가 여전히 고치지 못하고 버리지 못한 부분이 많다는 생각이 든다. 연관이 있건 없건 나는 나대로 깨달으면 복이라고 생각한다. 정신 바짝 차려야 한다.

항상 나를 보호하시는 하나님, 사랑합니다.

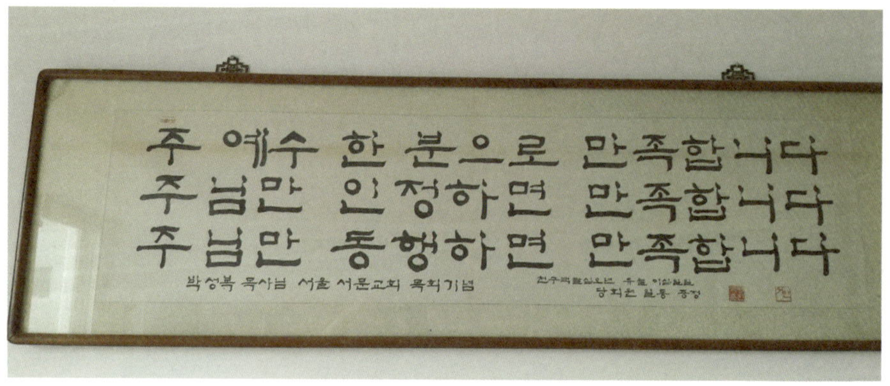

다시 주님과 동행하는 자리로

한동안 예수동행일기를 쉬었다. 좋은 습관을 들이는 건 어려운데 잃어버리기는 쉬웠다. 몇 달 쉬고 나서 왜 매일 이걸 써야 하는지 절실히 느꼈다. 인간의 본성과 의지는 너무 약하고 약해서 습관적으로 점검하고 반복하지 않으면 좋은 습관을 유지할 수 없다는 걸 깨달았다. 예수동행일기를 멈추고부터 점점 예수님과의 동행이 멀어지고 의식되지 않기 시작했다. 순간순간 주님을 생각하고 바라보는 게 없어지고 세상의 소리, 사람의 생각만 내 안에 가득해졌다. 처음에는 그냥 내 느낌이라 생각하고 심각하게 생각하지 않았다. 점점 주님께 감사하는 고백도 줄어들고 나의 힘든 현실과 작은 모습만 보이고 영적으로 가라앉고 메말라 갔다. 겉으로는 큐티도 빼먹지 않고 은혜도 받으니 문제없어 보였다. 그래도 말씀이라도 붙잡았으니 다시 제자리를 찾게 됐다고 생각한다. 너무 오래 걸려서 문제지만.

다시 생각해 보니 예수님과의 동행을 말하면서도 여전히 변하지 않은 내 모습에 실망해서 방황한 거 같다. 쓰나 마나 한 거 아닌가 하는 생각이 드니 지속할 수 없었다. 이제는 확실히 알겠다. 예수동행일기를 쓴다고 해서 바로 달라지고 새사람이 되는 건 아니라는 걸. 사탄은 끊임없이 유혹하고 공격해서 나의 모순되고 위선된 걸 보여서 포기하게 만든다는 걸. 그럼에도 불구하고 절대로 포기해서는 안 되고 의지대로 안 되더라도 예수동행일기를 쓰는 것 자체로 나를 예수님과 묶어 준다는 사실을 알겠다.

같은 잘못과 실수를 반복하고 병들고 아픈 초라한 나를 확인할 뿐이라도 매일 주님께 시선을 두는 것은 결코 무의미하지 않다. 그 모습 그대로 예수님 밖에 있는 거보다 예수님 안에 거하는 게 비교할 수 없이 좋다. 좋은 사람이 되는 것보다 주님을 필요로 하고 의지하는 사람이 되는 게 우선이고 더 중요하다. 변화는 그분이

시키신다. 내가 스스로 변하려고 하는 게 잘못된 생각이다.

나를 절대로 놓지 않으시고 다시 좁은 길이지만 바른길로 인도하신 주님께 감사와 찬양을 올려드린다. 오늘도 나의 24시간은 병상에서 보내지만 예수님과 동행하니, 이곳이 거룩한 임재가 이뤄지는 예배의 자리가 되니 할렐루야!

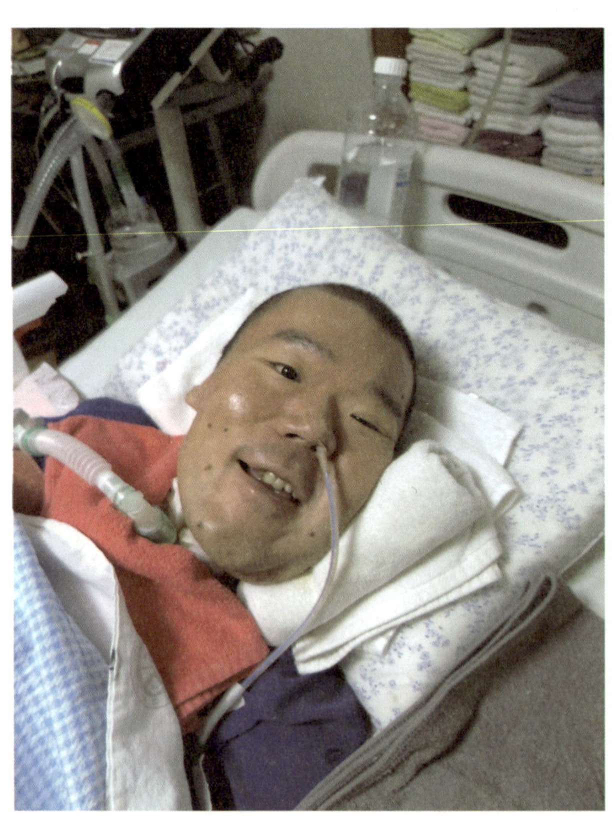

나의 피난처가 되신 하나님

"나의 영혼이 잠잠히 하나님만 바람이여
나의 구원이 그에게서 나오는도다
오직 그만이 나의 반석이시요
나의 구원이시요 나의 요새이시니
내가 크게 흔들리지 아니하리로다"
(시편 62:1-2)

오늘도 시편 통독과 묵상으로 주님을 생각하고 시편 말씀을 나의 기도와 찬양으로 고백했다. 노록수 목사님 말씀대로 시편 말씀은 따로 연구하고 공부하지 않아도 말씀 그대로 나의 고백과 선포가 돼서 더욱 은혜스럽다.

다윗처럼 기가 막힌 어려움과 생명의 위협을 많이 겪은 사람도 흔하지 않을 거다. 그런 다윗이 가장 크게 하나님께 사랑받고 가장 많은 시편을 쓰고 메시아가 태어날 영원한 왕의 가문이 된 이유는 늘 하나님을 의지하고 어려움 중에도 하나님을 찬양하고 기도하기를 멈추지 않았기 때문이다.

나도 다윗처럼 주님의 날개 아래로 피하고 반석이요 구원이요 요새이신 주님만 잠잠히 바라본다면 주님이 복이 되게 하시리라 믿는다. 오늘도 그런 마음으로 종일 주님과 동행하며 그 품에 안기어 안전히 살기를 간절히 원했다. 내가 편히 쉴 곳은 주님의 날개 아래 그 사랑의 품 안이다.

오늘 하루도 내가 할 수 있는 건 그저 살아 있는 것뿐이었다. 침대에 누운 채 보살핌 받으며 인공호흡기의 작동으로 생명을 유지하고 작은 모니터와 마우스로 인터넷 세상에서 지루한 시간을 보낸 게 일상의 전부였다. 어제도 그랬고 그제도 그랬는데 주님을 생각하고 말씀을 묵상하고 기도할 때 모든 게 달라졌다. 무가치하게 느껴졌던 나 자신이 주님 안에서 존귀한 존재로 느껴졌다. 내가 가치 있는 일을 하지 못하고 성과를 거두지 못해도 존재만으로 가치가 생기는 변화가 일어났다. 존귀하신 주님이 내 안에 오셨기 때문이다.

이런 기쁨을 누리게 하시는 내 안에 거하시는 성령님 감사합니다. 할렐루야!

1년 전에 나는 맹장수술을 받고 나서 중환자실에서 생사를 오가며 사투를 벌이다 기적적으로 살아남아 일반 병실에 있다 퇴원해 집으로 왔다. 그 결과로 목에 기관 절개를 하게 돼서 목소리도 낼 수 없고 좋아하던 음식도 맛보고 먹을 수 없게 됐지만 지나온 과정을 돌아보면 많은 위기와 고통의 순간에 주님이 함께하셨고 아직 이 땅에서 할 일이 있어서 살려 주셨다고 생각하며 감사드린다.

그런 엄청난 시련과 고난을 겪고 나서 비로소 주님을 대면하고 동행의 삶을 경험한 것 같다. 전에도 삶의 일부는 충분히 기독교적이고 예수 잘 믿는 사람으로 보였지만 삶 전체로는 주님과 온전히 동행하지 않았다. 내가 하고 싶은 대로 하고 나서 나머지 부분에서 주님을 인정하고 허용한 느낌이다. 그분의 존재는 알지만 동행이라는 개념은 없었다. 일주일에 하루, 하루에 한두 시간 함께하는 것이고 나머지 시간은 그냥 나 혼자 적당히 나쁜 짓 안 하면 되는 거였다.

지금 살아가는 모습이나 상황은 달라진 게 없고 어쩌면 더 힘들고 무력해졌는데 저 멀리 하늘나라에 존재하던 주님이 약하고 초라한 나와 함께 계심을 믿게 됐다. 내가 거룩하고 착할 때만 함께하시는 하나님이라고 생각했는데 언제나 나를 떠나지 않고 함께하신다고 생각하게 됐다.

오늘도 나는 불완전하고 미약하고 정의롭지 못하고 거룩하지 않은데 주님은 내 안에 오셔서 나를 그분의 날개 아래 품으신다. 이해할 수 없지만 그게 주님의 은혜고 사랑이다. 아직 주님이 동행하신다는 걸로 만족하지 못하고 다른 충족을 찾는 부끄러운 내 모습을 보는데 주님은 변함없으시다. 전에는 왜 몰랐을까? 성경을 수십 번 읽고 수백 번 예배드리고 기도하면서도 주님은 주님이고 나는 나라는 식으로 살았다. 종교와 삶을 분리하고 이분법적인 종교인으로 살았다.

예수동행은 기도와 말씀과 찬양으로 주님과 교제하고 예배하고 24시간 성령의 내주와 임재를 머리가 아닌 영으로 알고 누리는 것이다. 더 온전히 동행의 삶을 살고 주님 닮아가길 원한다. 예수는 종교가 아니다. 사랑이고 생명이다. 아멘.

2021.06.11 금요일

나는 하루 24시간 돌봄이 필요한 중증 장애인이라서 많은 시간을 연로하신 어머니가 돌봐주셔야 했다. 점점 힘겨워질 때 나는 간절히 기도했다. "하나님, 장애인 활동 지원 시간이 늘어나서 충분한 돌봄을 받을 수 있게 해 주세요." 그러나 현실은 녹록지 않았다. 제한적인 국가 복지 예산 때문이다. 그래서 '과연 내 기도가 응답될까' 하는 의심도 있었지만 그저 주님만 바라며 기도했다. 그런데 올해 1월부터 특례로 월 850시간을 지원받으며 필요한 만큼 돌봄을 받을 수 있게 되었다. 나는 이 모든 것이 주님의 응답하심이라고 믿는다.

아무리 기도해도 주님이 응답하지 않으신다고 생각할 때도 많았다. 불치병이 낫거나 큰 기적만을 응답이라고 생각했기 때문이다. 그러나 주님은 나를 근심시키고 걱정하게 하는 질병과 환경에 대해 기도하고 온전히 맡길 때 책임져 주셨다.

주님과 동행하는 것은 작은 신음 소리도 들으신다는 소망을 주님께 두는 믿음의 태도라고 생각한다. 내 몸 하나 건사하지 못하는 상태로 살다 보면 걱정 근심이 끊이지 않는다. 나와 늘 동행하시는 주님이 안 계신다면 하루도 견디지 못했을 것이다. 내가 주님과 동행하는 걸 모르고 살 때도 주님은 이미 나와 함께하시고 기도에 귀 기울여주셨다. 할렐루야!

한계 너머의 동행

오늘도 반복되는 환자의 일상이다. 오랫동안 근육이 생성되지 않고 사라지는 희귀 난치병으로 제한된 삶을 살아야 했지만 작년에 맹장수술을 하고 나서는 정말 답답하고 고달프게 느껴졌다. 그전에는 24시간 인공호흡기를 쓰고 누워만 지냈어도 말로 의사소통을 할 수 있었고 먹고 싶은 음식을 마음껏 맛볼 수 있어서 불편한 내 상태가 견딜만했다.

지금은 케어받는 부분이 더 많아지고 24시간 돌보는 사람과 함께해야 하고 수동적으로 되고 시간 활용폭이 줄어서 내 마음처럼 살아지지 않는다. 단순히 못 먹고 말 못 해서만 그런 게 아니라 전반적으로 제한이 많아져서 답답하고 힘들다. 코로나 팬데믹으로 2년 가까이 일상이 달라져서 건강한 사람들도 힘들어하는 거랑 같은 이치다.

오늘도 무기력하고 단조로운 일상이 나를 좀 우울하고 의욕이 없게 만들었다. 그렇지만 예수님과 동행하는 데는 나의 한계와 무능함이 문제 되지 않으니 다행이다. 비록 혼과 육을 초월할 수 없어 불편하고 답답하지만 예수님과의 동행을 선택하면 진정한 자유와 편안함을 누릴 수 있다.

"힘들어. 답답해. 난 이제 아무것도 할 수 없어." 이런 말이 저절로 나오지만 그런 말보다 "주님 저 힘들어요. 도와주세요. 주님이 일하시고 이루어주세요"라고 주님께 아뢰는 게 예수동행이라고 생각한다. 아직은 탄식과 한탄이 더 많다. 이제 주님께 호소하자.

오늘도 예수님 닮아가는 중

평온한 주일이었다. 내가 매일 대하는 사람들이 주님 안에서 평안하고 화목하니 이보다 좋을 수가 없다. 세상 사는 게 늘 순탄하지만은 않지만 한 사람이 주님을 인격적으로 만나서 인격이 달라지면 많은 갈등이 사라진다. 그런 변화가 없다면 예수님과의 관계에 문제가 있다고 봐야 한다. 종교생활만 열심히 한다고 해서 은밀한 죄와 성품의 문제를 절대 해결할 수 없다.

교회 다녀도 사람은 안 변하는데 예수 믿으면 사람은 변한다. 예수 믿어야 성령이 운행하시기 때문이다. 예수 믿는다는 건 믿는다는 느낌이 아니다. 나는 죽고 내 안에 그리스도가 사는 거다.

나는 얼마나 변했을까? 귀찮지만 매일 예수동행일기를 쓰는 이유가 그걸 알고 싶어서다. 변화는 당연하다. 예수님을 바라보고 교제한다면 그분을 닮게 된다. 다른 노력 너무 안 해도 된다.

죄짓기 싫으면 죄를 묵상하지 말고 죄의 사슬을 끊으신 예수님만 바라보자. 변화 받고 싶으면 나를 생각하지 말고 내 안에 오신 보혜사 성령을 의지하자.

한 가지 걱정거리가 생겼다. 기관절개한 목에 달려 있는 튜브관을 한 달이나 두 달에 한 번 새로 교체하는데 오늘 간호사가 와서 교체하려고 하니 목에서 빠지지 않았다. 이런 경우는 처음이라 몹시 당황스럽다. 내부에 있는 관이 출혈 같은 걸로 접착이 된 거 같다. 병원에 가서 처치하면 될 거 같은데 외부 이동이 보통 거창한 일이 아니다. 아직도 코로나가 성행하고 있어 감염도 우려된다. 응급실로 가야 하나 입원을 해야 하나. 주님의 인도하심을 기도한다. 주여, 도와주소서.

고요한 병상,
치열한 일상 속 주님

어제 기관절개 튜브관 문제로 병원 응급실을 갔다 와서 좀 지치지만 큰 고비를 넘겨서 마음이 가볍고 편하다. 주님이 함께하지 않으셨다면 더 불안하고 힘들었을 거다. 단순히 심리적으로 안정될 뿐 아니라 주님이 도울 사람도 붙여 주시고 선한 길로 인도해 주셨다. 어제도 시작은 일이 좀 꼬였는데 포기하지 않고 주님 의지해서 밀고 나갔더니 결과가 좋았다.

병원에 가거나 중요한 일이 있는 날은 조금 더 긴장하고 예민해지는 편이다. 환자 생활을 오래 해도 외출하고 병원 가는 게 쉬운 일은 아닌가 보다. 주님과 동행한다는 건 고요하고 평온한 상태에서 주님과 교통하는 거라고 생각했는데 치열한 삶의 현장에서 어떤 모습으로든 주님과 함께하는 것도 동행이라고 생각한다. "아무도 예배하지 않는 그곳에서 주를 예배하리라"라는 찬양 가사가 생각난다. 고요한 아침에 구별된 모습으로 주님을 만나고 경건하고 뜨거운 예배 처소에서 주님을 경배하는 것만큼 힘들고 여유 없는 상황에서 주님을 생각하고 마음으로 간절히 기도하는 것도 예수동행이다.

지금도 예수님은 소외되고 낮은 곳, 누구도 흠모하지 않는 모습의 사람들이 있는 곳에 시선을 두시고 임재하신다고 생각한다. 2천 년 전에도 메시아이신 하나님의 아들 예수님은 아무도 눈길조차 주지 않는 마구간 말구유에 누우셨고 유다 땅 변두리 나사렛 갈릴리 지역에서 자라고 사역하셨고 가장 저주스럽고 고통스러운 골고다 언덕 십자가 위에서 못 박히고 창에 찔려 죽으셨다.

나는 아직까지 특정한 상황에서만 예배할 수 있고 기도하고 주님의 임재가 가능하다고 생각했다. 주일날 하루 예배 참석하고 거기서 주님과 작별하고 일주일 내

내 주님과 상관없이 사는 것처럼 말이다. 그러나 지금은 병상에서 아무것도 할 수 없고 삶의 현장에서 일하고 있는 상태에서, 밥 먹고 씻고 자고 사람을 만나고 TV를 보거나 스마트폰을 하는 일상적인 생활에서도 예수동행, 삶의 예배가 이뤄진다고 믿는다. 예수님을 구원의 주로 영접한 사람이라면 그 사람 안에 임하신 성령으로 주님은 언제나 함께하시기 때문이다.

이 시간에도 특별히 병상에 있는 많은 환자들과 외롭고 가난한 이웃들에게 주님이 동행하시길 기도드린다.

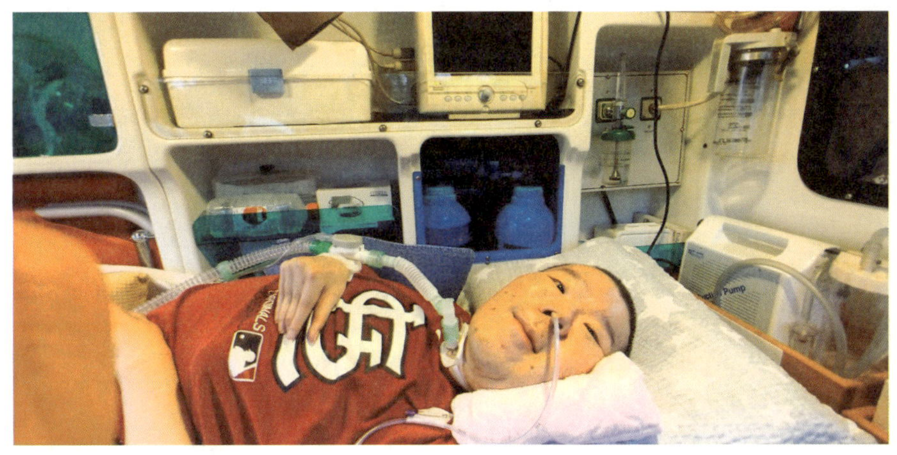

햇살 같은 은혜

오늘은 비가 그치고 맑고 깨끗한 하늘이 보이는 좋은 날을 주셨다. 날씨 변화만 봐도 주님의 능력과 은혜가 느껴진다. 매일 흐리고 비만 내려도, 계속 맑고 햇살만 비쳐도 살기가 힘들 거다.

우리 인생에도 흐림과 맑음, 비와 햇빛이 있어 조화를 이루고 영혼이 생명을 얻고 주님과의 관계가 윤택해진다. 늘 편안하고 형통하다면 내 삶의 주인이신 하나님도 찾지 않고 예수님을 필요로 하지 않았을 거라고 생각한다.

나의 장애와 질병은 인생에 비바람이 몰아친 것 같은 시련이지만 고통 중에 주님을 만나게 했고 예수님과 동행하는 삶으로 이끌어 줬고 성령의 임재를 누리게 했으니 어찌 감사하지 않겠는가. 그 은혜는 햇살보다 더 따뜻하고 부드럽게 나를 감싸준다.

오늘은 하남교회 10교구 이신효 목사님과 총무이신 강소영 권사님이 심방 오셨다. 특별히 목사님과 친근한 건 나와 동갑이고 나처럼 목사님 아들이기 때문인데 더 사랑하고 존경하는 이유는 영혼을 사랑하시고 하나님 말씀을 귀한 영성으로 잘 가르쳐 주시고 힘 있게 기도해 주시기 때문이다. 귀한 목사님을 나를 케어해 주시는 권사님을 통해 만나게 해 주시고 어머니를 통해 교제하게 해 주시는 주님께 감사드린다.

오늘 특별히 예수동행일기 쓴 걸 목사님께 보여드렸더니 은혜로 받아 주셔서 위로를 많이 받았다. 더 용기 내서 계속 써야겠다. 예수동행일기가 간증이나 자랑이 아니라 나의 연약함과 예수님을 드러내는 고백이라서 참 좋은 거 같다.

"하나님이 이르시되 그가 나를 사랑한즉 내가 그를 건지리라
그가 내 이름을 안즉 내가 그를 높이리라
그가 내게 간구하리니 내가 그에게 응답하리라
그들이 환난 당할 때에 내가 그와 함께 하여
그를 건지고 영화롭게 하리라" (시편 91:14-15)

"아침에 주의 인자하심이 우리를 만족하게 하사
우리를 일생 동안 즐겁고 기쁘게 하소서
우리를 괴롭게 하신 날수대로와
우리가 화를 당한 연수대로 우리를 기쁘게 하소서" (시편 90:14-15)

화목의 은혜, 주님으로부터

그동안 근심되는 일이 없고 내 소원대로 이뤄 주신 일이 있어 감사와 찬양을 올려 드린다. 모든 관계가 주님 안에서 회복되고 화목을 이루게 된 것이 가장 기쁘고 감사하다. 하나님과의 관계가 온전할수록 사람들과도 화목해지는 게 정상이라고 생각한다. 신앙이 독실하고 모든 게 정당하다고 해도 사람들을 사랑하거나 용서하지 못하고 관계가 좋지 못하다면 하나님 보시기에 어떨지 생각해 본다. 진정한 겸손은 사람들의 모자람과 허물을 용납하는 거라고 믿는다.

몇 달 동안 해결 안 되던 문제가 말끔히 해결되고 모두가 진정으로 기쁘고 즐거워하는 모습이 나를 자유하게 했다. 불완전한 사람은 또 어떤 실수와 잘못을 할지 모른다. 사람에게 만족을 찾으면 또다시 실망하고 마음이 상하게 될 것이다. 오직 나와 동행하시는 주님께 기대를 갖도록 하자.

만나면 반갑고 헤어지면 그리운 사람들이 있어서 감사하고 행복하다. 서로 부족함을 알면서도 사랑하는 깊은 정이 소중하다. 주님도 그렇게 나를 사랑해 주신다. 내 모습은 부끄럽고 허물 투성이건만 주님은 오랜 벗처럼 나를 반겨 주시고 애타게 기다리신다. 그런 주님만 생각하면 매일 매 순간 기쁨이 넘치고 감사와 찬양이 흘러넘쳐야 하는데 아직 내 안에 내가 너무 많아서 힘들게 느껴지고 답답함이 있음을 고백한다. 몸도 내 마음 같지 않고 괴로움이 분명히 존재하기에 주님의 사랑에 집중하지 않으면 늘 힘들 것이다.

매일 은혜스럽고 감동할 일이 없더라도 나를 행복하고 기쁘게 하기 위해서 예수 동행일기를 써야겠다. 주님 떠나서는 진짜 행복과 기쁨을 누릴 수 없다.

주 예수님, 우리는 연약합니다. 그래서 매일 넘어지고 깨어지고 무너집니다. 스스로 다운되고 어둠에 빠집니다. 빛이신 주님 향하여 시선을 두고 주님 안에 머물게 하셔서 완전하신 주님의 평안과 기쁨을 누리게 하소서. 주님이 맺어 주신 사람들과의 관계는 용서와 사랑을 훈련하는 기회로 만들어 가게 하소서.

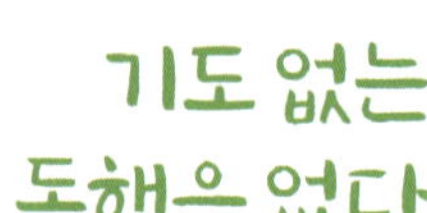

매일 매 순간 크고 작은 육체적 고통과 불편함이 있어 답답하면서도 간절한 기도, 지속적인 기도가 없었다. 가만히 누워 있는 시간도 많지만 그 시간은 멍 때리거나 잡생각 하거나 케어받거나 잠을 자기에 급급했고 컴퓨터로 인터넷 접속된 활동시간에도 큐티하고 설교말씀 듣고 찬양도 듣지만 여가시간을 유튜브와 네이버 뉴스와 프로야구 중계 시청, 온라인 쇼핑, 온라인 게임으로 보내면서 기도에 집중할 시간이 없었다.

어제부터 이렇게 기도 없이 세월만 보내서는 어떤 변화도 성숙도 없을 거라는 생각이 들었다. 동행일기 쓰고 성경 읽고 큐티하고 설교말씀 듣는 게 아무리 좋아도 내 기도가 없다면 무의미하다고 생각했다. 기도생활을 열망해야 회복이 될 거 같았다.

그 결과 오늘은 잠들기 전에도 기도가 되고 아침에 눈뜨자마자 기도를 했다. 소리 없는 기도지만 마음은 간절했다.

주님! 그동안 기도를 게을리 해서 죄송합니다.
잘못했습니다. 용서해 주세요.
힘들어하면서도 순간순간 세상 재미를 진통제처럼
괴로움 잊고 체념하듯 살았습니다.
하나님만이 저를 도우시고 한계를 뛰어넘게 하실 수 있습니다.
저를 불쌍히 여겨 주시고 일으켜 주소서.

기도 없는 예수동행이 있을 수 없다. 새벽기도회를 못 가고 기도 집중을 방해하는 일상의 공간에서라도 기도를 호흡처럼 생명처럼 여기고 모든 걸 다 버려서라도

기도하기로 결심한다. 하루 30분이라도 세상을 향한 창을 닫고 기도에 매달릴 것
이다. 최소한 하루 1시간 정도는 구별해서 기도해야겠다. 줄이고 끊어야 할 시간
이 많다. 주님 도우소서.

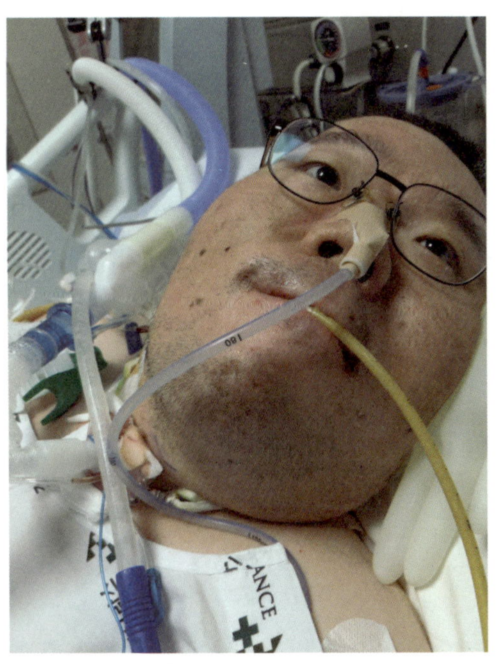

고난이
유익이 된 이유

오늘은 소화에 어려움이 있어 한동안 머리가 아프고 가슴이 답답해서 괴로웠다. 일일이 표현하지 못하지만 하루하루 크고 작은 어려움을 경험한다. 그럴 때는 아무것도 할 수 없고 의욕이 사라진다. 고비를 넘길 때까지 주님을 부르는 것 말고는 할 수 있는 게 없다. 세월이 흐를수록 육신은 쇠하여 수시로 아프고 힘이 든다. 주님이 나와 함께하시기에 나의 고통을 나보다 더 잘 아실 거라고 믿는다. 감당할 힘 주시고 감당하지 못할 어려움은 주지 않으실 것을 경험으로 알고 말씀을 통해 확신한다.

오늘 성경통독 중에 시편 119편에서 고난과 관련된 말씀이 깊이 와닿았다. 시편을 매일 읽는다면 매일의 삶 속에서 주님의 손길을 느끼고 동행하게 될 것이다. 고난이 유익하다는 건 현실적으로는 틀린 말 같은데 영적으로 볼 때 주님의 말씀을 배우고 깨닫게 하기 때문에 맞는 말이다. 나도 큰 고난을 겪고 나서 예수님과 동행하기를 시작했는데 그 무엇과도 비교할 수 없는 유익이라고 생각한다.

> "고난을 당한 것이, 내게는 오히려 유익하게 되었습니다.
> 그 고난 때문에, 나는 주님의 율례를 배웠습니다." (시편 119:71, 새번역)

> "내가 고난을 당하기 전까지는 잘못된 길을 걸었으나,
> 이제는 주님의 말씀을 지킵니다." (시편 119:67, 새번역)

> "주님의 말씀이 나를 살려 주었으니,
> 내가 고난을 받을 때에,
> 그 말씀이 나에게 큰 위로가 되었습니다." (시편 119:50, 새번역)

컨디션에 따라 글쓰기가 힘든 날이 있는데 좋은 글은 안되더라도 짧게라도 매일 예수동행일기 쓰기로 마음먹어야겠다.

우선순위를 주님께

저녁마다 힘들다는 이유로 감사일기나 예수동행일기를 쓰지 못했다. 우선순위를 기도와 글쓰기에 두지 못하고 유튜브와 프로야구, 게임에 시간을 쓰다 보니 시간도 다 지나가고 힘도 얼마 남지 않아서 다음날로 미뤄졌었다. 절제 못한 것을 반성하고 회개한다.

주님과 동행하는 것도 마음의 우선순위를 주님과 성경말씀과 기도와 예배에 두지 않으면 쉽지 않다. 세상에 마음을 두고 내 생각과 감정에 충실하다 보면 주님은 저 멀리 계시고 나 혼자인 듯 살게 된다. 일기라도 매일 써야 나를 점검하고 주님께 집중할 수 있다는 걸 경험으로 알 수 있다. 그런 과정 없이도 늘 주님과 친밀하게 동행하면 좋겠는데 타락한 본성을 가졌기에 그냥 흘러가다 보면 세상 재미와 근심으로 가득 차 주님을 의식하기가 어렵다.

내 감정에 충실하다 보면 속상한 일도 더 많고 쉽게 우울하고 무기력에 빠진다. 지난주가 좀 그랬다. 딱히 뭐라고 말하기도 애매하게 기분이 꿀꿀해지고 스스로 낮아지는 느낌이었다. 감사하는 마음도 사라졌다. 환경은 똑같은데 내가 누리는 건 하늘과 땅 차이였다. 나에게 집중하고 사람에게 시선을 향하면 불행하고 불만족이요, 주님께 시선을 두고 말씀에 집중할 때 행복과 만족이 찾아온다.

나의 연약함과 부족함을 깨닫는 게 은혜다. 큰 은혜받고 영적 승리의 기쁨을 맛보고 나면 어김없이 침체가 찾아오는 걸 경험한다. 그래서 나 자신보다 주님을 더욱 의지하고 그분 안에 머물러 늘 동행해야 함을 깨닫는다. 주님 없으면 나는 아무것도 아니라는 고백을 하게 되니 나의 약함이 주님 안에서는 강함이 되는 것이다.

내 소원은 매일 주님과 동행함으로 기복이 없는 믿음과 기쁨을 누리는 거다. 상황

따라 기분 따라 오락가락하는 일이 없어지길 원한다. 예수동행도 영적인 체험과 감정대로 하는 게 아니라 매일 생수의 근원이신 예수님과 말씀 안에서 지속되는 것이리라.

아버지 하나님, 오직 예수 안에서
나는 죽고 내 안에 그리스도가 사는
동행의 삶을 누리게 하소서.

오늘도 참으로 평안한 하루였다. 재미나 신바람 나는 일은 없어도 살면서 이 정도로 마음 편하기도 쉬운 일이 아니니 감사한 일이다.

평안하다 할 조건은 첫째는 말씀과 기도로 주님과 가까이하는 것이고, 둘째는 사람들과 화목을 이루는 것이라고 생각한다. 건강과 재정도 무시할 수 없는 조건이지만 저 두 가지만큼은 아닐 것 같다.

그런데도 행복을 크게 느끼거나 감사를 많이 하지 않는 나를 보고 반성하고 회개한다. 그리고 평안하다고 해서 현실에 안주해서는 안 된다고 생각한다. 솔직히 근심 걱정도 있고 연약한 모습 보일 때 기도가 간절하고 주님을 더 의지하게 된다. 내가 좀 잘한다 싶으면 금세 자만하고 교만해진다. 그게 타락한 인간의 본성이다.

그렇기 때문에 항상 주님과 가까이 동행해야 안전하다. 어쩌다 교회 가서 예배만 드려서는 나의 자아와 세상과 악한 영과 죄를 다스리기 힘들다. 당장 변하지 않고 부끄럽고 추한 모습일지라도 주님을 가까이하고 자꾸 소통하고 늘 함께해야 소망이 있다. 나도 그래서 나의 허물과 부족함에 좌절하지 않고 더욱 주님 앞으로 나아간다. 나 잘났다고 홀로 가면 은혜가 없다.

"호흡이 있는 자마다 여호와를 찬양할지어다 할렐루야" (시편 150:6)

나의 주 하나님을 이 땅에 사는 동안 찬양하고 저 천국 가서도 영원토록 찬양하리라!

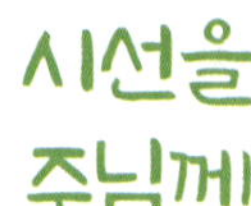

주님, 오늘 하루도 연약하고 죄에 넘어지는 저를 불쌍히 여기시고 용납하시는 은혜와 사랑에 감사드립니다. 예수님이 내 모든 죄와 허물을 대신 지시고 십자가에 달려 흘리신 대속의 피의 은혜로 누리는 구원임을 고백합니다. 어떤 상황이나 환경에서 항상 나를 구원하신 사랑과 은혜를 생각하고 기뻐하며 감사하게 하소서.

육신의 질병으로 많은 한계와 무력함을 경험합니다. 그러나 주님을 믿고 의지하며 경배와 찬양으로 나를 올려드리고 주님과 늘 동행하는 것으로 만족하며 기뻐하겠습니다.

자꾸 나의 행위나 공로로 의미를 찾고 만족을 얻으려는 의지를 내려놓게 하소서. 내가 아무것도 못하면 무가치하고 무의미하다는 잘못된 생각에 빠져들지 않도록 주님만 주체가 되시고 근거가 되어 주소서. 나의 시선이 나를 향하지 않고 주님을 향하게 하소서.

내가 살면서 꼭 해야 할 일은 주님을 믿는 것이고 주님만 의지하고 주님께 찬양과 감사의 예배드리고 주님과 동행하는 것뿐입니다. 나의 한계와 무능함을 근심하지 않고 주님의 무한한 사랑과 능력으로 인해 기뻐하겠습니다.

죄로 가득한 세상과 사람도 나에게 아무 영향이 없고 그리스도의 사랑과 복음을 필요로 하는 대상일 뿐입니다. 그동안 쓸데없는 근심과 자괴감을 가지고 살았던 나를 항복하고 회개합니다. 이제 예수 안에서 자유를 누리며 사랑하며 살게 하소서.

기다림 속에서 이룬 승리

오늘도 시간은 흐르는 강물처럼 빨리 흘러간다. 가만히 누워서 그 시간을 보내자니 너무 아까운 생각이 든다. 그래도 이 몸으론 어찌할 수 없다. 건강한 사람이라면 간단한 일과도 나에게는 많은 시간이 걸리고 다른 사람의 도움을 받아야 하기 때문이다. 원래 성격이 급한 나는 기다림과 정적인 게 답답하다. 그래도 이만큼 잘 참고 견뎌낼 능력과 은혜 주시는 주님께 감사드린다. 내 힘으로만 견뎌야 했다면 너무 힘들고 불행했을 것 같다. 결론은 난 오늘도 승리했고 성공했다. 내 힘이 아닌 주님의 능력으로!

저녁에 찬양을 들으며 블로그에 기도제목을 쓰면서 기도했다. 평소에 늘 이것만 다 하고 기도해야지 하다가 그냥 하루가 지나가 버릴 때가 많다. 지금 나에게 기도만큼 중요하고 가치 있는 건 없다 생각돼서 오늘은 무조건 기도시간을 가졌다. 좀 아쉽지만 시작한 것만으로도 마음이 평안하고 든든하다. 개인 기도제목과 중보 기도제목을 갖고 기도했는데 충분하지는 않은데 매일 더 깊이 있어질 것이라 믿는다.

지난 수십 년 동안 기록하고 기도했던 일들이 많이 응답됐다는 것이 놀랍다. 기도할 동안은 아무 힘도 없고 결과가 보이지 않았지만 시간이 흐르면서 주님은 일하고 계셨다. 지금도 불가능할 것 같은 기도제목이지만 주님에게는 불가능이 없기에 나는 기도한다.

내 원대로 이루어 주셔도 응답이고 이루어 주시지 않아도 응답이다. 늘 가장 좋은 것 주시는 하나님, 그분은 선하시고 인자하심이 영원하시다. 할렐루야.

자유, 은혜, 감사

1. 주님, 평안하고 자유로운 주일을 보내게 하시니 감사합니다. 내가 누리는 신앙의 자유와 평화가 당연한 줄 알고 살았습니다. 무서운 전쟁과 신앙에 대한 핍박도 경험해 보지 않아서 지금 누리는 편안함을 은혜인 줄 모르고 감사하지 못했습니다. 잘못했습니다.

자유롭게 신앙을 표현하고 예배하는 것이 어려운 시대가 오고 있습니다. 성경의 진리가 불평등과 혐오의 표현으로 처벌할 수 있는 법안이 만들어질 상황입니다. 코로나19 바이러스 확산으로 인해 현장 예배가 어려워졌습니다. 상상도 못 한 일이 현실로 나타나고 있습니다. 신앙과 예배 자유의 소중함을 깨닫고 회개하며 주의 도우심을 간절히 구하게 하소서. 세상과 구별되지 못한 삶을 항복하고 회개합니다. 지금까지 누려온 자유와 평화에 감사드립니다. 어떤 상황이 와도 목숨 다해 신앙을 지키고 믿지 않는 세상에 사랑을 베풀게 하소서.

2. 오랜 질병과 장애로 보호자이신 어머니와 돌보는 분들의 어려움이 있지만 오늘도 피할 길을 주시고 협력하게 해 주셔서 감사합니다.

어제 권사님이 백신 접종으로 힘든 상태에서 잘 견디고 수고해 주셔서 감사합니다. 연로하신 어머니 혼자 감당할 수 없기에 신실한 주의 종들을 보내 주셨는데 어머니가 곁에 계시기에 모두 힘을 얻습니다. 나도 든든하고 두려움이 덜한 것이 사랑하는 어머니 때문입니다. 연약한 나를 위해 모든 걸 주시는 주님 감사합니다.

가족의 보호를 받지 못하고 충분한 복지 혜택을 누리지 못해 고통 중에 있는 환자와 장애인들을 긍휼히 여기소서.

3. 오늘은 이 정도라도 글 쓸 힘 주셔서 감사합니다. 남은 힘과 시간을 헛된 욕망과 죄악에 쓰지 않게 하소서. 인터넷과 세상 문화가 음란과 폭력과 사탄적인 것으로 오염돼 있으니 나를 거룩하게 지켜 주소서.

**생명의
주님**

한 달에 한 번 인공호흡기 회사에서 간호사가 방문해서 산소 포화도와 이산화탄소 수치를 체크하고 부속품을 교체한다. 오늘은 식사 중이라 그런지 이산화탄소 수치가 40 넘게 나왔다. 원래 30이 정상이다. 간호사님 말로는 식사 중이거나 직후에는 높게 나온다고 하는데 몇 달째 연속으로 그러니 걱정이 된다.

안 그래도 식사를 하면 소화가 되는 동안 머리가 무겁고 가슴이 답답했는데 몸속에 이산화탄소가 올라가서 그런 거였나 보다. 크게 위험한 순간은 없었지만 은근히 불편하고 괴로운 순간이 자주 온다. 그럴 때마다 두려움이 몰려오고 아무 의욕도 없어진다. 죽음이 무서운 게 아니라 숨 막히는 느낌이 괴롭고 무섭다. 호흡이 갑자기 안 될 때 느낀 것이 트라우마처럼 나를 감싼다. 자가호흡이 전혀 안 되고 기계에 전적으로 의존하는 내 상태가 그럴 수밖에 없다.

최소한의 영양을 섭취하는데 몸이 안 움직이니 소화가 어렵다. 오늘도 속으로 주님을 부르면서 힘든 순간을 지나왔다. 언제까지일까 하는 생각도 든다. 작년에 중환자실에 한 달 있을 때는 하루를 보내기가 너무 고통스러워 죽고 싶었다. 천국에는 고통이 없으니까. 그래도 아직 살아야 할 이유가 있어서 죽지 않고 돌아왔다.

이런 나에게 주님은 생명이고 소망이고 예수동행은 문제다. 살기 위해 난 주님을 의지한다. 죽음 이후까지 해결해 주신 그분을 어찌 바라지 않겠는가.

주님, 감사합니다.
날마다 죽음을 경험하기에 생명이신 주님을 생각하게 되니 오히려 은혜입니다. 절망이 있기에 소망이 있고 죽음 뒤에 부활과 영원한 생명이 있습니다.
오직 주님 안에서만 그렇습니다.

내가 사는 동안 이 비밀의 복음을 증거하게 하소서.

사람들에게 재미없는 예수의 복음이지만 길이요 진리요 생명이기에

멈추지 않고 전하기 원합니다. 내 삶에 역전을 이루신 주님을 찬양합니다.

약할 때나 강할 때나

나에게는 하루하루 주님과 동행하면서 욕심내지 않고 삶 자체로 만족하고 감사하며 사는 것이 행복이고 최선이다. 건강하다면 훨씬 더 치열하게 노력하고 수고해야 제대로 살았을 텐데 남보다 연약한 육체로 인해 좀 자유로울 수 있었다.

이 세상은 착하게 사는 것보다 능력과 부를 가져야 잘사는 곳이다. 그런 경쟁 사회로 인해 발전과 기여도 이뤄지니 너무 불만을 가질 건 없다. 주님은 공평하셔서 약한 자 힘 주시고 강한 자 바르게, 추한 자 정케 하사 그분의 선하신 뜻을 이루신다. 찬송가 460장 가사처럼.

약한 자에게 힘 주시는 주님이 강한 자들을 다스리시니 너무 두려워할 것 없다. 악이 넘쳐나는 이 땅에 주님이 살아 계셔서 정의를 세우신다. 예수님을 만난 사람은 약할지라도 힘을 얻어 기쁘게 살고 강할지라도 겸손하고 정의롭다. 자기 처지에 운명을 걸지 않고 주님을 바라보고 의식하기 때문이다. 오늘도 무슨 주제로 일기를 쓸지 정하지 않았는데 갑자기 이런 은혜를 주신다. 예수님과 동행하면 절대로 쫄지도 않고 교만하지도 않다. 주님 뜻대로 살면 된다.

주님, 이 땅에 힘없고 병들고 가난한 사람들이 주를 만나 힘을 얻고 행복을 누리게 해 주시고 건강하고 유능한 사람들이 주님과 동행하며 주신 은사대로 세상을 정의롭게 하고 교회를 통해 복음이 증거 되고 치유하는 도구로 사용되게 하소서. 이 나라의 정치와 국가와 제도를 바르게 하소서.

주님과 사랑의 대화

주님 주시는 평안으로 오늘 하루도 무사히 잘 살았다. 마음에 근심 없고 몸에 이상 없다는 게 얼마나 감사한지 어려움을 겪어 보면 절실히 느낀다. 보통은 아무 일 없어서 감사하기보다는 뭔가 신나는 일이 없을까 지루해하고 심심해한다. 지금은 하루의 목표가 주님과 동행하는 것이라서 좀 달라지긴 했지만 아직도 즐거움과 만족이 없으면 지루함을 느낀다. 나에게도 사람의 기본 욕구와 성취 욕구, 인정 욕구가 살아 있어서 매일 내면에서 싸움이 일어난다. 말씀과 기도로 주님의 손 잡지 않으면 만족하고 감사하기 힘들다.

오늘도 뭔가 기억할만한 이벤트가 없고 그저 별일 없어 다행스러운 날이라서 무슨 이야기를 쓸지 생각이 떠오르지 않았는데 이런 날을 대하는 나의 모습을 돌아보니 그것도 의미가 있다. 다행이라 느끼면서도 심심하고 허전해하는 나를 본다. 육신을 가지고 사는 한 늘 그럴 것 같다. 그러나 주님과 친밀히 동행한다면 솔직하게 내 연약함과 갈등도 내어 놓고 맡기면서 자유함을 누리게 될 것이다. 그동안은 주님께도 나의 부족하고 결핍된 모습을 꽁꽁 숨기고 포장된 나를 내어드렸다. 육의 눈으로만 볼 수 있는 사람처럼 모든 것 아시는 주님을 생각했으니 동행하지 못하고 단절되어 살아왔다.

이제는 기도로 내 생각과 모습 시시콜콜 말씀드리고 싶고 주님의 이야기를 많이 듣고 싶다. 사랑하는 사람이 생기면 잠도 안 자고 무슨 대화라도 나누고 싶듯이 말이다. 사랑하면 자존심, 체면도 필요 없다. 주님을 사랑하면 사람에게 말하기 힘든 내면 깊은 은밀한 것도 일일이 내어 놓고 주님의 치유와 정하게 하심을 경험하게 될 것이다.

얼마 전 옥한흠 목사님의 기도에 관한 설교를 들었는데 기도가 어렵고 5분 이상 기도하기가 힘들다면 주님을 사랑하지 않기 때문이라고 한다. 주님의 사랑의 대화가 기도다. 연애할 때 만나서 할 말을 걱정하는 사람은 없다. 하루 24시간이 부족할 지경이 아니던가? 참 이해가 쉬운 비유다. 아직은 주님보다 더 사랑하고 친숙한 게 많아서 조금 어색할지 모른다. 주님을 생각하면 할수록 사랑하게 되고 기도가 숙제가 아닌 일상이 될 것이다. 매일 잠에서 깨면 기도하고 잠자리에 들기 전 기도할 뿐 아니라 매 순간 친구와 가족과 대화하듯 수시로 기도하리라. 할렐루야!

오 주님, 감사합니다

나를 인도하시고 동행하시는 주 예수님 감사합니다.

나를 떠나지 않으시고 역사하시는 성령님 감사합니다.

나를 자녀 삼으시고 돌보시는 아버지 하나님 감사합니다.

오늘 하루 주님의 사랑으로 행복했습니다.

주님의 은혜로 평안했습니다.

주님의 날개 아래 보호받았습니다.

나는 연약합니다. 주는 강하십니다.

나는 넘어집니다. 주는 일으키십니다.

나는 실수합니다. 주는 완전하십니다.

주만 의지합니다. 주만 필요합니다.

주만 바라봅니다. 주님 찬양합니다.

주님 감사합니다. 주님 사랑합니다.

오 주님.

내 삶의 기적, 예수동행

주님, 오늘 하루도 늘 함께해 주셔서 감사합니다. 온 세상이 코로나19로 여전히 위험하고 어렵습니다. 다행히 지인들 중에 확진자는 없지만 안전한 곳 없이 전파되고 있어 마음 놓을 수가 없습니다. 백신 접종도 믿을 수 없고 사람들의 거리 두기도 기대하기 힘든 상황입니다. 사람들의 불안하고 여유 없는 마음도 걱정됩니다.

이럴 때에 주님과 친밀한 동행이 큰 능력이 될 줄 믿습니다. 형식적인 신앙생활로는 믿음 지키기도 어렵습니다. 교회 출입에 대한 부정적인 사회 분위기와 모임을 제한하는 4단계 방역지침으로 주일예배 중심의 신앙생활보다 일상의 예배 중심의 신앙생활이 중요해졌습니다. 사람들과의 사귐이 교회 생활의 지속 원동력이었지만 이제 홀로 주님 앞에 나아가 교제해야 합니다.

코로나19가 일상을 바꾼 작년 저에게 닥친 건강의 위기가 저를 주님과의 인격적인 만남과 동행을 하게 만들었음이 축복입니다. 그럭저럭 세상 낙을 즐기며 적당히 신앙생활하고 무늬만 교인으로 살았던 저를 예수님의 제자로, 가족으로, 친구로 만들어 가심에 감사드립니다. 지금은 목소리를 잃어버리고 입으로 먹고 맛을 즐길 수 없게 됐지만 그보다 더 좋은 주님을 만나서 동행하니 평안과 행복을 누립니다. 처음에는 너무 힘들고 죽을만큼 싫었지만 매일 주님과 동행하다 보니 감당할 은혜를 주셔서 진정으로 행복하고 만족합니다. 주변 사람들도 더 화목하고 평안해졌습니다. 육신적으로 더 자유롭고 즐거울 때보다 지금이 더 평안합니다.

감히 고백하건대 내 삶의 기적은 예수님과의 동행입니다. 내 힘과 노력으로도 안되는 변화가 일어났기 때문입니다. 할렐루야.

모든 능력은 주님께

역시 나의 힘과 능력은 주님께 있고 말씀과 기도로 공급된다. 내 힘과 능력으로는 하루도 선한 삶을 살 수 없다.

요새 예수동행일기를 쓰면서 나 스스로 치유되고 회복되는 경험을 하고 글을 공유하면서 은혜로운 반응을 통해 힘을 많이 얻었다. 그런데 어제저녁에는 이상하게 힘이 없어지고 외롭고 힘든 내 처지가 크게 느껴져 아무것도 하고 싶지 않았다. 주님만을 바라보고 의지할 때 한계와 어려움은 문제 되지 않았지만 세상에 비추어 나라는 존재를 바라볼 때 넘을 수 없는 산과 파도로 다가왔다. 주님 안에서는 충분히 사람들과 자유롭게 교통할 수 있었지만 주님 밖에서는 나는 혼자라는 고독함과 고립감에 빠져들었다.

당연하다. 사람들과 어울리고 소통하는 데는 사회적 위치나 능력이나 수단이 갖춰져야 한다. 그래야 어울림이 즐겁고 자연스러운 것이다. 아무도 나를 배제하지 않고 거부하지 않지만 스스로 불편하고 소외되는 것이다. 이런 느낌은 무슨 말로도 쉽게 설명되지 않고 사람의 위로로도 해결 안 된다. 대화 소통, 식탁의 교제조차 힘들어지고 나니 더 힘든 부분이다.

사실은 이런 내 상황에서 나만큼 관심과 사랑을 받기도 어려울 만큼 받고 누리고 있건만 사람이 가진 상대적으로 비교하는 생각이 그런 걸 무색하게 한다. 아무튼 이건 장애나 질병 때문이 아니라 모든 사람이 가진 어려움이다. 건강하고 잘난 사람도 주님 안에서만 온전한 자유와 행복을 누리는 것이다.

결론을 말하자면 그런 감정과 생각에 몰입할수록 더 힘들 텐데 나의 현재 모습을 인정하고 주님께로 시선을 돌리고 말씀 속으로 들어가게 하셔서 무력하고 초라한 기분에서 벗어났다. 나를 백날 묵상해 봐야 한숨만 나올 것이다. 오늘 모처럼 〈생명의 삶〉 큐티를 마음먹고 했더니 없어졌던 힘과 능력을 되찾은 것처럼 새로움이 느껴졌다.

동행일기만 열심히 쓴다고 힘과 능력이 생기는 게 아니라 주님과 동행하는 말씀 묵상과 기도가 있어야 동행일기를 쓰고 주님이 하신 일을 선포할 수 있는 것이다. 모든 능력과 권세는 주 예수님께 있기 때문이다. 할렐루야.

어려움 속에 숨겨진 축복의 열쇠

오늘은 몸을 깨끗이 씻고 침대 커버를 갈아서 개운해졌다. 보통 사람은 간단하게 씻을 일이 누워 있고 욕실로 갈 수 없는 나에게는 시간이 많이 걸리고 번거로운 일이다. 그래도 다른 사람의 수고로 씻을 수 있어서 감사한 일이다.

주님이 내 형편을 잘 아시니 그저 감사하며 사는 게 내가 할 일이다. 24시간 케어 받을 예산과 인력이 채워진 지 7개월째다. 오랫동안 고생하고 걱정하다가 주님의 때에 해결된 일이다. 기도해도 당장 응답되거나 변화가 일어나지는 않는다. 그러나 시간이 흐르고 어느새 어떤 식으로든 응답을 주시는 하나님이다. 내가 원한 대로 안 될 경우 더 나은 걸 주신다.

20년째 나를 돌봐 주고 계신 권사님도 40대 초반부터 일을 시작하셔서 환갑을 넘으셨는데 중간중간 허리디스크와 어깨 힘줄 손상으로 일을 못할 위기도 있었지만 주님은 지금까지 나를 돌보시고 한 가정의 생활도 책임져 주셨다.

거저 주어지는 열매는 없다. 어려울 때는 사람에게 몸을 의탁해야 하는 내 장애가 너무 싫었고 도움의 손이 사라질까 불안했다. 부모님의 풍성한 사랑과 도움을 받은 나에게 그런 괴로움이 없었다면 주님을 의지하고 기도하지 않았을 것이다. 어려움이 있다는 건 축복의 열쇠가 주어진 것이란 뜻이다. 권사님과 하루 2번 기도하고 큐티와 신앙서적을 읽고 나눈 것도 좋은 씨앗이 됐다. 주님은 항상 나와 동행하셨고 나를 돕는 사람들을 돌보셨고 81세 되신 어머니를 긍휼히 여겨 주셨다. 할렐루야!

주님의 뜻에 따라 사는 일상

토요일 저녁에 콧줄과 기관절개 튜브를 바꾸느라 힘도 들고 시간도 많이 걸렸다. 그런 날은 다른 것 다 미루고 일찍 자야 하는데 내 욕심과 절제 못함으로 할 것 다 하다가 평소보다 2시간 이상 더 늦게 잤더니 컨디션이 저하돼서 어제부터 오늘까지 너무 힘들었다. 기운도 없고 머리가 무겁고 가슴이 답답해서 괴로웠다.

내 몸의 한계를 알고 미리 조심해야 하는데 지루한 일상에 만족과 재미를 찾다가 고생을 자초한 것이다. 동행일기도 쓰고 유익한 시간일지라도 수면시간을 너무 줄이면서까지 해서는 안 되겠구나 깨달았다. 나의 보람과 만족을 위해 몸을 상하게 하는 것도 잘못이라는 생각이 든다. 지금 내가 가진 건강과 시간의 한계를 알고 뭘 하더라도 해야 할 일과 나중 할 일을 잘 판단해야겠다.

그러려면 매 순간 주님의 뜻을 묻고 순종하는 예수님과 동행하는 삶이 이뤄져야 한다. 난 아직도 모든 판단과 결정을 내 생각으로 하고 있었다. 사소한 일 같아도 잠을 자는 것이나 오늘 할 일과 내일 할 일을 정하는 것도 주님께 묻는다면 후회하는 일이 줄어들 것이라고 믿는다.

내 몸과 건강을 내 것이라 착각하고 내 의지대로, 욕심대로 살아온 날들을 회개한다. 열심히 하는 것보다 바르게 하는 게 주님이 기뻐하시는 일이다. 가끔 힘들거나 시간이 안 될 때는 할 일을 멈추고 주님께 기도하기 원한다. 일보다 주님과 동행하는 시간이 우선순위 되기를! 내 생각에 끌리는 일보다 주님이 원하시는 행동을 선택하자. 흥미롭고 나를 만족시킬 것 같은 걸 포기하는 결단도 믿음이다. 유튜브에 내 눈과 귀를 즐겁게 하는 정보와 정치, 사회, 신앙, 오락의 영상을 보다가 늦게 자는 경우가 많았다. 아무리 좋은 것이라도 주님과의 교제와 건강보다 중요하지 않다.

주님, 나의 실수와 연약함을 통해 주님의 뜻을 깨닫게 하시니 감사합니다. 삶의 모든 순간에 내 욕심과 만족을 따라 선택하지 않고 주님의 선하신 뜻을 따라 결정하게 하시고, 건강과 물질과 시간의 주인이 내가 아니라 주님이심을 인정하게 하소서.

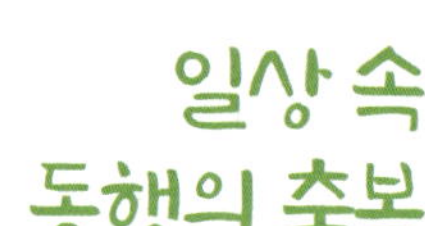

그동안 예수동행일기를 페이스북에 올리고 가까운 몇 분에게 카카오톡으로 공유했다. 처음에는 어색하고 서툴러서 여러 번 시행착오도 겪고 오랫동안 중단하기도 하면서 최대한 솔직하게 있는 그대로 표현하고 예수님과의 동행을 삶에 적용할 목적으로 글을 쓰려고 노력했다. 다른 사람의 이야기나 누군가를 가르치고 감동을 줄려고 쓰는 글은 예수동행일기가 아니고 써서 나눌 이유가 없다고 생각한다. 지금도 지극히 평범하고 단조로운 일상에 뭘 써야 하나 아무 생각이 안 떠오를 때가 많은데 그냥 그런 생각이라도 쓰다 보면 성령께서 깨달음을 주신다.

사람들과 나누기에는 내용도 빈약하고 별 유익도 안 될 듯해서 소수의 사람들과 나누다가 어제는 내가 생각나는 모든 사람에게 공유해 보기로 했다. 나의 멋지고 성공적인 이야기보다 좀 모자라고 연약함을 담은 이야기라서 공감이 되고 서로에게 은혜가 될 것 같았다. 그렇다고 늘 사람들의 반응을 보고 만족을 얻겠다는 말은 아니다. 나는 그동안 하던 대로 나의 하루 삶에 임재하시고 동행하신 주님을 주목하고 내 모습 이대로 사랑하시는 주님을 고백하면 된다. 나의 실수와 부족함과 주님의 사랑은 가장 좋은 글의 소재가 된다. 지금 이 예수동행일기를 읽고 있는 모든 분들이 주님과 친밀감을 느끼고 동행하게 되길 기도드린다. 코로나가 우리 일상을 바꾸고 어려움을 주지만 일상에서 주님과 더불어 살게 된다면 문제 될 게 없다. 많은 분들에게 보인다고 해서 의식하거나 글을 잘 쓰려고 애쓰는 일이 없기를 기도한다.

주님, 그냥 지나치면 무의미할 수도 있는 하루를 예수동행일기를 통해 주님의 손길을 느끼고 나와 동행하시고 나를 인도하시는 주님을 의식하는 축복의 하루로 바꾸게 하소서. 질그릇 안에 든 보석 같은 주님을 자랑하는 글이 되게 하소서.

일상을 바꾸는 예수동행의 기적

작년에 맹장염이 걸려 수술하고 나서 여러 번 죽음의 고비를 넘기고 살아서 왔지만 예전의 활력을 찾지 못하고 무기력하게 지냈다. 수술 후유증으로 기관절개를 하게 되어 목소리를 낼 수 없고 입으로 먹지 못하니 삶의 즐거움도 다 잃고 힘을 낼 수가 없었다. 하루하루 시간만 흘러가고 내가 할 수 있는 일이 무엇인지 몰라서 방황하고 있었다. 그러다가 병원에서 힘들 때 많이 들었던 유기성 목사님의 설교 말씀이 생각났고, 그분의 여러 설교에서 강조되는 예수동행일기가 강렬하게 다가왔다. 나도 예수님과 24시간 친밀하게 동행하고 싶었고 매일 경험하고 점검하는 일기를 쓰고 싶었다. 모태신앙으로 그저 주일에 교회만 빠지지 않고 기독교 신앙만 지키고 사는 게 전부였던 나에게 교회 안에서와 일상에서의 생활이 다르다는 게 늘 풀리지 않는 숙제였다. 신앙생활을 오래 해도 왜 나는 변화가 없고 이중적인 삶을 살아야 하는지 답답했다.

유튜브로 예수동행일기 강의를 찾아서 듣고 마음이 더 뜨거워졌다. 대단한 영적인 체험이 아닌데도 삶이 변하고 어둠이 물러가고 승리하는 삶을 사는 것이 충격적이었다. 막연한 이론이 아니라 유기성 목사님의 경험을 말씀하셔서 더 와닿았다. 그래도 예수동행일기를 쓴다는 건 생소한 일이라서 실천하기까지 많은 시간이 걸렸다. 일기라고 하니 어릴 때 쓰던 일기처럼 나를 다 오픈해야 하나 싶어서 용기가 안 생겼던 것이다. 일단 써 보자 하고 시작하고도 처음에 하루에 일어난 일과 행동을 전부 다 써야 되는 줄 알고 썼다가 포기할 뻔했다. 지금은 나의 일상을 기록하려는 목적보다 주님과의 관계 속에 얻은 깨달음과 경험에 집중한다. 오랜 질병과 장애로 매일 무기력한 삶을 살던 내가 예수동행일기로 삶의 이유를 다시 찾게 됐고, 나누기 시작하고부터 활력을 얻었다.

오늘은 어제 쓴 예수동행일기를 카톡 친구 목록에 있는 거의 모든 사람에게 보냈더니 오랫동안 소통이 없었던 사람들과 좋은 교제를 나눴다. 카톡으로 어쩌다 대화하려면 할 말이 없어서 멀어져 갔는데 동행일기가 좋은 연결고리가 됐다. 예수님을 믿지 않는 분들에게도 자연스럽게 그분을 소개하게 되면 좋겠고 나의 영적 유익을 위한 글이 다른 지체들에게도 유익이 되길 원한다. 느린 손으로 글을 쓰고 공유하기가 쉬운 일은 아니지만 내가 살아야 할 이유를 느끼니 감사하고 기쁘다. 지난날을 돌아보는 내용을 쓴 것 같은데 내일부터는 다시 평범한 하루 가운데 주님과 동행한 기록을 나누겠다.

좋으신 주님, 제가 더 좋은 글을 쓰려고 힘쓰지 않고 주님께만 집중하게 하셔서 예수 생명의 능력이 드러나게 하소서.

> "두려워하지 말라 내가 너와 함께함이라
> 놀라지 말라 나는 네 하나님이 됨이라
> 내가 너를 굳세게 하리라 참으로 너를 도와주리라
> 참으로 나의 의로운 오른손으로 너를 붙들리라" (이사야 41:10)

삶의 밑바닥에서 잡은 주님의 손

예수동행일기를 쓰지 않았다면 무심하게 지나갔을 하루가 쓰기 시작하고 나서 매일 의미 있는 하루로 변하고 있다. 아무리 즐겁고 신나는 일을 찾으려 해도 중증 장애인과 희귀 질병 환자의 일상은 정체되고 활기가 줄어든다. 나도 40년 넘게 근육병으로 투병하다 보니 육체의 장애만큼 슬픔의 감정도 메말라 버리고 기쁨의 희열도 느끼기 힘들어지면서 체념 상태로 하루하루가 흘러가게 된다. 더 안타까운 거 시간이 흐를수록 주님과의 관계에서두 구원의 감격이 사라지고 은혜의 감동도 줄어들고 절실한 소원과 뜨거운 열정도 식어 버린다는 것이다. 육체의 마비가 전신으로 퍼져가면서 마음도 무뎌져 버린다. 그렇지 않으면 더 견디기 힘들 테니 면역이 생기는 것인지도 모른다.

그냥 그렇게 살다가 끝날 짧고 허무한 내 인생에 주님은 손을 내밀어 주셨다. 세상과 다른 종교가 약속하지 않는 은혜의 구원을 주셨고 약속하신 성령을 보내셔서 나를 떠나지 않으셨고 세상 끝 날까지 함께하신다고 약속해 주셨다. 문제는 나의 종교적인 신앙생활로는 그걸 경험하고 누리지 못한다는 것이다. 나는 오랫동안 구원의 교리를 머리로는 알지만 삶에서 경험하지 못하고 가슴으로 알지 못했다. 주일에 교회에서 예배는 드려도 삶의 예배는 드리지 않는 종교인의 삶을 살았다. 그게 바로 예수와 동행하지 않는 삶이었던 것이다.

신종 전염병으로 온 세계가 고통하던 2020년, 내 개인의 삶에도 큰 시련이 닥쳐와 삶의 많은 부분을 상실했다. 고통스러운 병실에서 아무것도 기대할 수 없는 상황에서 주님만 부르며 주님을 바라보았다. 수많은 믿음의 사람들이 삶의 밑바닥에서, 벼랑 끝에서 주님을 만나고 동행하기 시작한다. 나에게는 예수동행일기가 친절한 주님의 손길이었다.

오늘도 육체의 고통과 한계는 여전하다. 그런데 주님이 함께하심을 느끼니 세상이 줄 수 없는 자유와 행복을 누린다. 말씀으로 주님을 본다.

> "야곱아 너를 창조하신 여호와께서 지금 말씀하시느니라
> 이스라엘아 너를 지으신 이가 말씀하시느니라
> 너는 두려워하지 말라 내가 너를 구속하였고
> 내가 너를 지명하여 불렀나니 너는 내 것이라" (이사야 43:1)

나를 지으시고 구속하신 하나님. 나는 그분의 것이다. 병들고 장애를 가지고 능력이 없어도 두려워하지 않는다. 나를 지명하여 부르신 주님이 나와 동행하신다. 할렐루야.

현실 너머 주님과 동행하는 평안

건강한 사람에게 생계가 생존의 문제이듯 환자와 장애인에게는 돌봄 받는 일이 생존의 문제가 된다. 그런 걱정 안 하고 살고 싶지만 모든 사람이 다 그러고 산다. 그렇지만 문제만 바라보고 생각하면 매일 걱정과 근심으로 하루를 보낼 것이다.

오늘 나는 애써 주님을 부르면서 주님을 바라보려고 했다. 성경을 펼치고 이사야 49–51장을 읽고 〈꿀송이 보약큐티〉 유튜브 영상과 글을 통해 설명을 들었다. 오래전에 이스라엘 백성을 향해 선포된 말씀이 예수 그리스도가 이 땅에 오셔서 이루실 구원을 예언하고 이 시대를 사는 성도들에게 공의와 사랑을 가르치고 세상 마지막 날 회복하실 주님의 나라를 전해 주었으니 놀라운 일이다.

오늘 당장 살아갈 보이는 현실이 크고 힘겹지만 말씀을 통해 현실 너머 일하시는 주님을 보고 눈으로 볼 수 없는 주 예수님과 동행한다면 참 평화, 샬롬을 누리게 된다. 그 은혜 없이는 나는 하루도 평안을 누릴 수 없다. 예수동행일기가 대단한 글을 쓰는 것도 아닌데 쓰면서 강력한 힘과 평안이 느껴지는 건 주 예수 이름의 능력이라고 믿는다. 함께 나눌 때 이 비밀이 증거 되길 바란다. 주님을 찬양합니다.

"그가 이르시되 네가 나의 종이 되어 야곱의 지파들을 일으키며
이스라엘 중에 보전된 자를 돌아오게 할 것은 매우 쉬운 일이라
내가 또 너를 이방의 빛으로 삼아
나의 구원을 베풀어서 땅 끝까지 이르게 하리라" (이사야 49:6)

"여인이 어찌 그 젖 먹는 자식을 잊겠으며
자기 태에서 난 아들을 긍휼히 여기지 않겠느냐
그들은 혹시 잊을지라도 나는 너를 잊지 아니할 것이라" (이사야 49:15)

"너희 중에 여호와를 경외하며 그의 종의 목소리를 청종하는 자가 누구냐
흑암 중에 행하여 빛이 없는 자라도
여호와의 이름을 의뢰하며 자기 하나님께 의지할지어다" (이사야 50:10)

가장 귀한 선물, 예수 그리스도

8월의 첫 주일을 주님이 주시는 자유와 평안 가운데 지냈다. 병상에 누워 활동은 제한돼 있고 체력과 시간에도 한계가 있지만, 말씀을 읽고 묵상하며 동행일기를 쓰고, 사람들과 카카오톡과 페이스북으로 소통하고, 유튜브와 게임, TV를 보며 하루를 보냈다. 중증 장애를 가진 환자로서 이만큼 누리고 활동할 수 있음이 감사하다.

그동안 겉으로 신앙생활을 하면서도 마음에 만족이 없었고, 은밀한 죄와 갈등, 근심과 불안 속에서 살아왔다. 작년 12월부터 예수동행일기를 쓰기 시작했는데, 최근 들어서야 변화를 경험하고 있다. 여전히 연약하고 죄인의 본성을 가진 나지만, 동행일기를 통해 주님을 바라보고 의식하는 훈련을 하다 보니 주님께서 나를 다스리시고 이끄심을 느낀다. 이제는 불안과 짜증, 분노가 확연히 줄어들었고, 예수 이름의 능력으로 된 줄을 확신한다.

오늘은 해군으로 군 생활 중인 조카 시윤이가 휴가를 나와 형님과 형수님, 태윤이와 함께 집을 찾아왔다. 어려서부터 자주 만나 정이 깊은 조카인데, 신앙생활을 잘하고 바르게 살아가는 모습이 참 기쁘다. 내가 치킨을 시켜 주었는데 맛있게 먹었다니 마음이 흐뭇했다.

주님도 우리에게 한없는 사랑으로 생명과 구원을 선물로 주셨다. 우리가 받아 누릴 때 주님은 기뻐하신다. 그러나 그 선물은 세상의 그 어떤 것과도 비교할 수 없다. 하나님의 아들이신 예수 그리스도께서 죄인들을 위해 고난과 죽임을 당하시고 생명을 내어 주셨으니, 그보다 귀하고 값진 선물은 없다.

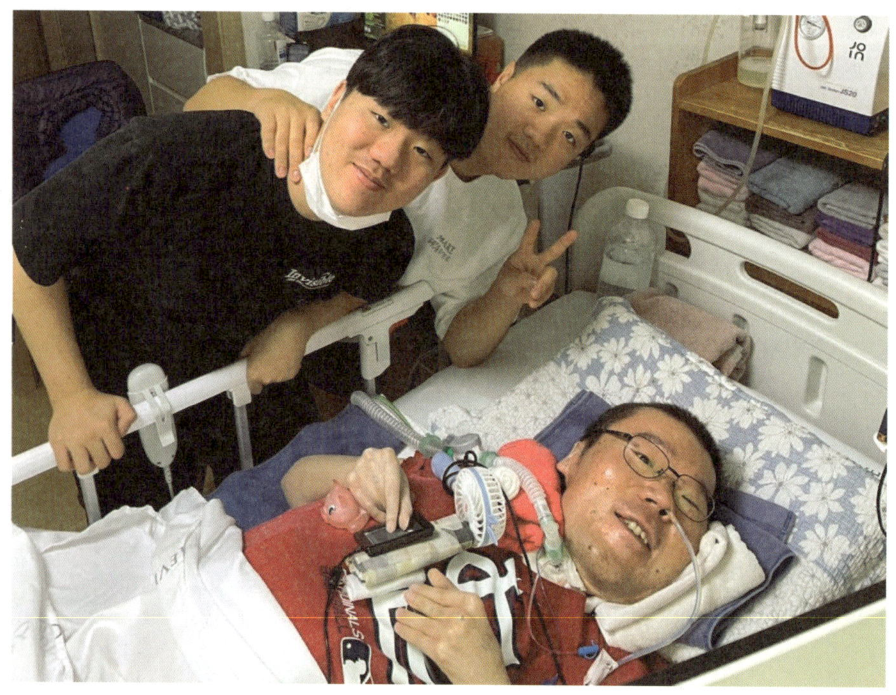

2021.08.02 월요일

하루 종일 누워서 지내다 보니 기운이 떨어지고 의욕이 줄어들어서 가라앉을 때가 많다. 그래서 마음으로 하고 싶은 일도 쉽게 행동으로 옮겨지지 않는다. 특히 사람들과 만나고 소통하는 게 힘들다. 몸이 활발하게 움직여야 의욕적으로 활동하는데 누워만 있으니 소극적으로 변한 것 같다. 사회활동과 교류와 소통이 힘들어지다 보니 신앙적으로도 교회 공동체의 교제도 줄어들었다. 목회자로 사신 아버지를 둔 덕에 여러 목사님과 성도님들의 관심과 사랑을 많이 받았지만 공동체 활동을 못하니 나눌 대화도 별로 없고 가까운 친척과 지인들과도 교제 나누기가 어려워졌다. 육체의 장애보다 더 힘든 게 어울리지 못하는 게 아닐지….

지난주부터 예수동행일기를 쓰고 친하거나 안 친하거나 상관없이 카카오톡으로 여러 사람에게 공유하기 시작했다. 연락도 자주 안 하고 몇 년이나 대화도 안 한 사람에게 이런 글을 보내기가 내키지 않았지만 그냥 무조건 다 공유해 버렸다. 절반 이상은 읽지도 않고 읽고도 아무 말이 없었지만 그래도 적지 않은 사람들이 공감과 격려를 보내 주셔서 교제를 나누게 됐다. 심지어 무교나 타 종교를 가진 사람들도 긍정적인 반응을 보이고 예수님 이야기를 자연스럽게 할 수 있었다. 같은 신앙을 가진 분들과도 믿음의 대화 나누기가 어색했는데 예수동행일기를 통해 풍성한 교제를 경험하니 큰 감동을 받았다. 몸이 힘들어서 카카오톡 대화도 거의 안 하던 내가 예수동행일기를 보내고 대화를 주고받고 있다. 이런 걸 왜 보내나 하는 사람도 있을 것이고 읽지 않는 사람도 많지만 후회하지는 않는다. 내 주장이나 자랑을 전달한 게 아니니 그래도 사람들이 마음의 문을 열지 않을까 싶다.

사람들과 나누게 되니 쓰고 싶으면 쓰고 귀찮으면 안 쓰던 예수동행일기를 매일 꾸준히 쓰게 되고 사람들과 자연스럽게 예수님 이야기를 할 수 있어서 좋다. 요즘 사람들은 교회에 대해 부정적이고 적대적인 경향이 있다는 생각에 복음 전할 용기가 없었는데 나의 어려움과 약함을 통해 예수님을 말하니 거부감이 덜하다. 교회 나오게 할 목적만 앞세워서는 영혼을 빛과 생명이신 예수님께로 인도하기 어렵다. 내 삶으로 예수의 향기와 변화의 능력을 보여야 내가 믿는 예수를 그들도 믿고 싶어 할 것이다.

오늘도 글 쓰는 게 힘이 들지만 이걸 통해 누리는 은혜가 크기 때문에 한 시간 걸려도 쓴다. 내가 뭘 해 보려고 했다면 내 삶의 변화나 사람들의 감동도 기대할 수 없었을 것이다. 예수님이 동행하시는 일이라서 장애도 질병도 편견도 넘어섰다고 믿는다. 오직 예수!

걱정을 넘어 은혜로

오늘은 더위가 조금 덜해졌지만 여전히 에어컨 없이는 지내기 힘든 날씨다. 면역력이 약하고 체온조절이 힘든 나는 추운 겨울에는 충분한 난방이 필요하고 더운 여름에는 24시간 냉방을 해야 견딜 수 있다. 지금까지 추위와 더위로 고생하지 않고 지내온 것도 주님의 은혜다. 안락한 주거 환경과 필수적인 복지 혜택, 가족의 충분한 사랑과 숙련된 돌봄의 손길이 있어 심한 장애와 질환을 가지고도 하루하루 잘 살아왔다.

나는 살면서 항상 다가올 미래에 대한 막연한 걱정과 두려움이 있었다. 점점 심해지는 몸 상태와 부모님의 은퇴와 노화와 경제적인 어려움이 현실이 되거나 예상이 됐기 때문이다. 그런 걱정이 나의 기도제목이 됐는데 지금 와서 보니 내 걱정과 달리 주님은 상상도 못 한 방법으로 현실의 변화를 잘 감당하게 해 주셨다.

나의 힘겨운 일상도 늘 감사하고 헛된 욕망과 쾌락을 추구하지 말고 현실의 안전과 편의에 만족하고 어려움에 처한 이들을 돌아보고 관심을 가지고 도와야겠다는 생각이 든다.

> "내가 기뻐하는 금식은 흉악의 결박을 풀어 주며
> 멍에의 줄을 끌러 주며 압제당하는 자를 자유하게 하며
> 모든 멍에를 꺾는 것이 아니겠느냐
> 또 주린 자에게 네 양식을 나누어 주며
> 유리하는 빈민을 집에 들이며 헐벗은 자를 보면 입히며
> 또 네 골육을 피하여 스스로 숨지 아니하는 것이 아니겠느냐
> 그리하면 네 빛이 새벽같이 비칠 것이며
> 네 치유가 급속할 것이며 네 공의가 네 앞에 행하고
> 여호와의 영광이 네 뒤에 호위하리니" (이사야 58:6-8)

반복되는 일상 속에 새로운 말씀

오늘도 나의 하루는 어제와 같은 일상의 반복이다. TV를 켜도 코로나19 확진자 발생 상황과 정치권 소식을 전하는 뉴스, 도쿄 올림픽 중계와 홈쇼핑 방송만 반복되어 나오는 걸 보니 나만 반복되는 일상을 살고 있는 건 아닌가 보다. 그저 큰 위험이나 어려움만 없어도 감사한 하루가 아닌가 싶다. 세상에는 아름답고 기쁜 일도 많지만 어둡고 슬픈 일도 많다. 매일 똑같은 일상이 답답하고 지루하게 느껴질 때가 많지만 모든 사람들이 생계와 가족을 위해 수고하고 힘든 도전을 하고 있다는 사실에 불행한 마음은 사라진다. 상대적으로 더 건강하고 더 가진 게 많아도 똑같이 고단한 인생길이다.

매일 들려오는 주님의 말씀은 아무리 반복해도 늘 새롭다. 그것은 생명력 있는 복음, 어둠을 밝히는 빛이기 때문이다. 오늘도 성경을 읽고 묵상할 때 주님이 나에게 조용히 속삭이신다. 주님의 말씀은 지금 나에게 전해 주시는 그분의 러브레터다. 내가 너무 힘들거나 즐거울 때는 잘 보이지 않지만 결국에 나를 살리는 건 그 말씀이다.

"주님께서 나에게 기름을 부으시니, 주 하나님의 영이 나에게 임하셨다.
주님께서 나를 보내셔서, 가난한 사람들에게 기쁜 소식을 전하고,
상한 마음을 싸매어 주고, 포로에게 자유를 선포하고,
갇힌 사람에게 석방을 선언하고,
주님의 은혜의 해와 우리 하나님의 보복의 날을 선언하고,
모든 슬퍼하는 사람들을 위로하게 하셨다.
시온에서 슬퍼하는 사람들에게 재 대신에 화관을 씌워 주시며,
슬픔 대신에 기쁨의 기름을 발라 주시며,
괴로운 마음 대신에 찬송이 마음에 가득 차게 하셨다.

메시아이신 예수님을 보내어 자유와 치유와 위로와 기쁨을 주신 하나님께 감사드린다. 내가 비록 누워서 숨 쉬는 것 외에 아무것도 할 수 없다 해도 감사만 하고 살면 주님과 동행하는 행복한 삶이 될 것이다. 매일 감사를 표현하고 기도하는 생활을 다시 회복해야겠다.

구원의 기쁨,
웃음의 은혜

사소한 변화가 중증 환자에게는 하루 컨디션에 큰 영향을 끼친다. 배변을 하루 건넜더니 힘들어서 애를 먹었다. 장운동이 약하기 때문에 변비가 생기면 시원하지 않을 뿐 아니라 머리도 아프고 소화가 어려워 호흡이 답답해서 괴롭다. 오늘은 이것 때문에 힘들어서 아무것도 할 수 없고 마음의 여유도 잃고 표정도 어두워졌다. 관장을 해서 오래가지 않고 해결됐지만 시달리고 나니 만사 귀찮고 우울한 기분마저 들어서 소중한 하루를 망친 거 같았다. 그런 나를 서정열 장로님이 보내 주신 묵상 말씀이 바꿔 주었다. 서정열 장로님은 사단장과 육군 3사관학교 교장을 역임하시고 작년에 소장으로 전역하신 분이다. 절대절대 포기하지 말라는 '절절포 정신'으로 많은 장병들과 청년들에게 선한 영향력을 주시는 귀한 분이시다.

"여호와께서 시온의 포로를 돌려보내실 때에 우리는 꿈꾸는 것 같았도다 그때에 우리 입에는 웃음이 가득하고 우리 혀에는 찬양이 찼었도다 그때에 뭇 나라 가운데에서 말하기를 여호와께서 그들을 위하여 큰 일을 행하셨다 하였도다"[시편 126:1~2] 아멘 ♡ 웃음이 가득하고….

포로를 자기 나라로 돌려보내고 있습니다. 해방되는 참 놀라운 기적이 일어난 것이지요. 이때 안 웃으면 안 되겠지요. 그런데 살면서 웃기가 왜 이리 힘든지요. 지금 우리는 구원받은 자로 꿈꾸는 것 같은 상황에서는 하나님의 자녀들의 입에 웃음이 가득하고 혀에 찬양이 가득해야 합니다.

웃음이 진통제, 강장제이기에 웃으면 힘이 생기고 고통은 줄어듭니다. 오늘도 나의 삶에 하나님께서 큰 일을 행하셨다 말하게 하는 기적의 역사가 일어나도록, 활짝 웃으며 출발!

이 말씀따라 나도 활짝 웃어봤더니 그 시간부터 웃을 일만 생기고 마음이 밝아져서 기쁘게 하루를 마쳤다. 하나님을 믿지 않은 사람이라도 긍정적이고 잘 웃는 사람이 더 행복한 인생을 산다. 하물며 확실하고 영원한 소망을 은혜로 받은 하나님의 자녀라면 더 크게 기뻐해야 하지 않겠는가? 웃어야 웃을 일이 생기고 다른 사람에게 전파된다. 억지로 웃다 보면 진짜 행복해서 웃게 된다.

내가 남들처럼 건강한 몸이 아니라서 슬프고 불행하게 느낀다면 늘 어둡고 웃을 일이 없을 것이다. 웃음의 근거는 나와 동행하시는 주님께 있기에 생각을 주님께 향하면 괴로움과 슬픔도 즐거움과 기쁨으로 변한다.

나를 웃게하시는 주님, 감사합니다!

주님만 동행하시면 만족합니다

오늘도 새로운 하루를 선물로 주신 주님께 감사드린다. 주님과 동행하는 하루를 살려고 마음먹고 매일 동행일기를 쓰다 보니 주님이 함께하신다는 것이 실제로 느껴지고 평범한 일상이 특별한 은혜로 경험된다. 그냥 흘러가 버릴 매일의 은혜가 고스란히 내 마음에 새겨지고 다른 사람에게로 흘러간다. 이제 예수동행일기가 무거운 숙제 같지 않고 기다려지는 선물 같다. 주님과의 동행 이야기가 아니라면 나에게 무슨 즐거운 이야깃거리가 있을까 싶다. 사람들과 나누고 싶은 예수동행일기, 오늘도 시작한다.

오늘은 참 기분 좋은 날이었다. 사랑하는 조카 유성이와 작은누나, 작은형이 찾아와서 어머니와 나를 위로해 줬다. 또 한 달에 한 번 권사님이 이발을 해 주시는데 작은형이 도와줘서 편안하게 할 수 있었다. 얼마나 개운한지 모른다. 오고 가는 사람 하나 없으면 정말 외롭고 쓸쓸할 텐데 소중한 만남을 주신 주님께 감사드린다. 또 한 가지 기분 좋고 감사한 일은 영양가 높은 전복죽을 끓여 믹서기에 갈아서 입으로 한 그릇 다 먹은 것이다. 어찌나 고소하고 부드러운지 정말 맛있게 먹었다. 먹고 나니 확실히 기운이 나고 더 건강해진 기분이다. 나를 위로하시고 힘 주시는 주님의 손이 느껴진다.

세상 즐거움 다 잃은 것 같아도 주님과 동행만 하면 만족과 행복을 누리고 산다. 한동안 잃어버린 것들을 속상해했다. 이렇게 살아서 뭐 하냐는 생각까지 했었다. 그러다 주님만 함께하신다면 만족하기로 마음을 정하고 생각을 감사로 바꾸니 진짜 위로와 만족을 많이 주신다. 삶의 목적을 주님과의 친밀한 동행으로 삼으니 누리는 행복이다. 아직도 실망하고 낙심할 때가 있지만 점점 주님의 사랑으로 충분하다고 느끼게 된다. 이것이 나에게 나타난 주님이 행하신 기적이다.

비대면 시대, 주님과의 친밀한 만남

주님이 주시는 기쁨과 평안을 누리는 주일 하루였다. 오전에 하남교회 2부 예배를 온라인으로 함께 드렸다.

요즘 대면 예배와 비대면 예배에 대해 논란이 많다. 나는 20년 넘게 주일예배를 현장에서 드리지 못하고 있다. 요즘에는 인공호흡기를 하고 누운 채로 휠체어를 타고 외출하는 장애인들이 많이 있는데 나는 처음부터 시도해 보지 않아서 나중에 하려고 하니 너무 힘든 일이 돼 버렸다. 처음 인공호흡기를 24시간 하게 되면서 외출이 어려워졌는데 그 당시에는 기계가 너무 크고 배터리 용량도 적어서 휠체어에 달고 외출하는 것이 불가능했다. 외출을 못하는 사이에 병이 더 진행되어 병원 입원 외에는 외출을 못하고 있다. 처음에는 답답했지만 이제 익숙해져서 외출 못하는 건 아무렇지 않게 됐다.

20년 전에는 영상으로 예배드리는 건 흔한 일이 아니었고 생방송도 없어서 비대면으로 예배 보는 건 상상도 못할 일이었다. 지금은 유튜브로 대부분 교회의 예배를 생방송으로 볼 수 있고 줌(zoom)으로 쌍방향으로 예배와 모임도 하는 세상이 왔다.

나의 소원은 건강이 호전되어 교회 예배당에서 예배드리는 것이고 코로나19가 종식되어 대면 예배가 정상화되는 것이다. 치료제가 나오기 전에는 종식이 어려울 것이고 변이 바이러스가 생겨서 한동안 어려울 것 같다. 중요한 건 아무리 자유롭게 모여 예배드려도 일상에서 주님과의 친밀한 관계가 없다면 소용이 없고, 모여서 예배드릴 수 없는 상황에서 주님과의 친밀한 동행이 없다면 믿음마저 잃어버리게 된다는 사실이다. 예수동행일기라는 것이 생소하지만 사실은 모든 믿음의 사람들은 하루 24시간 주님과 동행하고 있고 일기 쓰듯 기록하고 확인하며 살고 있다. 나의 부모님만 생각해 봐도 날마다 말씀을 메모하고 일기를 써서 글로 남기고 계셨다. 매일 기도시간을 갖고 큐티와 일기로 마음을 살핀다면 예수동행이 되는 것이다.

나는 어려서부터 한 주도 빠짐없이 성실히 예배를 드려왔지만 교회 밖에서는 주님과의 만남과 교제를 신경 쓰지 않았기 때문에 풍성한 은혜를 누리지 못했던 것 같다. 그러니 다른 사람에게 받은 은혜를 전할 수 없었다. 지금은 예수동행일기를 써서 믿지 않는 분들과도 나누려고 한다. 내 논리와 설명으로는 예수님을 전할 자신이 없지만 내가 삶 속에서 경험하는 주님을 전하는 건 즐거운 일이다. 예수동행일기를 통해 매일 주님을 만나고 함께 걸어가는 동행이 나를 살리듯이 민족과 열방을 살리고 이웃을 살리는 축복의 통로가 되기를 기도드린다. 아멘.

세상을 잃고, 주님을 얻은 삶

새로운 한 주의 시작 월요일, 첫날부터 주 예수님의 동행을 맛보고 누리게 하시니 감사와 찬양을 올려드린다.

오늘은 큰누나가 다니는 교회 형제자매 세 분이 방문해 주셨다. 누나를 통해 나를 아시고 항상 기도해 주시고 말씀 나눠 주시는 고마운 분들이다. 늘 오셨던 자매와 처음 오신 형제와 자매를 맞이하니 예수님 같은 사랑이 미소로 전해 온다. 내가 전복죽을 먹었다고 예수동행일기에 쓴 걸 보고 함께 기뻐하고 서울에서 맛있는 삼계탕을 사 오셨다. 오후에 곱게 다져서 먹었는데 간편식으로 사서 먹은 것하고는 비교도 안 되게 진하고 맛있다. 먹고 나서 행복을 느꼈다. 주님 안에서 누리는 교제와 나눔의 행복이다.

형제님께서 주 예수님에 대한 말씀을 나눠 주셨다. 오랫동안 신앙생활하면서 들어서 아는 복음이고 성경의 진리였지만 처음부터 끝까지 주 예수님만을 선포하시니 듣는 내 마음에 공급되는 것을 느꼈다. 사도 바울의 회심 사건과 예수님의 말씀을 통해 내가 주님으로 고백한 분을 공급받고 누리는 신비한 실제를 깨달았다. 신앙생활에 우리 몸의 머리이신 예수님만을 필요로 하고 흡수하는 것이 중요하다. 기도와 찬양도 주님만을 고백하고 인정하는 것이지 내 문제에 집중하거나 관심을 두는 것은 불필요하다는 생각이 들었다.

예수동행일기를 쓰는 이유와도 통하는 점을 경험한 시간이다. 매일의 삶 속에서 나를 향한 시선과 외적이고 육적인 차원을 넘어 영으로 진리로 주 예수님과 하나가 되기 위해 매일 일기를 쓴다. 주 예수님보다 내가 왕의 자리에 앉아 그분과 멀어진 삶을 살면 공급받고 누릴 수 없다. 나는 그동안 문제 해결을 목적으로 주 예수님과 관계를 맺었고 나의 복과 이익을 위해서 주여 주여 하며 기도했다. 이제는 주님의 뜻을 위하여 교회를 위해 예배하며 기도하기로 결단하는 시간이 됐다. 나의 질병, 장애, 상처, 열등감, 실패는 아무것도 아니다. 주 예수님을 믿는다면서도 마음속에 나의 모습과 문제들만 가득 채워 주 예수님은 구석에 모셔놓고 살았다. 그러니 예배를 드리고 기도하고 성경을 읽어도 주님의 영광을 볼 수 없었다.

작년에 죽음의 고비를 넘기고 겨우 목숨은 건졌지만 육적으로는 재앙을 만난 것 같았다. 너무 괴롭고 절망적이었다. 나의 기도는 그저 이 고통에서 벗어나게 해 달라는 것이었다. 기적이 일어나 당장 예전의 상태를 회복시켜 달라고 간구했다. 기도해도 아무 응답이 없어 실망하고 하나님을 원망했다. 많은 시간이 흘러 나의 욕심과 소원을 내려놓고 주님만을 구하게 됐고 주님이 내 삶에 오셔서 동행하시니 절망적인 현실이 더 이상 문제가 되지 않았다. 놀랍게도 말할 수 있고 먹을 수 있던 과거보다 지금이 더 기쁘고 만족스럽다. 건강을 잃었지만 모든 것 되시는 주님을 얻었기 때문이다. 할렐루야.

나의 전부

세상 좋은 것 다 가져도
주님 얻지 못하면
다 잃은 것입니다

세상 좋은 것 다 잃어도
주님 얻고 누리면
다 가진 것입니다

나는 주님만 필요합니다
나는 주님만 전부입니다

모든 것 되시는 주님으로
나를 채우소서

2021.08.10 화요일

오늘이 말복이라고 한다. 어제 먹은 삼계탕을 오늘 또 먹었다. 믹서기에 갈아서 먹으니 문제없이 넘어간다. 아예 먹는 건 불가능한 줄 알았는데 조금씩 먹어지니 참 감사하다.

오늘은 마음이 조금 불편한 하루였다. 나도 내 마음을 다 모르는데 다른 사람이 어찌 다 알겠나 싶다. 내 생각은 그게 아닌데 다르게 전달되는 일이 많아 속상해하면 그 사람에게 언짢은 걸로 전달되니 더 속상하다. 아직도 못난 자아가 살아서 다른 사람에게 좋게만 받아들여지길 원하는 내 모습을 본다. 좋게 마무리하려고 하는데 상대의 말에 자꾸 긁히고 해명하고 싶어져서 힘들었다. 조건 없이 상대의 마음을 인정해야지 내 생각에 맞는 반응을 원해서는 안 되겠다는 생각이 든다. 누구 잘잘못을 가릴 일은 아닌 것 같으니 서운해하지도 말고 미안함도 갖지 말자.

예수동행일기 공유를 통해 귀한 믿음의 사람들과 교제하게 하셨는데 특별히 목사님 두 분을 통해 내 이야기를 소개하게 되고 어제 처음 써 본 찬송시로 곡을 만들어 주신 분이 있다. 앞으로도 예수동행일기를 쓰면서 얻는 감동을 시로 써 볼 생각이다. 저녁 내내 찬양을 들으면서 치유와 쉼을 얻는다. 오늘 일은 오늘로 끝나고 새로운 내일을 기대한다.

주 예수와 함께라면 두렵지 않네

오늘도 연약하고 부족한 나를 사랑하시고 말씀으로 힘 주시고 함께하시는 하나님께 감사드린다. 특별한 일 없는 하루였지만 컨디션이 좋고 몸과 마음이 편안해서 가장 좋은 날을 보냈다. 내 생각과 욕심을 내려놓고 감사하고 사랑하면 주님 안에서 행복할 수 있다. 나는 그럴 수 없지만 하나님이 말씀을 통해 은혜 주시고 성령으로 도우셔서 가능하다. 오늘도 모든 것이 하나님의 은혜다.

한동안 나를 괴롭히던 변비도 사라지고 두통과 복부팽만감도 거의 없어졌다. 가래도 심하지 않고 양호하다. 1년 전하고 비교하면 정말 많이 좋아졌다. 영적으로 심리적으로도 안정되고 편안하다. 몸 상태의 변화에 적응이 돼서 불안하고 조급한 마음이 없어지니 짜증과 화도 거의 없어졌다.

앞날에 일어날 일은 알 수도 없고 또 어디가 아플지 모르지만 죽음도 천국의 소망으로 바꿔주신 주님 손 붙잡고 간다면 두렵지 않다. 죽음도 질병도 고통도 이기게 하시는 나의 주 예수님, 그가 죽음과 질병과 고통 지시고 십자가에 달리셔서 나는 해방됐다. 할렐루야. 오직 예수.

세계적인 전염병으로 사람들도 자유롭게 만날 수 없지만 온라인으로 예수동행일기를 나누며 사랑을 나눌 수 있으니 예전보다 더 풍성한 교제를 나눈다. 세상이 어떻게 변해도 주님과 동행하는 사람은 평안과 안식을 누리리니 기뻐하자.

두렵지 않네

 어떤 아픔도

어떤 슬픔도
나는 알 수 없네
나는 피할 수 없네

어떤 아픔도
어떤 슬픔도
주 예수 함께라면
나는 두렵지 않네

주 예수 나를 위해
죽으시고 부활하셨으니
그 무엇도
나는 두렵지 않네

행위보다 존재의 가치

2021.08.12 목요일

매일 해야 할 일은 많은데 몸이 안 따라주니 시간만 흘러가고 내가 할 수 있는 일이 별로 없다. 사실 내가 할 일은 뭘 하려는 생각을 내려놓는 것이라는 생각이 든다. 바쁘게 많은 일을 하는 것보다 가만히 멈춰서는 것이 더 힘들지도 모른다. 신앙생활도 사역과 봉사를 많이 해야 좀 떳떳하고 바빠야 제대로 하는 것처럼 느낀다. 뭐든 부지런하고 열심히 해야 좋은 결과를 얻는다는 것이 상식이다.

내가 근이영양증이라는 희귀 질병으로 온몸이 마비되면서 가장 고통스러웠던 것은 남들처럼 바쁘게 공부하고 열심히 일할 수 없는 현실이었다. 의지가 강한 장애인 친구들은 업혀서라도 학교를 대학까지 다니는데 난 걷지 못하게 된 초등학교 3학년 때 학업을 그만뒀다. 힘없이 늘어진 몸을 움직이기가 너무 고단했기 때문이다. 학교 가기를 포기하고 집에 있을 때 등하교 시간에 창 밖으로 가방 멘 아이들이 보이면 내가 초라하고 부끄러워졌다. 지금은 남들과 다르다는 것이 아무렇지 않지만 어릴 때는 너무너무 힘들었다. 그때부터 세상과 담을 쌓고 하루 종일 게임만 하고 살았다. 게임 속에서는 장애도 없고 나 혼자여서 다른 사람과 비교될 것이 없었다. 현실을 도피하고 하나님도 멀리하고 살았는데 13살 되던 해에 어머니가 〈예수님이 좋아요〉라는 어린이 큐티책을 사 오셔서 성경이야기를 접하기 시작했다. 다음 해 겨울 교회 대학부의 예쁜 선생님이 주일마다 나를 보러 오셨는데 처음에는 너무 쑥스러워서 마주볼 수도 없었다. 그 후로 10년을 주일마다 예배 끝나고 오셨는데 그분이 나를 신앙인으로 자라도록 도와주셨다. 나는 학교도 안 갔는데 성경을 읽으니 글을 읽고 쓰는 능력을 얻었고 주일마다 오시는 그분과 대화를 나누고 주시는 책을 읽고 독후감을 쓰면서 정상적인 사람으로 자라갔다.

그런 어린 시절을 보내면서 폐쇄적인 삶에서 벗어난 것은 아버지의 기도와 어머니의 도움이 있었고 선생님의 관심과 도움이 컸다. 지금도 육체의 질병과 장애로 나는 그저 살아있음에 만족해야 하니 현실은 별로 자랑할 것이 없다. 남들처럼 공부도 많이 하고 일도 열정적으로 하고 열심히 살아야 좀 괜찮을 것 같아 보인다. 그러나 인생의 참의미는 내가 무엇을 하느냐가 아니라 무엇이 되느냐에 있다. 나는 비록 할 수 있는 일은 많지 않지만 주 안에서 사랑받는 존귀한 하나님 자녀가 되어서 행복을 누린다. 생을 마치는 날까지 누워서 삶을 살아내야 할 뿐이지만 내 안에 계신 주님 때문에 충분히 가치가 있으니 감사하고 행복한 삶을 산다.

2021.08.14 토요일

팔과 손을 움직일 힘이 전혀 없는 나는 오른손은 터치패드 마우스로 검지 손가락을 조금씩 움직여서 마우스를 이동하고 왼손은 일반 마우스로 엄지와 검지 손가락을 미세하게 힘을 줘서 우클릭과 좌클릭을 한다. 실제 키보드를 누를 수 없기 때문에 윈도우즈 화면에 뜨는 화면 키보드 프로그램으로 원하는 자음과 모음, 알파벳과 숫자, 특수문자와 기능키를 찾아서 클릭으로 글을 입력한다. 그래서 양손이 다 잘 놓아져야 글을 쓰고 카톡 메시지를 보낼 수 있다. 그게 잘 안 되는 날은 모든 걸 쉬어야 한다. 조금씩 힘들어지는 것 같아서 걱정되지만 주님의 은혜로 PC와 입력장치와 윈도우즈가 있어 지금까지 가능한 것도 감사하다.

그러나 손으로 아무것도 할 수 없을 때도 주님을 생각하고 말씀을 되새김하고 기도할 수 있다. 오히려 한순간도 가만히 있지 않는 것이 주님과의 관계를 방해하는 것 같다. 그래서 우선순위를 정해서 집중할 필요가 있다. 욕심 내서 여러 가지를 하려다 다 포기하게 된다. 예수동행일기를 최우선으로 한 것은 잘한 선택인 것 같다는 생각이 든다.

어제 하남교회 금요성령집회에서 『스몰 스텝』의 저자이신 박요철 작가님의 메시지를 듣고 큰 가르침을 얻었다. 아주 작은 반복의 힘이 '스몰 스텝'인데 매일 하루 5분, 10분의 반복된 습관이 시간이 흐르면 하나님이 주신 자기다움을 이룬다고 한다. 뭐든지 크게 1시간 이상을 하려고 하니 시작도 힘들고 지속을 못한다는 것이다. 내가 하고 싶은 취미나 공부나 운동이나 습관을 시간을 정해서 5분, 10분 안에 미치도록 해서 하루에 20개까지 하면 1년 후, 5년 후에는 기적 같은 결과를 볼 것이라는 확신이 생긴다.

예수동행일기도 너무 큰 일로 생각하다 보면 본질을 잃고 지속하기가 어려울 것 같다. 나의 하루 상태와 느낀 점, 주님께 감사한 일과 동행한 경험, 말씀과 찬양과 기도로 채우면 되겠다.

내가 실천하지 못한 일이 너무 많다. 5분만 해 보자 생각하면 정말 쉬운 일이다. 예수동행일기도 쓸 용기가 없었는데 무작정 쓰다 보니 습관이 됐다. 정규교육을 초등학교만 받은 내가 글을 쓰게 된 것은 어려서부터 매일 성경을 읽고 큐티를 하고 신문을 읽었기 때문이다. 아버지가 매일 그렇게 하시는 것을 보고 영향을 받았다. 당장 스몰 스텝을 시작하자. 예수동행도 스몰 스텝으로 지속하자!

광복의 은혜와 오늘의 감사

오늘은 우리 민족이 일제 치하에서 해방된 광복절이다. 민족의 해방은 모두의 소원이었지만 특히 신사참배 거부로 고초를 당한 성도들의 간절한 기도였을 것이라고 생각한다. 신앙의 자유가 보장되지 않은 시대에 신앙의 선조들이 겪었을 고난은 가늠하기조차 어렵다. 그분들의 인내와 희생으로 민족 해방과 자유민주주의 대한민국 건국이 이뤄졌다 해도 과언이 아니라고 생각한다.

지금 이 시대에도 하나님을 섬기는 성도들이 복음의 능력으로 사랑과 정의를 실천하여 세상에 선한 영향력을 끼쳐야 한다. 신앙적으로는 세속화된 것을 회개하고 복음으로 돌아가야 하고 신앙 정체성 회복으로 세상과 구별된 삶을 살아야 한다. 사회 운동이나 정치 참여도 필요하지만 예배 회복과 회개 각성과 기도의 불이 필요하다고 생각한다. 아이러니하게도 세상과 비슷해져 갈 때 교회는 더 짓밟히고 세상에서 빛을 잃었던 것 같다.

나도 교회 다닌다고 말하기도 어색하고 복음을 전할 용기도 없었다. 나부터 예수님과 친밀함이 없으니 믿지 않는 사람들에게 무슨 말을 하겠는가. 예수동행일기를 쓰면서 하루를 살아도 예수님을 더 생각하고 더 가까이하려고 하다 보니 예수님을 전하기가 덜 부끄러워진 것을 느낀다. 예수동행일기를 믿지 않는 지인들과도 나누고 있는데 거의 다 내가 단 한 번도 예수 믿으라고 말해 본 적이 없는 분들이다. 내 어려움을 아니까 종교적인 거부감을 갖지 않고 일상적인 이야기에 공감해 주시는 것 같다. 그냥 교회 나오시라고 말해야 한다면 말 건네기도 부끄러웠을 것이다. 내 삶의 이야기로 주님과 동행하는 기쁨을 전할 수 있어서 감사하다.

오늘은 전복죽, 닭죽 먹기에 성공하고 용기를 얻어 본죽에서 잣죽을 사다 먹었다.

여든한 살 노모가 아들이 먹고 싶어 하니 더운 날씨도 마다않고 가게까지 걸어가서 사 오셨다. 역시 맛도 좋고 목에 걸리지도 않고 술술 넘어갔다. 먹고 나니 기운이 나서 책도 읽고 글도 쓴다. 그동안 먹으면 위험할까 봐 아무것도 입으로 먹지 못했는데 고운 죽은 괜찮은 것 같아서 주님의 은혜다.

오늘 첫돌을 맞이한 권사님의 손자 시윤이가 나를 깜짝 방문했다. 매일 나를 돌봐주시는 분의 손자라 특별히 더 관심이 가고 정이 있다. 아들과 며느리가 나를 생각해 준 게 고맙고 코로나 때문에 돌잔치는 없었지만 떡을 갖다 줘서 어머니도 맛있게 드셔서 기분 좋았다. 혈육만이 가족이 아니라 마음이 통하면 모두 한 가족 같다.

병원에서 만난 조준호 의사 선생님이 선물해 주신 전자책 『숨 쉬지 못해도 괜찮아』를 처음으로 읽었다. 종이로 된 책은 누가 읽어줘야 해서 책을 더 멀리하고 살았는데 PC와 스마트폰으로도 읽을 수 있어서 다행이다. 10분 정도라도 읽어 보자 생각하니 독서를 시작할 수 있었다. 읽다 보니 1시간도 읽을 수 있을 만큼 책 내용이 감동이었다. 정말 다른 분들에게도 권하고 싶다. 나도 기회가 된다면 예수동행일기와 내 삶의 이야기를 책으로 남기고 싶다. 그러기 위해서 글쓰기와 독서를 매일 반복하려고 한다.

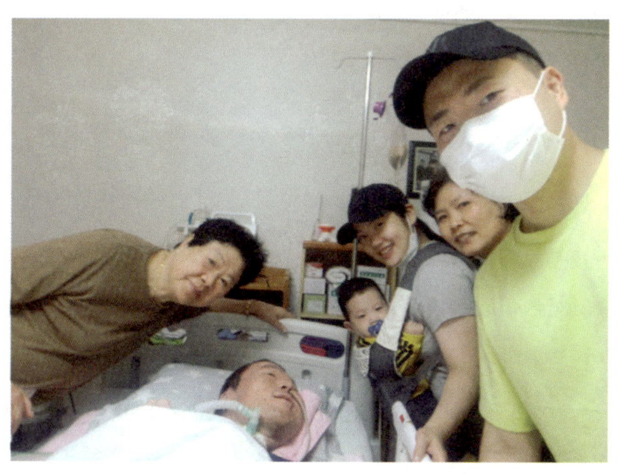

월요일, 새로운 한 주의 시작이다. 벌써 8월의 중반이다. 시간은 무심하게 흘러간다. 어려서부터 남들보다 느리게 걸었고 얼마 지나지 않아서 주저앉고 기어 다니게 되었고 결국에는 누워 지내게 된 나에게 시간의 흐름은 병의 진행과 악화로 다가왔다. 다들 하루 24시간을 바쁘게 다니는데 나만 무서운 불치병과 전신 마비의 장애로 홀로 멈춰 선 것 같았다. 미래의 발전과 성장과 목표 달성은 꿈꿀 수 없었다. 처음 병을 진단한 병원에서 스무 살 전후에 죽는 병이라고 했기 때문이다. 다행이라 해야 할지 아직 어린 나에게는 잘 실감 나지 않는 이야기여서 전혀 슬프거나 두렵지 않았다. 슬픔과 걱정은 부모님의 몫이었다. 나에게 죽을 날만 기다려야 하는 무의미하고 불행한 시간만 주어진 게 확실해 보였고, 하나님은 침묵하시는 것처럼 보였다.

시한부 판정을 받고 나서 매일 어둡고 캄캄한 밤에 어머니 손을 잡고 부산 남교회로 갔다. 새벽기도와 철야기도회에 가서 어머니는 눈물로 기도하시고 나는 그냥 옆에서 잠만 잤다. 여섯 살 어린아이에게는 죽는다는 것도 기도하는 것도 낯선 일이었다.

아들을 살려달라는 부모님의 기도에 하나님은 다른 응답을 주셨다. 신학대학 교수셨던 아버지에게 서울 서문교회 담임 목사 청빙이 들어온 것이다. 마음 한편에 목회를 하고 싶은 생각은 있으셨지만 피하고 싶은 마음으로 거절하셨는데 결국 목회로 이끄셨다고 한다. 아들이 죽을병이 걸렸다는 사실이 결정적으로 마음을 약하게 만들었다고 한다. 편안한 교수 생활을 하면서는 기도하고 주님께 매달리기 힘들었다고, 이제 목회하면서 주님께 매달리라고 인도하신 것 같았다고 한다.

결국 21년 목회를 마치시기까지 자식 때문에 슬퍼할 틈도 없이 아버지는 설교와 기도로 세월을 다 보내셨고 스무 살에 죽는다던 아들은 지금 마흔다섯 살이다. 당연히 자식인 내가 부모님보다 앞서가는 가슴 아픈 일이 생길 줄 알았는데 지금 아버지가 먼저 천국에서 편히 쉬고 계시다. 아버지의 기도는 항상 "불충한 죄인을 용서하시고 신구를 불쌍히 여겨주소서"였는데 확실하게 응답하신 것 같다. 나의 불치병을 통해 아버지를 목회자로 사용하신 하나님이시다. 아버지는 늘 "신구가 목사가 되면 나보다 잘할 거다"라고 하시며 아파서 누워 있는 아들을 안타까워하시고 눈물도 많이 흘리셨다. 그 오랜 시간을 왜 이대로 두시고 간절한 기도에 응답하지 않으셨을까? 지금은 말할 수 있다. 사람들은 교회 목사라는 것을 아무나 하고 싶으면 하고 성공하면 대형 교회를 맡는다고 쉽게 생각할 수 있지만 하나님은 아픔과 슬픔을 알고 눈물로 기도하고 말씀에 목숨 기는 사람을 필요로 하시기에 나의 질병도 허락하시고 고쳐주시지 않고 아버지를 목회자로 쓰셨다고 믿는다.

지금도 나의 시간은 질병으로 그냥 흘러가는 것 같고 무의미하고 무기력하게 느껴질 때가 많다. 그렇지만 45년 동안 살아오면서 하나님의 시간표대로 흘러왔으니 후회도 원망도 없다. 가끔 내가 아프지 않았으면 아버지 꿈대로 좋은 목회자가 됐을까 생각해 본다. 그러나 하나님 아버지의 뜻이 이뤄졌고 목회자는 되지 못했지만 더 중요한 예수님과의 동행이 이뤄졌으니 실패와 좌절은 아니라고 생각한다. 남은 삶이 얼마나 될지, 그 시간을 어떻게 보낼지는 주님만 아신다. 나는 그저 주어진 시간에 주님께 감사하고 그리스도의 지체들을 위로하고 잃어버린 영혼들에게 예수 생명의 복음을 증거한다면 어떤 성공도 부럽지 않다.

고마우신 주님,
불행과 슬픔, 고통으로 끝났을 나의 삶을
주님 나라와 교회를 향한 열망과 밑거름 되게 하시고
목회자로 섬기는 대신에 연약하고 병든 몸으로도
주님 뜻과 시간 속에 쓰임 받게 해 주시니
감사와 찬양으로 영광 올려드립니다.

나를 통해 주님만 드러나고 높임 받으소서.

예수로 공급받다

내가 하루 종일 하는 일은 많지 않은데 예수동행일기를 쓰기 시작하면서 매 순간 주님의 손길을 느끼고 하루의 은혜를 맛보고 지난날의 인도하심을 떠올릴 수 있어서 풍성한 은혜와 기쁨을 누린다. 글을 여러 사람들과 공유하면서 연락이 뜸했던 분들과 교제를 나눌 수 있어서 기쁘고 따로 나눌 기회가 없던 신앙의 간증도 글로 써서 나누게 돼서 침체된 내 영혼이 깨어나니 감사하다.

보통 글은 쓸수록 힘이 들고 고갈되는 기분인데 예수동행일기는 내 힘과 능력으로 쓰는 것 같지 않고 채워지는 걸 느낀다. 이것이 예수 이름의 능력이구나 경험하고 있다. 교회를 열심히 섬기고 신앙생활 잘 하면서도 지치고 공허해지는 경우가 많은데 예수님에게 공급받지 못하기 때문이라고 생각한다. 나도 내 열심과 의무로 신앙생활했는데 늘 그랬다. 발전소에서 전력을 공급받아 전기를 사용하듯이 예수님과 연결돼야 은혜와 믿음을 무한 공급받는다. 예수동행일기가 그 연결을 회복하는 좋은 도구가 되어서 얼마나 감사한지 모른다.

오늘은 가정용 인공호흡기 가정 방문 날이었다. 산소 포화도는 99퍼센트로 아주 좋은데 이산화탄소 수치가 41이 나와서 조금 높았다. 병원에서 40이 넘으면 퇴원시켜 주지 않는다던데 한번 가서 인공호흡기 세팅을 새로 해야겠다. 코로나19 일일 확진자가 천 명을 넘고 전파력 높은 변이 바이러스가 유행한다 해서 병원 가기가 겁나는데 주님이 지켜 주시길 기도드린다.

오늘 전복죽을 어머니가 사랑으로 만들어 주셔서 한 그릇을 숟가락으로 받아먹었다. 기운이 확실히 낫다. 어머니는 아들이 건강하고 성공하지 못해도 믿음으로 사는 걸 자랑스러워하신다. 내 예수동행일기를 읽고 여러 사람과 나누시는 것을 어머니가 기뻐하셔서 모처럼 효도하는 듯한 기분이다. 예수동행일기는 모두를 기쁘게 한다.

매일 남아프리카 공화국에서 노록수 선교사님이 하루 한 번 올려주시는 '꿀송이 보약큐티' 유튜브 영상을 시청하고 페이스북에 올려주시는 해설을 읽고 있다. 선교사역을 하면서 1년 365일 매일 영상을 찍고 말씀을 전한다는 건 결코 쉬운 일이 아니다. 그래서 정말 귀하게 여겨지는데 사람들이 아직 관심이 별로 없는 것 같다. 흥미로운 주제나 이슈를 다루는 영상들은 조회수가 높은데 꿀송이 보약 같은 말씀을 전달해 주시는 영상은 인기가 별로 없다. 예수동행일기도 말씀과 기도의 공급 없이는 쓸 수 없어서 나는 목숨처럼 생각하고 말씀 듣고 기도하려고 한다. 요새 좋은 설교나 말씀, 찬양 콘텐츠가 엄청나게 많은데 잘 분별해서 내 취향과 입맛대로 취하지 말고 순수한 복음과 말씀을 공급받기를 원한다. 예수동행일기도 유튜브에서 선한목자교회 유기성 목사님 설교를 듣다가 시작했으니 잘 택하기만 하면 정말 유익하다. 건전한 도구라면 내가 섬기는 교회를 더 사랑하고 돕게 만든다고 생각한다.

주님의 이름에 생명과 능력이 있어
나의 영혼을 살리고 공급해 주시니 감사합니다.
나의 일상과 온라인 활동에서
주 예수님과 동행하고 공급받게 하소서.
그리하여 예수의 삶을 살아서
이웃을 살리고 하나님 나라를 확장하는 사명 감당하게 하소서.

고난 속에 붙드는 천국 소망

아침저녁으로 선선한 바람이 불어온다. 끝이 없을 것 같던 여름도 이제 끝이 보인다. 인생의 고난도 긴 터널을 통과하는 것처럼 끝이 보이지 않지만 언젠가 끝이 난다. 나의 질병과 장애의 고통도 곧 끝나고 영원한 자유와 안식을 누릴 것이라는 소망이 나를 버티게 했고 넉넉히 감당하게 만들었다.

내가 죽음이 끝이 아니라 영원한 천국으로 들어가는 관문이라는 사실을 깨달은 건 10대 중반 때였는데 그때 성경에서 본 예수님의 십자가 죽음과 부활 사건을 믿게 됐다. 세상의 그 무엇도 나의 삶과 죽음의 문제를 확실하게 답해 주지 못하는데 하나님의 말씀인 성경만이 확실하게 답해 줬다.

> "내가 진실로 진실로 너희에게 이르노니
> 내 말을 듣고 또 나 보내신 이를 믿는 자는 영생을 얻었고
> 심판에 이르지 아니하나니 사망에서 생명으로 옮겼느니라" (요한복음 5:24)

그 사실만으로도 감격해서 눈물이 나고 죽음에 대한 두려움이 천국에 대한 소망으로 바뀌어 기쁨이 넘쳤다. 이 땅에서는 이렇게 아프고 불편하지만 죽음 후에 들어갈 천국에서는 아픔도 없고 슬픔도 없다는 사실이 감사했다. 나는 아무 자격 없고 공로 없지만 예수를 믿는 것만으로 영생을 얻고 심판에 이르지 않고 사망에서 생명으로 옮겨졌다. 할렐루야! 주님만이 내 생명, 내 소망이 되신다.

자주 머리가 무겁고 답답한 이유가 혈중 이산화탄소 수치가 높아서라는 생각이 들어서 미뤄 온 입원을 하려고 한다. 입원하면 컴퓨터도 못하고 여러 가지 검사를 해야 하고 연로하신 어머니와 권사님이 먼 거리를 오고 가야 해서 될 수 있으면 피하고 싶은데 계속 수치가 높으면 안 좋으니 할 수 없다. "주님 나의 걸음을 인도

하소서."

여전히 현실에는 불편함과 두려움이 존재한다. 이 땅에 사는 한 피하고 싶어도 피할 수 없고 통과해야 하고 함께해야 한다. 이런 나에게 오늘도 동행하시는 주님만이 위로가 되시고 구원의 반석과 안전한 산성이 되신다. "주님 내가 주를 의지하고 바랍니다. 나를 붙드소서."

고통보다 큰 은혜

오늘은 몸이 피로하고 입원한다 생각하니 걱정이 돼서 조금 무거운 하루를 보냈다. 몸 상태가 어느 정도면 걱정이 없는데 중한 상태가 되고 나서 입원하는 게 큰일처럼 느껴진다. 고심 끝에 9월 2일에 입원하기로 결정했다.

살면서 늘 편안하고 아프거나 신경 쓰일 일이 없으면 좋겠지만 건강한 사람이나 환자나 그런 사람은 하나도 없다. 환자인 입장에서 몸만 건강하면 다른 것 다 필요 없고 영원히 행복할 것 같은데 건강한 사람들을 보면 그렇지도 않음을 알게 된다. 사람은 자신에게 부족하고 없는 것에 아쉬움을 가지고 그것만 충족되면 행복할 거라고 생각한다. 돈, 명예, 건강 중에 하나라도 없으면 별로 만족하지 않는다.

나도 예수님을 만나기 전에는 몸이 아프고 부자유한 것이 저주처럼 여겨졌다. "왜 하필 나만 이런 끔찍한 병이 걸려서 남들과 다른 삶을 살아야 하지?"라는 질문이 있었다. 완전하게 이해할 수는 없었지만 예수님을 믿고 영접했을 때 내 마음에 그런 의문은 중요하지 않게 됐다. 이 땅에서 당하는 고통보다 더 큰 문제를 해결 받았기 때문이다. 아무리 건강해도 내가 어디에서 와서 어디로 가는지도 모르고 살다가 죽는다면 얼마나 끔찍한 고통인가. 사람은 누구나 한 번은 죽는다. 죽음 이후에 대해 생각하는 존재는 사람뿐이다. 애써 그 문제를 외면하고 죽으면 끝이라고 생각한다고 해결되지 않는다. 하나님은 자기 아들을 사람으로 보내셔서 죄와 죽음의 문제를 해결할 유일한 길을 만들어 주셨다.

> "하나님이 세상을 이처럼 사랑하사 독생자를 주셨으니
> 이는 그를 믿는 자마다 멸망하지 않고
> 영생을 얻게 하려 하심이라" (요한복음 3:16)

여러 종교와 가르침이 인생의 문제에 답을 주려고 하는데 그 어디에도 신이 인간을 대신하여 죽고 부활과 영생을 약속해 주는 진리는 찾을 수 없다. 부처님도 공자님도 훌륭한 사람이지만 오직 예수님만이 하나님으로 사람 되시고 십자가에 달려 죽으셔서 죄와 사망의 권세를 깨뜨리셨다.

오늘도 잠시 근심했지만 요즘 읽고 있는 성경 예레미야 말씀을 통해 내려놓는다.

> "일을 행하시는 여호와, 그것을 만들며 성취하시는 여호와,
> 그의 이름을 여호와라 하는 이가 이와 같이 이르시도다
> 너는 내게 부르짖으라 내가 네게 응답하겠고
> 네가 알지 못하는 크고 은밀한 일을 네게 보이리라" (예레미야 33:2-3)

아멘.

멈춤 속에서 만나는 동행

오늘은 하루 종일 활동 많이 안 하고 휴식을 취했다. 매일 글 쓰고 SNS하고 유튜브 본다고 잠을 늦게 잤더니 낮에 피로감을 많이 느꼈다. 하고 싶은 건 많고 시간과 체력은 한정돼 있으니 절제할 필요가 있다. 몸을 스스로 빠르게 움직일 수 있다면 훨씬 더 많은 걸 할 수 있을 텐데 나에게 주어진 상황을 인정하고 수용하는 것도 믿음의 태도라고 생각한다. 누군가는 나처럼 일에 바쁘지 않고 느리게 살고 싶을 거다. 내가 하고 싶은 의지를 내려놓고 주님 안에서 멈춰 서는 것이 예수동행의 삶이라고 믿는다.

평생 남들처럼 뛰놀지 못해서 그런지 어려서는 하늘을 날아다니는 새를 많이 좋아해서 집에서 12쌍이나 키운 적이 있었고 동물에 대해 관심이 많았고 스포츠를 좋아해서 매일 야구, 축구, 농구 경기 중계를 봤고 여행지를 소개하는 방송을 보면서 대리만족을 얻으려 했던 것 같다. 내가 건강했다면 돌아다니느라 무척 바빴을 것 같다. 지금은 여러 가지 취미를 즐길 여유도 별로 없다. 아침부터 부지런히 움직여야 일도 하고 놀 시간도 생긴다. 지금은 그저 큰 고통 없이 하루가 지나가면 더 바랄 것이 없지만 마음속으로는 아쉬움이 있어서 잠을 늦게 잔 것 같기도 하다.

오늘부터 가만히 쉬는 시간도 예수님과 대화하는 시간으로 누리기로 마음먹고 좀 일찍 자려고 한다. 병원에 입원하기 싫은 이유도 거기서 컴퓨터를 못해서 글쓰기, 대화를 못하기 때문이다. 나는 예수님과 동행하지 않고는 그런 제한을 기쁘게 감당하기 힘들다. 작년에 기관절개 하기 전에는 먹는 걸로 스트레스를 풀었지만 이제 그것도 내려놔야 한다. 그런 고난이 예수동행으로 나를 이끌었다면 너무 억울한 건 없다. 건강하고 내 마음대로 할 수 있으면 엉뚱하고 쓸데없는 짓을 많이 했을 거다. 이 또한 주의 은혜니 나는 감사하리라.

내 생활에 한정된 시선을 넓혀서 세계에서 일어나는 일에도 주님의 마음을 가지기 원한다. 아프가니스탄이 탈레반 무장세력에 넘어갔는데 목숨 걸고 탈출하는 그곳 사람들을 보니 심각한 상황이라는 걸 느꼈다. 탈레반은 원리주의 이슬람 집단이라 기독교로 개종한 사람은 배교자라 하여 참수당하고 여성의 기본 인권도 억압당한다고 한다. 지금 아프가니스탄에 남아 있는 기독교인과 선교사들의 생명이 위험하다. 오랫동안 그런 곳이 있다는 걸 잊고 있었다. 회개한다. 북한도 이란도 중국도 종교의 자유, 인권과 자유가 보장되지 않고 있어 기도가 필요하다. 자유롭게 예배하고 신앙을 표현할 수 있는 것에 감사드린다.

> "내 평생에 선하심과 인자하심이 반드시 나를 따르리니
> 내가 여호와의 집에 영원히 살리로다" (시편 23:6)

예배를
사모하는 마음

평화로운 주일이다. 교회 가서 예배드리지는 못하지만 주님을 사모하는 마음만 있으면 내가 있는 그곳이 예배의 자리가 된다. 교회 가서 예배를 드려도 마음속에 주님이 계시지 않다면 집에서 드리는 예배보다 나을 것이 없을 것이다. 그러나 코로나19로 어려운 상황에도 교회에 모여서 예배하기를 사모하는 사람은 그 마음속에 주님이 계시다. 참된 예배는 장소나 형식보다 마음이 중요하지만 마음이 있으면 장소와 형식도 소중하게 여길 줄로 믿는다. 나는 한 가지 소원을 말하라면 교회에서 믿음의 지체들과 함께 예배드리는 것을 말할 것이다. 건강한 사람들도 코로나19 때문에 현장 예배를 자유롭게 드리지 못하는 현실에서 몸이 불편해서 오랫동안 비대면 예배를 드린 나는 모든 사람이 예배를 더 사모하게 되기를 기도한다. 불가피하게 온라인 예배를 드리더라도 그걸 당연하게 받아들이고 익숙해져서는 안 된다. 삶의 예배가 중요한 만큼 한 장소에 모여 올려드리는 장엄한 송축도 귀하다고 생각한다.

주님이 이 세상에 신앙을 가지는 것만으로도 모든 권리와 안전을 포기하고 생명을 잃는 사람들이 있음을 생각나게 하신다. 내가 누리는 자유의 가치가 얼마나 큰지 잊고 살았다. 당연하다고 생각하는 것을 누리지 못하는 사람들이 있다는 걸 매일 기억하기 원한다. 그러면 내가 신앙 때문에 조금 불편하고 손해 보는 걸 힘들어하지 않을 것이다.

나는 주님을 위해 고난 당한 것은 없지만 예수님을 말할수록 세상에서는 외면받는 게 조금 힘들었다. 내가 너무 종교적인 색이 강한 거 아닌가 싶어서 자제도 해 봤지만 내 안에 계신 주님을 숨길 순 없었다. SNS에 예수동행일기를 올리고 공유하는 것도 세상 사람들이 보기에는 배려 없고 무례하다고 느낄 수도 있고 반대하지 않아도 외면을 받는 것 같아서 고민한 것도 사실이다. 사람들과 좋은 관계를 형성하기 위한 배려도 필요하고 복음을 부끄러워하지 않는 용기도 필요하다고 생각한다.

오전에 일본 TBIC 교회 ZOOM 예배에 김은옥 사모님의 초대를 받아서 참석했다. 김은옥 사모님은 내가 어렸을 때 10년 동안 나를 신앙으로 양육해 주신 그 선생님이시다. 11시 예배에 시간을 맞추지 못해 인사만 드리고 끝났지만 기독교 신앙이 뿌리내리기 힘든 일본에서 열매 맺은 일본인 성도님들을 보니 감동을 받았다. 신앙의 자유가 보장되는 국가라도 영적으로 문화적으로 신앙을 갖기 힘든 곳을 기억하고 교회와 선교사님들을 섬기고 기도하는 것이 필요하다는 걸 깨달았다.

주님,
사람들과 잘 어울리면서 폭넓은 관계를 맺는 지혜도 주시고
복음 전할 용기도 주소서.
교인 한 명 늘리겠다는 생각보다
내가 만난 참 좋은 주님을 소개해 주고 싶은 마음으로
기도하며 사랑을 베풀게 하소서.

예수님을 믿는다는 이유로 핍박받고 죽기도 하는
북한과 아프가니스탄과 여러 국가와 지역의 성도들과
복음 전하는 선교사들을 보호해 주시고
그들의 피와 희생으로 복음의 문이 열리게 하소서.

은혜로
거듭난 나

오늘은 날씨가 비 오고 흐려서 그런지 졸리고 집중력이 떨어졌다. 낮잠은 안 자는 데 졸면서 무기력하게 시간이 흘러갈 때가 있다. 노동을 하는 것도 아닌데 졸리고 피곤한 걸 보면 살아 있는 자체로 고단한 것이 인생인가 싶다. 하루를 계획적으로 부지런히 살고 싶은데 몸이 말을 안 들으니 내 의지와 열심조차 내려놔야 마음이 편하고 자유롭다.

가끔은 나 자신이 무가치하고 무능력하게 느껴질 때도 있다. 육신적으로나 사회적으로 보면 그게 사실 같기도 하다. 살면서 육신의 장애보다 더 힘든 건 비교 의식이나 현실적으로 들어오는 그런 생각이다. 나는 그동안 낮은 자존감과 죄책감을 가지고 살았다. 나도 내가 그런지 잘 몰랐는데 말씀과 성령님 앞에서 실상을 깨달았다. 부모님과 형제들 사랑을 충분히 받고 자란 내가 그런 걸 보면 타락한 인간의 본성과 자아는 하나님을 떠나서는 바른 자아상을 갖기 힘들다는 생각이 든다. 하나님의 귀한 자녀가 되고 난 후에도 세상적인 기준으로 나의 가치를 평가하고 율법적인 신앙으로 죄책감에서 벗어나지 못할 수 있다. 하나님의 아들 예수 그리스도가 십자가에서 피 흘려 나의 모든 죄를 사하여 주셨건만 나는 여전히 범죄한 사람 아담을 바라보고 있었다. 예수와 동행하는 것은 낮은 자존감과 죄책감에서 자유하는 삶이다. 나는 예수 피로 구속받은 존귀한 하나님의 아들이고 죄의 종으로 살다가 하나님 아들의 피로 속량 되어 해방됐다는 사실을 믿는다. 나는 사탄이 주는 어둠의 생각과 옛사람의 생각을 예수 이름으로 거절하고 결박한다.

> "그가 찔림은 우리의 허물 때문이요
> 그가 상함은 우리의 죄악 때문이라
> 그가 징계를 받으므로 우리는 평화를 누리고

그가 채찍에 맞으므로 우리는 나음을 받았도다
우리는 다 양 같아서 그릇 행하여 각기 제 길로 갔거늘
여호와께서는 우리 모두의 죄악을 그에게 담당시키셨도다" (이사야 53:5-6)

"우리는 그리스도 안에서 그의 은혜의 풍성함을 따라
그의 피로 말미암아 속량 곧 죄 사함을 받았느니라" (에배소서 1:7)

"나 같은 죄인 살리신 주 은혜 고맙습니다."

최고의 기적,
예수와 동행

오늘은 하루 종일 비가 내리는 수요일이고 예수님과 동행한 하루였다. 날씨가 흐리고 비가 와서 그런지 오늘도 컨디션이 좋지 않았다. 크게 아프지는 않은데 몸이 다운되고 머리가 무거워서 아무것도 할 수 없었다. 혈압이 많이 낮은 편이라 그게 원인 같기도 하고 소화 기능이 떨어져서 그런 것도 같고 산소 포화도 문제 같기도 한데 어서 입원해서 원인을 발견하고 해결했으면 좋겠다.

가끔 컨디션이 떨어지고 힘들긴 하지만 작년 중환자실과 일반 병실로 옮겨져서 퇴원할 때까지 2달 동안 겪은 괴로움에 비하면 아무것도 아니다. 그때는 매일이 치열한 전쟁이었다. 너무 괴로워서 다시는 경험하고 싶지 않은 시간이다. 그래도 다 지나왔으니 내 힘이 아니라 하나님의 은혜였음을 고백한다. 그때 나를 데려가실 수도 있었는데 남겨두신 이유를 이제는 알 것 같다. 예수와 동행하는 삶을 경험하고 사람들에게 전하라고 연약한 나를 붙드시고 더 살라고 하셨다고 믿는다. 그때는 몰랐기에 하나님을 원망했고 억울했다. 평생 중증 장애인으로 산 것도 힘든데 더 큰 시련과 고통을 더하시니 말이다. 주 예수와 동행하는 행복을 한 번 두 번 경험하고는 시련과 고통까지 감사하게 됐으니 이것이 내 평생 최고의 기적과 행복이 아닐까 싶다.

오늘은 1년 동안 써 놓은 기도제목을 다시 읽고 추가하는 시간을 가졌다. 간절한 마음으로 기도제목을 쓰면서도 이게 무슨 소용이 있을까 생각할 때도 있었는데 다시 보니 놀랍게 응답된 제목들이 많았다. 나의 믿음이 약하여 기대하지 못해도 성실하신 하나님은 사랑으로 응답하시고 선한 능력으로 역사하신다. 지금도 나 자신과 이웃과 나라와 교회의 현실은 어렵지만 찬양 가사처럼 나의 기도하는 것보다 더욱 응답하실 하나님, 나의 생각하는 것보다 더욱 이루시는 하나님께 기도하는 것은 결코 헛되지 않으리라. 할렐루야~ 아멘!

"너는 내게 부르짖으라 내가 네게 응답하겠고
네가 알지 못하는 크고 은밀한 일을 네게 보이리라" (예레미야 33:3)

연약함을 드러내는 고난의 은혜

오늘은 여러 가지로 좀 어려운 하루를 보냈다. 몸이 힘들다 보니 마음도 무거웠다. 그동안 좀 살만하다고 입원을 계속 미뤘던 결과 몸 상태에 문제가 생긴 것으로 보인다. 중증 장애의 환자 상태로 입원이 보통 일이 아니고 나아지지 않는 코로나19 상황이 병원에 입원하는 것을 더 미루게 만들었다. 1월, 4월, 6월 계속 병원에서 정기 입원을 권했는데 코로나 상황이 좀 괜찮아지면 한다고 미루다가 몸이 힘들어져서 할 수 없이 9월 초에 하기로 했으니 고생을 자초한 셈이다.

이산화탄소 수치가 올라가서 컨디션이 나빠진 상태에서 매일 위장관 튜브로 먹는 환자 대용식이 소화가 어려워서 고생을 했다. 영양 성분이 더 좋은 것을 병원에서 처방해 준 것인데 원래 먹던 것보다 묽지 않아서 빠른 속도로 들어가야 섭취가 가능해서 그랬다. 외래를 가거나 입원을 해야 먹기 수월한 것을 처방받을 수 있다. 소화가 안 되면 가슴이 두근거리고 머리도 아파서 많이 괴롭다.

어려움이 올 때는 한꺼번에 몰려온다고 하더니 하루 종일 목에 있는 기관 절개 부위에 통증이 느껴졌다. 침만 삼켜도 쑤시고 아팠다. 소독하고 약 바르고 폼도 붙여서 안 아파야 정상인데 나아지지 않았다. 몸도 편하지 않고 통증까지 있으니 마음이 불안해지고 짜증이 나려고 했다.

밤이 되어 겨우 예수동행일기를 쓰는데 처음에는 힘들어서 글 쓰기가 무겁게 느껴졌지만 곧 주님이 주시는 평안이 밀려왔다. 은혜받고 즐거운 하루는 아니었지만 돌아보니 주님이 동행해 주셨다는 걸 느끼게 돼서 감사했다. 나는 별 어려움 없을 때는 꽤 믿음이 괜찮은 사람처럼 보이지만 조금만 힘들고 불편하면 흔들리고 불안해하는 연약한 인간이라는 걸 깨달았다. 그럴 때마다 내가 믿고 의지하는 것이 하나님인지 사람인지, 예수님인지 나 자신인지 알 수 있다. 고난이 닥쳐올 때 나의 연약함을 인정하고 하나님의 완전하심을 고백하게 되니 고난이 오히려 축복이 된다. 감사로 하루를 마무리하게 하시니 주님의 은혜다. 할렐루야.

주님, 오늘은 힘들고 불편한 점이 나를 괴롭게 했습니다.
내가 상태를 괜찮은 줄 착각하고 입원도 미뤘기 때문입니다.
사람의 도움과 환경의 형통 때문에 안심한 것이고
모든 일의 주인이시고 배후에 계신 주님 때문이 아니었습니다.
내 모습을 깨닫게 하시고 보게 하시니 감사합니다.
나의 약함을 통해 주의 강하심을 알게 하시고
내 부족함을 인해 완전하신 주를 보게 하소서.

은혜 없이는 불행한 인생

어제의 괴로움이 끝나고 오늘은 편안하고 고요한 하루를 보냈다. 하고 싶은 것 다 내려놓고 몸과 마음을 편안하게 하려고 했다. 인생의 고난도 늘 계속되는 것이 아니고 하나님이 피할 길도 열어 주시니 감당할 수 있다. 수없이 경험했으니 두려워 할 필요가 없는데 아직도 힘든 순간에는 두려움이 생긴다. 그래서 매일 하나님의 말씀을 묵상하고 기도로 모든 걱정과 근심을 맡겨드려야 두려움이 물러간다.

세상에는 하고 싶고 보고 싶고 갖고 싶은 것이 너무 많아서 내려놓지 않고는 마음 편히 쉴 수가 없다. 내가 평생 아픈 환자로 살면서 해야 했던 일은 나의 한계를 인 정하고 현실을 받아들이는 것이었다. 어려서는 다른 아이들처럼 뛰어놀지 못하는 것을 받아들여야 했고, 조금 커서는 학교 가서 공부하지 못하는 것을 받아들여야 했고, 청년이 돼서는 연애와 결혼, 대학과 취업을 포기해야 했고, 지금까지는 모든 활동을 남들처럼 하는 걸 포기해야 했다. 처음부터 받아들이기 쉽지는 않았다. 남몰래 눈물도 많이 흘렸다. 특히 성인이 된 20대 때는 남들처럼 못하는 게 너무 초라하게 느껴졌다. 신앙이 없었다면 좌절감과 비관하는 마음을 해결하기 어려웠 을 거라고 생각한다.

지금은 어느 정도 현실에 적응을 해서 슬프거나 비참하다고 느끼지는 않지만 온 전한 기쁨과 만족을 얻기는 힘들다. 날마다 주님과 동행하면서 은혜를 누리지 않 는다면 가장 불행한 인생을 살아야 할 것이다. 하나님의 은혜 아니면 사람의 위로 도 아무 소용이 없다. 이 땅에서 사는 것은 잠깐이고 전부가 아니라는 것을 알게 해 주신 나의 주님은 참 좋으신 아버지 하나님이시다. 오늘도 주님만 바라보고 은 혜를 기억하고 동행하는 것이 나의 만족이요 기쁨이다. 할렐루야!

세상에 빼앗긴 하루, 주님께 돌아옴

오늘도 큰 어려움 없이 하루를 보냈다. 편안한 하루였지만 주님을 생각하고 동행하는 것에 집중하지 못해 아쉬움이 남는다. 힘들고 어려울 때 오히려 은혜가 많고 편안하고 좋을 때 은혜가 별로 없다. 어려움 가운데 주님을 더 생각하고 의지하기 때문이다. 오늘은 주님보다 세상에 마음이 가 있어서 말씀에 귀 기울이지 못했고 생각에 다른 것이 가득 차 있어 주님을 찾지 못했다.

드라마를 잘 안 보는 편인데 어쩌다 보기 시작한 게 있어서 컴퓨터 하기 전에 1시간을 봤다. 컴퓨터를 해야 큐티하고 성경을 읽는데 그전에 드라마를 실컷 보고 들어가니 말씀의 은혜가 없었다. 드라마를 좋다 나쁘다 할 수 없지만 몰입해서 보고 시간을 보내면 생각을 뺏기는 건 확실한 거 같다. 보더라도 말씀 듣고 기도하고 나서 봐야 좋을 것 같다. 드라마뿐 아니라 뉴스, 유튜브, SNS도 마찬가지다. 하루 종일 말씀 듣고 기도할 수는 없지만 가장 우선으로 해야 주와 동행하는 하루를 보낼 수 있다고 생각한다. 눈뜨자마자 주 예수를 생각하는 것이 왜 중요한지 알겠다.

9월에 입원하게 되면 병실에서 쓸 태블릿 PC가 필요할 것 같아서 며칠 동안 알아보고 오늘 제품을 선택해 주문을 해야 해서 종일 바빴다. 퇴원 후에는 어머니가 쓰시면 좋을 걸로 골랐는데 기능에 아쉬움이 생겨서 주문 결제 후 취소했고 욕심내서 좀 비싼 걸로 겨우 결정했다가 자정을 넘겨서 중간 제품으로 다시 주문 결제할 때까지 눈이 아플 정도로 집중했다. 그 와중에 예수동행일기를 썼는데 생각이 태블릿 PC로 가득 차 있어서 영혼 없는 글 같았다. 결국 그 글은 지우고 다시 쓴다. 물건 하나 사기도 이렇게 힘들고 온 정신을 쏟아야 하다니 사람들이 정신없이 바쁜 이유를 알 것 같다. 그냥 아무 생각 없이 고르면 좋겠는데 자꾸 더 좋은 물건들이 보이고 사람들의 후기가 신경 쓰여서 하루 종일 매달려 있었다.

그렇게 하루를 보내고 나니 눈도 흐리고 정신이 멍해서 이렇게 살면 안 되겠다는 생각이 든다. 후회하면 뭐 하겠나 싶다. 문제를 깨닫고 빨리 회복해야겠다. 살다 보면 어쩔 수 없는 일이지만 더 좋은 것, 더 즐거운 것을 욕심내다가 정말 중요한 것을 잃을 수 있다. 아무리 좋은 걸 가져도 만족은 없으니 다음부턴 적당히 신경 써야겠다.

낮에 반가운 조카 유성이도 보고 위로가 컸는데 정신없이 하루를 보내서 감사도 못하고 지냈다. 은혜가 넘치는 날도 좋지만 이런 부끄러운 날도 예수동행일기로 돌아보니 유익을 얻는다.

"주님 저는 주님을 벗어나면 참 평안을 잃습니다.
세상에서 제 마음을 잘 지키는 사람이 되고 싶습니다.
도와주세요."

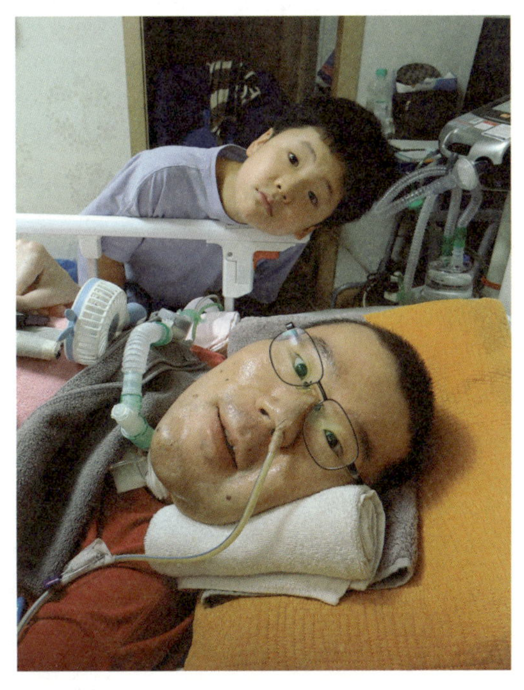

예수와 함께 사는 사람

오늘은 평안한 주일이었다. 사회적 거리 두기는 계속되고 있지만 방역 수칙을 준수하면서 교회에서 대면 예배가 드려졌다. 많은 분들이 감염 우려 때문에 아직 비대면 예배를 드리고 있지만 하루속히 자유롭게 모여서 예배하고 교제할 날이 오길 바란다.

지금은 각 사람의 신앙과 양심으로 판단하고 나와 다른 생각을 가졌다고 해서 비판하지는 말아야겠다. 지금은 교회와 우리 신앙에도 어려운 시기지만 국민 모두가 어려움을 겪고 있으니 사람들을 향해 공감하고 위로하는 것이 신자가 보여줄 예수님의 모습이라고 생각한다. 코로나 팬데믹이 지속되면서 교회가 예배와 영혼 구원이 힘들어지고 사회적 위상과 영향력이 떨어졌다고 생각하지만 지금이야말로 복음이 가장 필요한 시기라고 본다.

나도 예수동행일기를 지인들에게 공유하면서 기독교인이 아니라도 나누고 있다. 신앙을 강요할 목적이 아니고 내가 삶에서 느끼는 예수님을 소개하고 위로하고 마음을 나누기 위함이다. 삶과 동떨어진 신앙은 아무 감동을 주지 못한다. 일상의 변화 없는 기독교는 아무런 영향을 주지 않는다. 기독교인이 줄었다고 탄식할 것이 아니라 내 생활이 예수님과 멀어진 것을 회개한다면 복음의 문이 열리고 고단한 인생들이 예수를 찾아 교회에 나올 것이라 믿는다. 내가 안 믿는 친구들에게 교회 다니는 사람으로 보이기보다 예수와 함께 사는 사람으로 보이기를 바란다. 그동안 나는 교회만 다니는 사람으로 살았고 예수와 동행하는 사람으로 살지 못했다. 그렇게 살려면 피나는 노력과 엄청난 희생을 해야 하는 줄 알았는데 그건 착각이고 오해였다. 내가 예수를 믿고 그분 안에 거하고 주신 은혜를 누리기만 하면 충분히 동행할 수 있었다. 내가 굳이 힘들게 예수동행일기를 써야 할 이유는 이 좋은 걸 나누기 위해서다.

소화가 안 되는 어려움이 해소됐다. 한 번에 200mg을 하루 4번 먹으니 종일 같은 양을 먹어도 머리 아프거나 답답하지 않다. 기도 응답이 바로 왔다. 할렐루야!

오늘의 감사

1. 평안한 주일 보내게 해 주셔서 감사합니다.

2. 제한된 인원이지만 대면 예배가 이뤄지게 해 주셔서 감사합니다.

3. 어머니가 하남교회 주일 예배 드리고 오셔서 감사합니다.

4. 몸이 불편히어 교회에 갈 수 없지만 온라인으로 예배드릴 수 있어서 감사합니다.

5. 환자 경관식을 조금씩 나눠서 먹어서 소화에 어려움 없게 해 주셔서 감사합니다.

6. 체위 변경으로 등을 깨끗이 치료하게 해 주셔서 감사합니다.

7. 매일 예수동행일기로 나를 점검하게 하시고 사람들과 교제하게 해 주셔서 감사합니다.

8. 연약한 나를 말씀으로 붙들어 주셔서 감사합니다.

9. 부족한 나를 위해 기도로 돕는 분들을 주셔서 감사합니다.

오늘의 기도

1. 코로나로 힘든 국민들을 불쌍히 여기시고 거리 두기로 인한 어려움에서 벗어나게 하소서.

2. 한국 교회와 성도들이 비대면 예배 상황에서 삶의 예배가 회복되고 어렵고 힘든 이웃들에게 예수님의 사랑을 전하게 하소서.

3. 아프가니스탄의 교회와 성도들, 선교사들을 주의 날개 아래 지켜 주
   시고 자유를 회복시켜 주소서.

4. 담낭염으로 쓸개 제거 수술을 하는 함갑선 집사님 안전하게 지켜 주
   시고 간병인을 써서 편안하게 하소서.

5. 교통사고로 뇌사 상태에 빠지신 박은주 선교사님을 회복시켜 주소서.

죽어도 동행, 살아도 동행

새로운 마음으로 시작하는 월요일. 나는 주님 앞에 한없이 부족하고 부끄럽지만 나를 붙들어 주셔서 은혜로 오늘도 주님과 동행했다. 나의 약함을 깨달을수록 주님이 가까이 계시고 만족한 은혜를 주신다.

> "나에게 이르시기를 내 은혜가 네게 족하도다
> 이는 내 능력이 약한 데서 온전하여짐이라 하신지라
> 그러므로 도리어 크게 기뻐함으로
> 나의 여러 약한 것들에 대하여 자랑하리니
> 이는 그리스도의 능력이 내게 머물게 하려 함이라" (고린도후서 12:9)

9월 2일 입원하기로 한 강남세브란스 재활의학과에서 전화가 왔다. 입원할 병실에서 코로나 확진자가 나와서 방역 소독하고 있어 9월 9일에 입원이 가능하다고 한다. 작년에는 입원을 자주 하고 오래 해도 확진자가 나오지 않았는데 변이 바이러스라서 좀 더 가까이 와 있는 현실이다. 아직 백신 접종을 안 해서 6인실이나 2인실에 입원할 경우 환자나 보호자 중에 확진자가 있으면 감염될 수 있기 때문에 좀 불안하다. 나하고 상태가 비슷한 중증 장애인 중에도 코로나 백신 접종자가 있고 별 이상은 없었다고 하니 나도 맞아야 하지 않나 싶다. 일단 1주일 후에 입원하기로 했는데 주의 보호하심을 구해야겠다. 감염이 두려운 이유는 죽음보다 격리가 더 곤혹스러운 일이기 때문이다. 입원해야만 하니 두려움 물리치고 가야겠다.

어제 기도제목에 올렸던 박은주 선교사님이 오늘 오전 소천하셨다고 한다. 다른 선교사님들을 지원하는 사역을 하고 계셨다고 하는데 차량 추돌 사고로 남편 선교사님을 두고 주님 품으로 가셨다. 남은 가족과 동역하신 분들에게 주께서 위로해 주시길 기도드린다.

하나님이 사람의 죽음을 시기와 방법을 다 다르게 하셔서 우리는 다 이해할 수가 없다. 이별은 슬픈 일이지만 예수님을 믿고 사랑하며 동행하는 사람의 죽음은 아름답고 복이 있다. 나도 죽음이 아주 가까이 있어서 1년 후도 기약할 수 없지만 가는 시기는 주님 손에 달렸으니 예수님과 동행하여 하루하루 기쁘게 살자. 살아도 주와 함께, 죽어도 주와 동행!

"이는 내게 사는 것이 그리스도니 죽는 것도 유익함이라" (빌립보서 1:21)

오늘의 감사

1. 오늘도 큰 죄악에서 건져 주시고 새 생명 주셔서 감사합니다.

2. 낮에도 밤에도, 깰 때나 잘 때도 함께해 주셔서 감사합니다.

3. 소화가 잘되어 머리 아프거나 배가 답답하지 않아서 감사합니다.

4. 지난주 입원하려다 9월 초로 미뤄서 확진자와 겹치지 않은 것도 감사합니다.

5. 너무 사소한 일상에 무거움이나 민감하게 의미 두지 않게 하시니 감사합니다.

오늘의 기도

1. 세계 열방과 대한민국에 복음의 바람이 불어와 악한 세상에 하나님을 두려워하고 순종하는 백성들을 일으켜 주소서.

2. 대통령 선거가 다가올수록 사회 갈등과 진영의 대립과 교회 분열이 심해지지 않도록 기도하는 성도와 목회자 되게 하소서.

3. 사고와 질병으로 생사를 넘나드는 이웃과 형제자매들을 살펴주소서.

4. 핍박과 안전의 위협과 코로나 감염과 영적 싸움이 치열한 곳에서 사

역하는 모든 선교사와 자녀들을 보호해 주시고 승리하게 하소서.

5. 북한에 억류된 선교사와 지하 교회 성도들의 고통을 기억하소서.

6. 9월 9일 입원을 형통하게 하소서.

예수동행일기를 나눔으로 얻은 힘

오늘은 8월의 마지막 날이다. 어느새 한 달이 지나가고 뜨거운 여름도 끝이 났다. 빠르게 흘러가는 시간 속에 항상 아무것도 못하고 있다는 아쉬움과 허탈함이 있었는데 매일 예수동행일기를 쓰면서 하루를 의미 있고 가치 있게 느끼게 되고 과거의 삶도 은혜로 고백하게 되어 주님 안에서 새로운 나의 존재를 발견할 수 있게 되었다. 매일 스쳐 지나가는 은혜와 생각을 페이스북에 짧게 남기기도 했지만 무심하게 흘려보낸 것이 많았고 일상에서 주님의 임재와 동행을 자주 경험하기 어려웠다. 특별한 경우에 주일 설교나 부흥회나 간증 집회로 은혜와 감동을 받기는 했지만 매일 경험하고 지속할 수는 없었다.

작년 12월부터 예수동행일기를 시작했지만 나눌 사람과 모임이 없어서 아쉬움이 있었다. 예수동행일기 나눔방 사이트를 찾아서 경기도 40대 모임에 일기를 나눴는데 모르는 분들이지만 댓글을 잘 달아 주시고 은혜스럽게 답을 해 주셨다. 나눔방에서 알게 된 안산 기쁨의동산교회 이명관 집사님과 페이스북 친구를 맺고 집사님의 '+매일 한 장 말씀 기도'를 읽고 감동을 받아서 쓸 힘을 얻었다. 예수동행일기를 공개하고 나누는 것이 유익하다는 사실을 알 수 있었다. 나의 동행일기도 나누기 시작하면서 매일 쓰게 됐다.

오늘도 나의 약함을 경험한다. 예민한 성격과 감정의 기복이 나의 약함이다. 예수님과 동행한다고 해서 내가 선해지고 강해지고 의로운 사람이 되는 것이 아니다. 선하시고 강하시고 의로우신 주 예수께서 나의 주, 나의 왕이 되셔서 나를 다스리게 되어야 하는 것이다. 주 예수께 가까이 갈수록 나의 약함과 죄악과 추한 모습을 깨닫게 되고 죄 사함 받고 거듭나는 은혜를 얻는다.

입원을 무기한 연기하기로 했다. 내가 입원할 병실에서 확진자가 나왔고 환자와 가족 10명이 감염돼서 병동이 '코호트'(cohort) 격리됐다고 한다. 다행히 밥을 소량 나눠서 먹고부터 머리 아프고 기운 떨어지는 증상이 없어져서 이산화탄소가 내려간 듯하니 입원은 안전해지고 해도 될 것 같다. 부작용이 무서워서 코로나 백신 접종을 피했는데 병원도 가려면 어서 맞아야겠다. 주께서 이끌어 주소서.

오늘의 감사 

1. 나의 약함을 통해 주 예수께 나아가게 하시니 감사합니다.

2. 모든 걱정 근심 내려놓고 자유와 평안 누리게 하셔서 감사합니다.

3. 삼계탕을 죽으로 끓여 먹게 해 주셔서 감사합니다.

마음을 지키는
은혜

9월의 첫날 모든 것이 새로워지고 회복되는 은혜를 받았다. 8월에는 컨디션도 좋지 않고 걱정과 스트레스가 많았다. 동전의 양면처럼 은혜와 위로가 넘쳤지만 동시에 걱정과 근심도 많았다. 뭐 때문에 은혜가 떨어졌다, 주님과 동행 못했다고 생각할 때도 많았는데 결국 내려놓지 않은 내 생각과 걱정과 근심 때문이고 다른 원인이 아니었다. 이런저런 이유를 댈수록 마음은 그 문제에 더 묶여 버렸다. TV, 인터넷, 소셜미디어, 사람 때문에 그런 것이라고 생각하니 환경의 지배를 받고 주님의 다스림을 받지 못하게 됐다. 환경이 영향을 주는 것도 사실이지만 더 중요한 건 내 마음을 지키는 것이었다. 주님과 동행하지 못하고 멀어지는 것은 죄악 된 세상과 너무 바쁜 일상과 관계된 사람 때문이 아니라 내 마음이 주님을 향하지 않기 때문이다.

> "모든 지킬 만한 것 중에 더욱 네 마음을 지키라
> 생명의 근원이 이에서 남이니라" (잠언 4:23)

나의 생각과 염려와 걱정을 십자가에 못 박고 내 마음을 주장하지 못하도록 결단하고 기도했더니 환경도 바꾸어 주셨다. 하루 종일 마음이 자유하고 편안했다. 내 마음을 살펴서 내가 주인 된 것을 항복하고 회개하면 주님이 대신 해결해 주신다. 내 뜻대로 하고 싶은 마음을 주님 앞에 굴복시켜야 한다.

> "내가 그리스도와 함께 십자가에 못 박혔나니
> 그런즉 이제는 내가 사는 것이 아니요
> 오직 내 안에 그리스도께서 사시는 것이라
> 이제 내가 육체 가운데 사는 것은
> 나를 사랑하사 나를 위하여 자기 자신을 버리신

오늘의 감사 

1. 새 달 첫날에 놀라운 자유와 평안을 주시는 주님 감사합니다.

2. 나의 기도에 더 좋게 응답하시는 주님 감사합니다.

3. 무더운 여름이 지나고 선선한 가을을 맞이하게 하시는 창조주 하나님 감사합니다.

4. 병원 입원에서 코로나 확진을 비켜가게 하신 주님 감사합니다.

5. 변비를 시원히게 해소하게 하신 주님 감사합니다.

6. 큰형님의 방문과 위로를 선물하신 주님 감사합니다.

오늘의 기도

1. 코로나 감염으로 고통 중에 위중한 환자들을 회복시켜 주소서.

2. 오늘 담낭 쓸개 제거 수술을 한 함갑선 집사님 회복하도록 도우소서.

3. 안전하게 백신 접종받도록 저를 인도하소서.

4. 박해받는 모든 그리스도인들을 붙들어 주소서.

신실하신 하나님, 고마운 사람들

어제는 컴퓨터 마우스가 뜻대로 안 돼서 예수동행일기를 쓰지 못했다. 자세는 괜찮은데 손가락 터치에 마우스가 원하는 대로 반응하지 않았다. 하루라도 안 쓰면 아쉽고 허전하지만 안될 때는 마음을 내려놓고 더 주님을 생각하고 기도와 말씀으로 동행하려고 한다.

어제는 반가운 손님이 왔다. 아버지가 서울 서문교회에서 목회하실 때 교회를 관리하셨던 김용근 집사님이 오셨다. 15년 만에 만난 것 같은데 어제 만난 분처럼 편안하고 익숙했다. 주로 교회 건물 관리를 맡아 하셨지만 그리스도의 사랑으로 나를 많이 도와주셨다. 내가 병원을 가거나 가야 할 곳이 있으면 교회 승합차로 이동을 도와주신 정말 고마운 분이고 추억이 많다. 건강이 안 좋아지셨다는 소식을 듣고 걱정했는데 얼굴 혈색도 좋고 건강해 보이셨다. 잘 웃으셔서 좋았는데 웃음소리도 여전하셔서 기분이 좋았다. 지금은 다른 큰 교회에서 섬기신다니 감사했다. 다른 일보다 예배하고 교제하는 교회를 섬기는 일은 더 귀하게 느껴진다.

예수동행일기를 쓰기 시작하고 나서 많은 분들과 소통과 만남이 이뤄지는 것 같아서 마음이 행복하고 위로를 많이 받는다. 고맙고 잊을 수 없는 소중한 분들과 주님 안에서 교제하도록 기회를 열어 주는 예수동행일기다.

오늘은 콧줄 튜브와 목관 튜브를 새로 했다. 한 달에 한 번 하는 좀 불편한 작업인데 1년 전부터 경찰병원 간호사로 계신 윤애경 선생님이 해 주셔서 덜 고생하게 돼서 정말 감사하다. 남편께서 경찰관이신데 결혼하고 얼마 안 돼서 사고를 당하셔서 오랫동안 누워 계신다. 그런 남편을 돌보시고 아들을 키우면서 병원 일도 하셨으니 정말 귀하고 훌륭한 분이다. 이런 분을 소개받게 해 주신 주님께 감사드린다.

"어려울 때 나를 도울 사람들을 보내 주시는
신실하신 나의 아버지 하나님 사랑합니다."

오후에는 용인에서 작은형이 와서 새로 산 태블릿 PC 세팅을 해 주고 갔다. 나는
데스크톱 PC가 더 편해서 어머니가 카톡과 유튜브 보시도록 만들어 달라고 부
탁했는데 형이 수고해서 잘 마무리됐다. 나는 말로만 하고 수고는 작은형이 다 한
다. 내가 안 아팠으면 형을 덜 고생시키고 도왔을 건데 늘 고맙고 미안하다. 덕분
에 큰 화면으로 카톡과 유튜브 하시고 블루투스 스피커로 음악 들으시는 어머니
를 보니 기분이 좋다.

코로나19 백신 접종을 세실내과 이치훈 원장님이 집으로 와서 해 주시기로 했는
데 화이자 배신보다 안전한 모더나 백씬으로 가능한 몇 주 후로 예정해 주셨다.
몸이 열 개라도 부족할 정도로 많은 환자를 진료하시면서도 내 말에 카톡으로 답
해 주시고 달려오기를 주저 않으시는 예수님을 닮은 의사 분이다. 실력만큼 성품
이 뛰어난 의사가 흔하지 않은데 정말 귀하다.

나 홀로 살 수 없는데 내 주위에는 나를 도와주시는 분들이 정말 많다. 그리고 관
심과 사랑으로 예수동행일기 읽어 주시고 답해 주시는 분들이 많다. 그분들을 잊
지 않고 기도로 축복해 드리는 것이 내가 할 일이다.

오늘도 찬양으로 은혜받는다. 나는 주로 유튜브로 예배와 기도회 영상을 보고 거
기에서 부르는 찬양을 듣고 오늘의 찬양으로 선곡한다. 마음을 움직이는 찬양을
만들고 부르는 사역자들을 세우신 하나님께 감사드린다.

1% 순종,
99% 은혜

9월의 첫 주일이다. 시원한 바람이 불어오니 가을이 왔다는 걸 느낀다. 이제 곧 농부의 추수가 시작될 텐데 나의 올해의 열매는 무엇인지 생각해 본다. 그동안 세월만 허송하고 나태했는데, 뒤늦게 시작한 예수동행일기 하나로 덮어진 것 같아서 부끄럽고, 은혜 주심에 감사한 마음이다. 많은 생각과 고민보다 한 가지라도 결단하고 실천하는 것이 중요한 것을 깨달았다. 삶의 변화는 아직 미흡하지만 예수동행일기를 무작정 시작한 것은 예수를 믿고 영접한 것 다음으로 잘한 일 같다. 아직은 엉터리 같지만 매일 주님과 함께하는 기록을 남기다 보면 예수님을 닮게 될 것이라 믿는다.

오늘 하남교회 방성일 목사님의 주일 설교를 듣고 큰 깨달음을 얻었다. 사람은 쉽게 변하지 않지만 변질은 쉽게 된다. 그런 사람이 황금빛 인생을 살기 원한다면 좋은 생각을 해야 하고 나쁜 생각을 바꿔야 한다고 말씀하신다. 나는 하나님 형상을 따라 지음 받은 존귀한 사람이고, 하나님이 세상을 다스릴 목적으로 지으신 사람이고, 하나님의 복을 받은 사람이라고 생각을 해야 한다고 한다.

26 하나님이 이르시되 우리의 형상을 따라 우리의 모양대로 우리가 사람을 만들고 그들로 바다의 물고기와 하늘의 새와 가축과 온 땅과 땅에 기는 모든 것을 다스리게 하자 하시고
27 하나님이 자기 형상 곧 하나님의 형상대로 사람을 창조하시되 남자와 여자를 창조하시고
28 하나님이 그들에게 복을 주시며 하나님이 그들에게 이르시되 생육하고 번성하여 땅에 충만하라, 땅을 정복하라, 바다의 물고기와 하늘의 새와 땅에 움직이는 모든 생물을 다스리라 하시니라 (창세기 1:26-28)

1%의 내가 할 일을 하면 나머지 99%는 하나님이 하신다고 한다. 내가 할 일은 생각을 바꾸어 마음을 새롭게 하고 기억의 창고에 나쁜 것은 빼고 하나님의 생각으로 채우는 것이라고 한다. 매일 말씀 듣고 묵상하고 기도하고 찬양하며 동행일기를 쓰는 이유는 하나님의 생각을 깨닫고 잘못된 내 생각을 바꾸고 내 마음을 새롭게 하여 풍성하고 빛나는 인생을 살기 위함이다.

비대면 예배라서 집중에 좀 어려움이 있다. 대면 예배보다 갑절의 경외심과 예배의 사모함이 필요하다. 오늘은 하루 종일 졸리고 각성이 잘 안됐다. 그럼에도 불구하고 은혜를 주시니 내가 한 건 하나도 없고 모두 하나님의 은혜다. 아무것도 할 수 없는 무력한 하루라도 주 예수를 깊이 생각하면 주님은 기꺼이 손잡아 주시고 인도해 주신다.

저녁에 기도제목 노트를 열어 보고 응답받은 기도에 응답 내용을 적었다. 정말 응답이 빠르고 정확한 것이 많았다. 다르게 이루어진 일도 응답으로 표시하고 내용을 적으니 은혜가 됐다. 힘이 나서 새로운 중보 기도 제목을 추가했다. 원하는 대로 해 주셔도 응답이고 안 해 주셔도 응답이다. 할렐루야.

영혼의 영양 공급, 말씀과 기도

가을을 재촉하는 비가 부슬부슬 내리는 월요일이다. 주님과 동행하기를 갈망하는 내 영혼에도 매일 성령의 단비가 내리길 바란다.

"주여, 메마르고 갈급한 내 심령에 은혜와 진리의 비를 부어 주소서."

오늘은 기운이 없어서 영양제 주사를 맞았다. 많이 먹어도 소화를 못하고 먹은 만큼 흡수를 다 못해서 주사를 한 달에 한두 번은 맞아야 영양을 채워서 기운을 얻는다. 내 영혼도 매일 말씀과 기도로 공급받지 않으면 힘을 얻지 못한다. 내가 선한 일을 힘쓰고 사람들과 교제하고 예수동행일기를 쓴다 해도 말씀의 양식을 먹지 않고 기도로 하나님과 연결되지 않으면 금방 결핍이 생기고 영적인 힘을 잃게 된다. 내 안에는 아무 선한 능력이 없고 스스로 공급할 힘이 전혀 없다.

요새 매일 예수동행일기 쓰고 공유하고 교제하기도 시간이 모자른데 말씀으로 공급받고 기도로 연결되지 않고는 아무 일도 소용없다는 사실을 명심하고 말씀 읽고 기도하는 시간을 최우선으로 확보하기로 결심한다. 아직도 헛되이 보내는 시간이 많다. 하루에 별로 가치 없는 정보와 지식 습득과 소모적인 정치 이념과 재미를 추구하는 문화를 분별하지 못하고 낭비하는 시간이 여전히 많다. 내게 주어진 시간과 힘이 제한적이기 때문에 우선순위와 가치 부여를 잘해야 한다. 나에게는 올바른 판단과 절제의 능력이 없기에 나와 동행하시는 주님을 의지하고 뜻을 구해야 온전해진다.

좋은 영양이 든 주사를 맞고 나니 기운이 금방 회복되어 힘이 생긴다. 평소에 수면을 충분히 취하지 않아서 체력이 빨리 떨어지지 않나 싶다. 세상에 듣고 보고 읽고 알고 싶고 흥미를 끄는 것이 많다 보니 빨리 잠드는 게 쉽지 않다. 주님을 생각하고 의식하는 동행을 즐겨한다면 일찍 잠을 청하는 게 쉬울 것이라고 믿는다. 내가 좋아하는 것들이 그렇게 큰 만족과 기쁨을 주는 것도 아니다. 주님만이 참 만족과 기쁨이시다.

"주님을 생각하고 주님과 대화하고 늘 동행하고 싶습니다. 나의 하루 일과를 돌아보면 그럴듯한 것도 내 욕망을 채우기 위한 것임을 깨닫습니다. 무엇이 진정 나를 위한 것인지 알게 하시고 주님을 위하여 하는 것이 곧 나를 가장 위하는 것임을 알게 하소서. 주님이 나와 하나가 되시고 예수로 사는 동행의 기쁨을 알게 하소서."

오늘의 감사

1. 에어컨 없이도 덥지 않은 쾌적한 가을 날씨를 주신 주님 감사합니다.

2. 미세먼지와 매연 적은 맑은 공기를 허락해 주셔서 주님 감사합니다.

3. 영양제 주사를 병원 가지 않아도 맞을 수 있도록 좋은 선생님을 보내 주셔서 감사합니다.

4. 매일 야간 돌봄 받게 하셔서 어머니가 편히 주무시니 감사합니다.

5. 내가 온라인으로 주문한 식빵을 어머니와 권사님이 맛있게 드셔서 감사합니다.

6. 예수동행일기를 나누면서 사람들과 소통하고 믿음의 교제를 나누고 자존감이 높아지게 해 주셔서 감사합니다.

은혜로
다가온 격려

어제는 주님의 은혜가 크고 넘쳐서 마음이 기쁘고 위로를 많이 받았다. 천상소망 노인요양원 고명길 목사님이 블로그에 나를 소개하는 글을 올려주셨는데 아름답게 표현해 주셔서 보신 분들이 감동을 받고 나도 감동했다.

고명길 목사님은 아버지가 신학대학 교수였을 때 제자이신데 군목으로 오래 섬기시다가 노인요양 호스피스 사역에 비전을 품고 울산에 천상소망요양원을 설립하시고 원장으로 섬기고 계신다. 목사님을 직접 뵌 기억은 없지만 아버지 생전에 자주 말씀하시던 제자 목사님 중 한 분이시라 성함을 알고 있었고 몇 년 전에 페이스북으로 연결됐다. 아마 목사님은 어릴 때의 나를 보셨을 것 같다. 여러 목사님들이 아버지를 기억하고 사랑하는 마음으로 아들인 나를 대해 주시니 항상 위로를 받고 사랑을 느낀다. 목사님과 한동안 소통이 없었는데 예수동행일기를 통해 다시 소통하게 됐고 목사님이 블로그를 만드시고 좋은 글을 많이 올리고 계셨는데 나에 대한 글을 쓰고 싶은 감동이 있으셔서 어제와 오늘 두 편의 포스팅을 해 주셨다. 그 결과 더 많은 분들이 공감과 응원을 보내 주셔서 하나님의 위로가 넘친다.

누구나 마음만 먹으면 살 수 있는 예수동행의 삶을 나의 글로 특별하게 경험하게 하시는 이유는 나의 글 쓰는 능력이 뛰어나서가 아니라 나의 약함과 아픔을 통해 역사하시는 주님을 증거하시기 위함이라고 생각한다. 신학 교수와 목회를 하신 아버지 덕에 더 많은 관심과 사랑을 받는 것도 감사하지만 내 만족과 기쁨을 위한 기회를 주신 게 아니라는 걸 알고 있다. 글이나 말로 표현하지 않고도 날마다 주님과 함께하는 분들이 많지만 하나님은 서로의 영적 성장과 공동체의 유익을 위해서 나눌 필요가 있다는 걸 알게 하신다. 부족한 나를 통해서 위대하신 하나님의 능력이 전해지기를 바라면서 계속해서 순종하는 마음으로 내 삶의 이야기와 예수동행일기를 전하기로 결심한다.

"고명길 목사님이 은사이신 아버지를 사랑하는 마음으로 나의 글을 읽으시고 감동하게 하신 하나님 아버지 감사합니다. 좋은 아버지를 둔 덕이지만 약하고 낮은 자를 통해 일하시는 하나님의 뜻으로 허락된 줄 믿습니다. 사람의 칭찬과 관심도 감사히 받게 하시되 거기에만 머물지 않고 주님과 동행하는 삶을 전파하는 일에 이 생명 다 바치게 하소서."

어제 오후부터 가스가 차면서 복부팽만이 심해져서 저녁에는 컴퓨터를 못하고 가스 제거에 힘썼다. 힘든 시간이었는데 자정이 넘어서야 겨우 편안해졌다. 빨리 예수동행일기를 써서 은혜를 기록하고 싶었는데 그냥 하루를 마치게 돼 아쉬웠다. 나의 약한 상태를 다시 한번 실감하면서 나의 힘이신 주님만 더 의지해야 한다는 것을 깨달았다. 나는 절대로 내 힘으로 하려고 하지 말아야 한다. 내가 못하면 주님이 다 하신다. 나는 그저 이 모습 이대로 순종하면 된다. 가끔은 건강과 힘 좀 주시지 너무 하시다 싶지만 약함과 아픔을 통해 역사하시는 주님의 신비하고 놀라운 은혜에 감사할 따름이다.

> "나에게 이르시기를 내 은혜가 네게 족하도다
> 이는 내 능력이 약한 데서 온전하여짐이라 하신지라
> 그러므로 도리어 크게 기뻐함으로
> 나의 여러 약한 것들에 대하여 자랑하리니
> 이는 그리스도의 능력이 내게 머물게 하려 함이라
> 그러므로 내가 그리스도를 위하여
> 약한 것들과 능욕과 궁핍과 박해와 곤고를 기뻐하노니
> 이는 내가 약한 그때에 강함이라" (고린도후서 12:9-10)

사랑 안에 거하는 동행

대체로 이른 아침이나 깊은 밤에 주님이 더 생각나고 기도가 잘된다. 분주한 일상을 마치고 홀로 있는 조용한 시간에 주님께 집중하기가 쉽다. 낮에는 모두 활동하는 시간이라 나도 분주하다. 그래도 낮에 함께 말씀 듣고 나누고 기도할 권사님이 계시고 SNS로 교제할 믿음의 지체들이 있고 큐티와 설교와 간증과 찬양을 들을 수 있는 유튜브가 있어서 공급을 받는다. 내가 무엇을 하든지 주님이 나와 함께하신다는 사실을 잊지 않는 게 중요하다. 낮에 기도가 잘 안되고 주님께 집중하기 어렵다고 실망하지 말고 변함없이 나와 함께하시는 주님을 생각하자. 주님과 동행할 때 일상의 모든 삶이 예배가 되고 기도가 된다.

"늦은 밤에 감사 기도가 나오고 기도할 사람들이 생각나게 하신 주님 감사합니다. 밤이나 낮이나 주님은 일하시고 나와 함께하시고 나를 지키시고 도우십니다. 무엇을 하든지 삶의 예배로 드리게 하소서."

일주일 내내 뱃속이 시원치 않아서 기름기 많은 돼지국밥을 먹으면 도움이 될 것 같다고 말씀드렸더니 어머니가 아들 사랑하는 마음으로 곧바로 시장에 가서 사 오셨다. 한 그릇을 먹고 나니 기대한 효과가 나타나서 속이 편안해졌다. 아들을 위해 뭐든지 해 주고 싶은 어머니 사랑을 보면서 우리를 위해 하나뿐인 아들 예수를 아끼지 않고 십자가에 내어 주신 하나님 아버지의 사랑이 생각났다. 그 사랑을 잊고 살 때가 얼마나 많은지 모른다. 주님과 동행하는 것은 하나님 아버지의 사랑 안에 거하는 것이다.

"가장 귀하고 좋은 것만 주시는 나의 주님 참 감사합니다. 생명보다 귀한 선물이 없는데 아들의 생명을 아끼지 않고 내어 주셔서 우리에게 영생을 주셨습니다. 주님의 사랑을 매 순간 느끼고 누리는 삶 되게 하소서." 아멘!

은혜 없던 날의 은혜

종일 기다리는 변이 안 나와서 몸이 편하지 않고 신경 쓰여서 주님 바라보지 못하고 예배와 말씀의 은혜를 누리지 못했다. 하루 거르면 배가 거북하고 배변에 어려움이 생길 것을 미리 염려하고 불안해지기 때문이다. 하루 지나간다고 큰일이 나는 것도 아닌데 연약한 나는 신경을 쓰고 생각을 집중한다. 한동안 배변이 잘돼서 근심하지 않았는데 1주일 고생하고 나서 예민해진 것 같다. 한 가지 어려움만 생겨도 걱정히고 괴로워하느라 주님 바라보지 못하는 나를 보니 실망스럽지만 이래서 나는 주님 없이 살 수 없다는 생각이 든다. 강한 의지와 정신력으로 한계를 극복하는 사람도 있지만 난 약하기 때문에 주님을 의지해야만 살 수 있다. 오늘 나는 은혜를 받는 것도 내 의지와 노력으로 안 된다는 것을 인정하고 나와 동행하시는 주님을 부르고 주님만 바라본다. 그것이 은혜가 전혀 없었다고 느낀 오늘의 은혜였다.

"펼쳐진 상황 앞에 믿음을 다 잃어버린 것 같고 마음이 무너질 때도 주님은 나를 한 번도 놓지 않으시고 떠나지 않으십니다. 약하고 믿음 없는 내 모습을 보게 하셔서 주님을 더 의지하고 바라보게 하시는 은혜에 감사드립니다. 약한 것이 부끄럽고 쓸모없다고 여기는 세상의 생각을 버리고 약한 나와 동행하시고 약함을 통해 역사하시는 주님의 생각을 갖게 하소서."

변비에 좋다는 피마자기름도 한 숟갈 먹고 푸룬주스도 한 컵 마시고 돼지국밥도 먹었지만 효과가 없다. 때가 되면 나오게 하실 것을 믿고 주 예수님만 부르고 잠을 청하자. 예수동행일기 쓰기도 어려운 초라한 하루 같았는데 약함을 쓰다 보니 오늘도 놀라운 은혜의 하루가 됐다. 매일 스스로 감동할 정도로 은혜가 넘치다가 요새 조금 은혜가 덜하고 정체되지 않나 싶었는데 주님의 은혜는 변함이 없었다.

내 상태와 상황 따라 변하는 건 감정이지 은혜가 아니다.

"여호와 삼마! 늘 함께하시는 하나님을 찬양합니다."

2021.09.13 월요일

주님이 기도에 응답하시고 문제를 해결해 주셔서 기쁘고 감사한 하루였다. 괴로움이 생기면 영원히 계속될 것처럼 어둡고 무겁지만 주님께 맡기고 조금만 견디면 곧 사라지고 은혜로운 추억과 간증이 된다.

어제 온종일 나를 무겁게 만들었던 배변의 어려움이 만족스럽게 해소됐다. 오전부터 시원하게 배출되어 웃음을 되찾았다. 변비에 좋다는 건 다 먹고 잤지만 마음이 놓이지 않아서 주님께 간절히 기도하고 맡겼다. 어젯밤에 예수동행일기를 쓰면서 걱정을 내려놓게 됐다.

유튜브에서 장재기 목사님의 시편 말씀 기도 영상을 들으면서 잤는데 마음이 편안해지고 말씀대로 이뤄지는 것이 느껴졌다. 너무 불안하고 걱정될 때는 어떤 말이나 노래도 위로가 안 되고 주님의 말씀을 듣는 게 최고다. 성경을 펼쳐서 읽거나 쓰거나 유튜브에서 성경 읽어 주는 영상을 듣는 게 나에게 치료제와 같다.

"보이는 현실에 눌려 불안하고 걱정하는 나를, 주님의 말씀으로 만지시고 치료하시는 하나님을 찬양합니다. 사는 날 동안 늘 어려움과 걱정이 있을 것이니 아무 힘없는 세상과 사람 의지하지 말고, 말씀하시는 주님만 의지하게 하소서."

정오에 인공호흡기 회사에서 간호사가 방문해서 산소 포화도와 이산화탄소 농도를 쟀는데 감사하게도 이산화탄소가 정상 수치로 내려왔다. 3개월 넘게 수치가 높아서 걱정했는데 해결됐다. 머리 아픈 증상이 없어져서 기대는 했지만 설마 좋아졌을까 싶었다. 또 한 번 기도의 응답을 경험했다. 기도하지 않았으면 우연히 좋아졌다고 생각했을지 모른다.

사람들이 나를 보면 맨날 기도하는데 왜 계속 아프고 고생하고 살까 생각할지도 모른다. 나도 그렇게 생각하고 불만을 가진 적이 있었다. 표면적으로는 기도해도 달라진 게 하나도 없어 보이고 더 악화된 것만 보인다. 작년에는 맹장염으로 큰 수술도 하고 중환자실에서 고생하고 멀쩡한 목에 구멍을 내서 관을 꽂아서 먹지도 말하지도 못하게 됐으니 기도해도 소용없구나 싶었다. 예수님과 동행하면서 비로소 깨닫고 눈이 떠졌다. 어려움이 사라지고 질병이 낫고 소원이 이뤄지는 것만이 기도의 응답이 아니라 그 일을 통해서 하나님을 만나고 예수님과 동행하고 믿음의 눈을 뜨고 고난도 감사하게 되는 것이 기도의 응답이라는 것을 고백하게 됐다. 기도한다고 만사형통하는 게 아니라 항상 기뻐하고 범사에 감사하고 예수동행하게 되는 것이 진짜 응답이다. 물론 오늘처럼 기도한 대로 응답해 주시기도 한다. 내가 기도한 것 이상의 응답을 주신다는 뜻이다. 할렐루야!

영생의 선물

고요하고 평화로운 화요일을 보냈다. 오전에는 몸을 옆으로 돌려서 깨끗이 닦고 말리고 약을 발랐다. 하루 24시간 누워 있기 때문에 자주 체위를 변경해 줘야 욕창을 예방할 수 있다. 다행히 지금까지 욕창 한 번 없었는데 앉아 있기 힘들어진 이후 여러 번 가렵고 불편했다. 그 후로 자주 체위 변경하고 치료했더니 괜찮아졌다. 지금까지 이만큼 보전하게 해 주신 주님께 감사드린다.

낮 시간에 돌봄을 받나 보면 시간이 훌쩍 지나가서 개인적인 활동 시간이 그리 많지는 않다. 한정된 시간을 부지런히 움직이고 짧게 쪼개 써야 효율적으로 활용할 수 있는데 몸이 둔하고 행동이 느리고 자주 쉬어야 해서 흘려보내는 시간이 많다. 세상은 날이 갈수록 변화의 속도가 빨라지고 더 많은 지식과 정보를 생산해 내는데 나는 따라갈 수가 없다. 더 많은 지식과 정보를 가져야 남들보다 더 성공하고 부와 지위를 얻을 수 있는 세상이다.

주님은 스스로 움직일 수 없고 할 수 있는 일이 제한된 나의 일상을 특별한 선물로 만들어 주셨다. 몸이 불편하고 아파서 못하는 건 괜찮다. 내가 살아서 해야 할 일은 나를 지으시고 구원하신 하나님을 믿고 주님과 날마다 동행하는 것이다. 누구나 살다가 삶의 마지막 날이 온다. 죽음을 미리 준비하고 생각할 수 있는 시한부 환자라서 다행이라는 생각이 든다. 건강하게 살다가 죽음을 준비 못 하고 하나님을 모르고 떠나는 사람이 많다. 그런 사람들이 복음을 듣고 믿음으로 구원받고 천국 백성 되는 것이 나의 기도 제목이다.

나는 언제 죽을지 모르지만 언제 죽어도 천국에서 주님 만날 것을 믿는다. 내가 착하게 잘 살아서도 아니고 낙관주의자라서도 아니다. 하나님이 누구든지 예수 믿으면 구원받고 영생을 얻는다고 말씀하시기 때문이다.

> "하나님이 세상을 이처럼 사랑하사 독생자를 주셨으니
> 이는 그를 믿는 자마다 멸망하지 않고 영생을 얻게 하려 하심이라"
> (요한복음 3:16)

> "내 아버지의 뜻은 아들을 보고 믿는 자마다 영생을 얻는 이것이니
> 마지막 날에 내가 이를 다시 살리리라 하시니라"
> (요한복음 6:40)

"주님 병들고 불편한 몸으로 남들처럼 열심히 부지런하게 살지 못하지만 은혜로 주 예수님을 믿어 영생을 얻는 특별한 선물을 주셔서 감사합니다. 나를 아는 사람 중에 구원받지 못한 사람이 한 명이라도 더 그 선물을 받아 영생 얻기를 기도하게 하소서."

"연로하신 어머니가 아들 영양식과 약 처방 때문에 강남 세브란스 병원 외래를 다녀오셨는데 지혜롭게 택시 타고 잘 다녀오셔서 감사합니다. 절약도 해야 하지만 꼭 필요한 돈을 써서 감당하도록 채워 주소서."

"밤낮으로 돌봄 받고 욕창 생기지 않게 해 주셔서 감사합니다."

오늘도 평범한 하루지만 예수님과 동행하니 즐겁고 감사한 날이다. 지금까지 하루가 지루하거나 심심한 적은 거의 없었는데 몸이 아프고 불편해서 할 일을 못한다는 것이 답답할 때가 많았다. 공부하거나 일하다가 하루 쉬는 게 즐거운 일인데 매일 쉬어야 한다면 괴로운 일이다. 사회생활과 경제 활동이 단순히 먹고사는 문제가 아니라 정체성과 자존감의 문제 같다.

나는 어려서부터 내성적이어서 다른 사람들 앞에서 부끄러움이 많아 고민이 많았다. 학교는 지식만 습득하는 곳이 아니라 사람들과 어울려 사는 법을 배우는 곳인데 나는 걷지 못하게 되어 초등학교 3학년에 자퇴를 하게 돼서 그런 부분을 많이 배우지 못했다. 매일 집에서 혼자 놀고 있었는데 얼마 안 돼서 교회 형들이 주일 오후에 놀러 와서 같이 게임도 하고 이야기도 나눌 수 있어서 정말 즐거웠다. 지금도 교회 형들이 생각난다. 그 후에는 교회 동생들이 주일마다 와서 같이 게임도 하고 장난감도 만들고 같이 놀았다. 교회 형들과 동생들 덕분에 조금이나마 결핍을 메꾸고 사람들을 피하지 않게 됐다. 요즘 같았으면 학원 다닌다고 놀러 올 아이들이 없었을지도 모른다.

주님은 교회 공동체를 통해 유소년 시기에는 형들과 동생들을 친구로 주셨고 청소년 시기에는 좋은 선생님을 보내셔서 나를 양육하시고 청년 시기에는 대학 청년부 선배들을 통해 교제하는 즐거움을 주셨다. 내 삶에 교회 공동체가 없었다면 정말 외롭고 소외되었을 것이다. 40대가 되어서는 예수님과 동행하는 일기로 많은 사람들과 교제하게 해 주셔서 상상도 못 한 행복을 누리게 하시니 주님의 선하심과 인지하심이 영원하다. 할렐루야!

교회를 세우신 이유를 깨닫는다. 복음으로 영혼을 구원하고 말씀으로 양육하는 것이 교회의 가장 큰 사명인데 단순히 교회 안에서 예배하고 교제하고 양육하는 것이 아니라 그리스도의 복음과 사랑으로 병들고 가난하고 소외된 사람들에게 손 내밀어 친구가 되어 주고 결핍을 채워 주는 것이다. 교회와 성도들의 관심과 사랑이 나를 지금까지 그리스도의 사랑 안에 머물게 했다. 교회가 갈수록 교인 수가 줄고 부정적인 프레임에 갇혀서 어렵다고들 한다. 코로나19와 반(反)기독교 정서로 다음 세대가 줄어들고 있어서 교회가 지금처럼 유지되기 힘들 것이라는 전망도 나온다. 그러나 모든 사람들은 사랑과 관심을 필요로 한다. 한국 교회가 아무리 부정적인 비판을 받는다 해도 주님이 세우신 교회만이 복음과 사랑을 전할 수 있고 세상을 변화시킬 능력이 있다. 장애와 질병으로 외롭고 쓸쓸한 나를 위해 시간을 내어준 교회 지체들처럼 나도 이웃들과 함께 아파하고 기뻐하고 시간과 관심과 사랑을 베푼다면 그리스도의 능력으로 교회는 부흥되고 어두운 세상은 더 밝아지게 될 것이다.

그런 소망을 품고 오늘도 내일도 예수님과 동행한다. 내 생각을 거절하고 주님의 생각을 선택하고 나의 좁은 마음을 내려놓고 주님의 넓은 사랑으로 세상을 보리라.

오늘부터 추석 연휴의 시작이다. 오곡백과가 풍성한 우리 명절 추석을 맞이하여 주님과 동행하는 삶의 풍성함을 누리게 하시는 은혜에 감사드린다.

저녁에 동행일기를 쓰려면 시간이 2시간 이상 걸리는 데 다른 여러 할 일도 해야 해서 자정을 넘길 때가 많다. 한 손가락으로 하려니 보통 사람들보다 배 이상 시간과 힘이 들어서 오래 걸린다. 그마저도 몸 컨디션과 손 상태가 괜찮아야 가능하다. 활동 시간이 너무 제한된 내 상황이 답답하게 느껴질 때가 있지만 이 정도 활동도 어려운 환우들이 많다는 생각을 하면 이만큼이라도 할 수 있는 것이 감사하다.

이번 주에 여의도 순복음교회 조용기 목사님이 주님의 부르심을 받으셨다. 일 년 전부터 뇌경색으로 설교도 중단하고 투병하시다가 영원한 안식으로 들어가셨다. 내가 조용기 목사님을 잘 알지는 못하지만 하나님이 크게 사용하신 종이라고 생각한다. 조용기 목사님을 뵙지는 못했지만 특별하게 생각한 이유는 아버지의 중학교 친구이시기 때문이다. 아버지가 여러 번 조 목사님 이야기를 하셨는데 중학생 시절 유독 밝은 친구였다고 한다. 아마 예수님 믿기 전인 것 같은데 여유 있고 화목한 집안이어서 그러지 않았을까 싶다. 오랫동안 친구를 못 보다가 아버지가 목회하실 때 사우나 가서 우연히 만나셨다고 한다. 아버지가 "용기야, 목회 잘해라!"고 하셨다고 한다. 워낙 세계적으로 집회도 많이 하고 유명한 분이라 더 이상 만날 기회는 없었지만 TV에 나올 때마다 참 깨끗하고 훌륭한 분이라고 하셨다. 아버지랑 신학교 친구였던 옥한흠 목사님도 천국에 가셨다. 각자 다른 교단으로 가셨지만 이제 세 분 다 천국에서 만나셨을 것이다. 아버지 세대에 한국 교회에 큰 발자취를 남긴 분들이 있었던 것이 감사하게 느껴진다. 내 개인의 생각과 판단으로 그분들을 평가할 수는 없다. 분명한 건 다음 세대가 본받을 만한 신앙의 순수

함이 있었다는 것이다. 지금 우리들은 너무 복잡해져서 말씀대로 살기가 어렵지 않나 싶다.

부디 나와 같은 40대에서도 존경받는 리더가 나오고 다음 세대에도 일어나길 바라본다. 아버지 박성복 목사님이 더 생각나는 추석이다. 어려서는 아무것도 모르고 나도 아버지처럼 목사가 될 거라고 했었다. 이제는 얼마나 힘들고 외로운 길인지 알 것 같다. 목회자의 길은 아무리 유명하고 부흥을 이뤄도 외로운 길이다. 이 땅은 본향이 아니고 잠시 머물다 갈 나그네 길이기에 신앙의 유산을 잘 이어가야겠다. 다시 오실 주님이 가까운 지금 교회는 너무 위태롭다. 신앙 선조들의 회개와 각성이 우리 세대에 다시 일어나야 한다. 목자의 마음으로 예수님과 동행하는 삶에 목숨 걸어 보자. 구원과 소망, 능력은 오직 예수!

2021.09.24 금요일

오늘도 변함없으신 하나님 아버지의 사랑으로 하루를 살았음을 고백하며 감사드린다. 나의 믿음은 시시때때로 흔들리지만, 그 사랑이 나를 붙드시니 넘어지지 않고 안전할 수 있다. 어둠과 두려움이 몰려와 나를 덮으려 할 때, 주님을 부르며 십자가 사랑을 생각하고 주님의 이름을 찬양하면 어둠과 두려움이 사라진다. 하루를 살면서 시험과 유혹이 많지만, 나는 주님께만 시선을 두고 동행하기로 결정하면 보호를 받는다. 공중 권세 잡은 마귀 사탄도 주 예수 이름으로 명령할 때 힘을 잃고 묶임 받고 떠나간다. 주님과의 동행이 매일 치러야 할 영적 전쟁을 승리로 이끌어 준다. 나에게는 아무 능력이 없어서 혼자서는 승리할 수 없다. 주님이 내 안에, 내가 주님 안에 거할 때 주님의 능력으로 죄의 사슬을 끊고 사탄의 결박을 깨뜨린다. 여호와 닛시! 승리의 깃발이신 하나님께 감사와 찬양을 올려드린다.

모태 신앙으로 45년을 크리스천으로 살았지만 일주일에 하루 교회에서 예배드리고 매일 주님과 동행하지 않았기에 늘 패배감과 죄책감에 빠져 있었고 말씀대로 살지 못했다. 주님이 능력이 없거나 복음의 능력이 부족해서가 아니라 내가 주님 안에 머물지 않았기 때문이다. 나의 시선은 능력의 주님을 바라보지 않고 허물과 죄 많은 나를 향해 있었다. 동행일기를 통해 주님을 바라보고

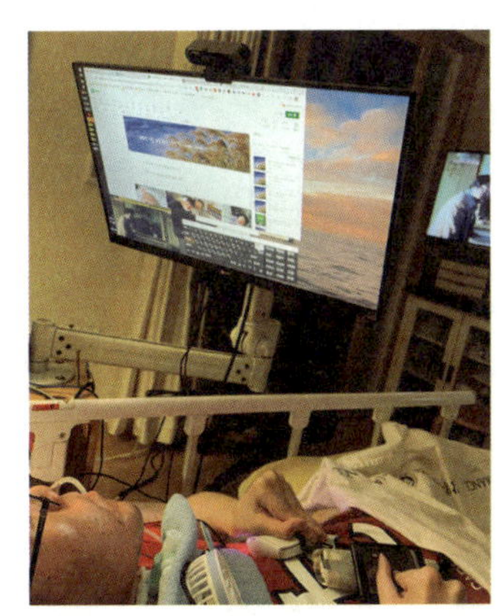

동행하는 삶을 살기로 하니 변화가 시작됐다. 할렐루야!

오늘도 내가 믿음으로 살려고 힘들게 노력하지 않았지만, 주님을 바라보고 주님 안에 거한 것으로 충분했다. 내 힘이 아닌, 주님의 능력으로! 아멘.

예배의 회복

하나님을 자유롭게 예배하고 진리의 말씀 들을 수 있는 주일을 주셔서 감사하다. 기독교 신앙을 가졌다는 이유만으로, 예배를 드린다는 이유만으로 불이익을 당하고 목숨을 위협받는 이슬람 국가와 북한과 중국의 성도들을 생각하니 신앙의 자유가 얼마나 소중한지 몰랐던 것을 회개하게 된다. 지금도 비대면 예배를 드리다 보니 편한 자세로 형식적으로 예배하고 의무를 다한 것처럼 여기는 내 모습을 본다. 하나님의 영광을 생각하고 영과 진리로 예배한다면 이런 예배를 드리진 않을 것 같다. 예배드리는 한 시간 동안 온전히 주님만 생각하고 몸과 마음을 드려 예배하고 강단에서 선포되는 말씀을 마음에 새기고 결단해야 하는데 그러지 못하고 있다.

20대 중반부터 인공호흡기를 24시간 사용하게 되면서 교회에서 예배드리지 못하게 됐다. 그 당시에는 기독교방송으로 목사님들의 설교는 들을 수 있었지만 지금처럼 예배 전체를 온라인 생방송으로 볼 수는 없었다. 예배를 못 드리게 되면서 3년 정도 영적 침체기가 와서 큐티와 기도를 중단했었다. 주일예배를 못 드려도 수시로 하나님을 예배하면 되겠지만 연약하고 죄악성이 있는 인간이라서 하나님과 멀어지기 쉽다. 지금은 코로나19 때문에 몸이 불편하지 않은 성도들도 비대면 예배를 드리게 되고 한정된 인원만 현장 예배를 드리면서 교회에 나와서 예배드리기 눈치 보이는 상황이 됐다. 그럼에도 더욱 주님과 동행하고 대면 예배를 드릴 때보다 더 온전한 예배를 드리는 성도들이 있지만 반대로 주님과 멀어지고 신앙을 잃어가는 성도들도 많다. 결국 주일예배의 회복 없이는 개인 경건생활도 힘들고 주님과 동행하기도 어렵다는 결론이 나온다.

주님과 동행하면 예배를 더 사모하게 되고 비대면 예배를 드려도 하나님과 대면하는 온전한 예배를 드리게 될 것이다.

몸이 좀 무겁고 피로감이 있어서 힘들었지만 주님과 동행하는 은혜로 짜증 없이 하루를 잘 보냈다. 작년 4월에 맹장 수술하고 나서 회복 중에 폐렴이 와서 중환자실에서 여러 번 생사를 오가다 기관절개를 하고 나니 목소리를 낼 수 없었다. 말로 의사소통을 못한다는 게 보통 스트레스가 아니어서 화도 많이 나고 짜증도 많아졌다. 컨디션 회복도 안 되고 손짓 발짓도 못하니 한동안 감정을 다스리기가 어려웠다. 부끄러운 모습이지만 나의 비참을 경험하고 포장되어 있던 나의 실체를 직면한 것은 주님만을 의지하고 동행하도록 나를 이끌었다. 내가 좀 괜찮은 사람이라고 생각할 때는 적당히 신앙인의 모습으로 살면서 내가 주인 되어 살았다. 주님 아니면 구제불능이라는 걸 인정하게 되어야 주님 앞에 항복하고 주권을 드릴 수 있다. 긴 어둠의 터널 끝에서 주님 손잡고 행복한 동행이라는 출구를 찾았다.

아직도 타락한 자아와 본성이 살아 있어서 순간순간 교만해지고 감정적으로 행동하고 거룩하지 않은 생각에 빠져든다. 그래서 순간순간 주님 생각하고 동행해야만 죄악과 사탄의 공격에서 안전할 수 있다. 고난 중에 무너져 내리고 바닥까지 떨어졌을 때 주님은 내게 손 내밀어 주시고 다시 일으켜 주셨다.

시간과 체력의 한계를 인정하고 선택과 집중을 해야 오늘처럼 지치는 일이 없을 것 같다. 나는 정치, 사회, 국제, 건강에 대해 관심이 많아서 관련된 영상을 많이 보다가 시간이 흘러서 늦게 자게 되었다. 그러다가 더 중요한 주님과의 동행과 여유를 잃어버렸다. 대통령 선거가 얼마 남지 않아서 국내 정치에 관심이 쏠리는데 내 성향을 드러내지 않고 주님의 뜻대로 좋은 지도자가 세워지길 기도해야겠다. 내 생각과 판단이 옳다는 교만이 있었는데 동행일기를 쓰면서 내 정치 성향과 주관을 내려놓게 됐다. 나의 관심사와 취향도 주님보다 더 중요하지 않다. 주님께 집중하고 내 생각을 포기하는 것이 동행이다. 오늘은 좀 일찍 자야겠다.

어머니와의 동행

오늘은 사랑하는 어머니의 82번째 생신이다. 항상 밝고 긍정적이고 소녀 같은 어머니의 연세가 실감 나지 않고 시간이 이대로 멈췄으면 좋겠다는 생각이 간절해진다. 많은 세월 동안 매일 어머니와 함께했지만 한 번도 제대로 된 효도를 못한 것 같아서 흘러가는 세월이 야속하다. 내가 생각하는 효도는 하루라도 아프지 않은 모습으로 어머니를 걱정 시키지 않고, 여행도 함께 하고, 맛집도 모셔 가고, 멋진 카페에서 차 마시는 평범한 일상을 함께 하는 것이다. 그 정도 가능하면 뭐든 해 드릴 수 있을 텐데…. 막상 건강했으면 과연 효도했을지 모르겠다. 어머니는 아픈 막둥이 때문에 마음도 많이 아프고 돌보느라 골병이 들었어도, 살아서 곁에만 있어줘도 효도라고 하시고 건강하고 잘 나가는 것보다 믿음 있는 것이 더 낫다고 하신다. 자식이 아픈데 뭐가 좋겠느냐만, 늘 감사하시고 작은 일에 행복해하시면서 나에게 용기와 희망을 주셨다. 나에게 어머니는 이 세상에서 바다처럼 넓고 하늘처럼 높은 사랑으로 모든 걸 다 품어 주시는 존재였다. 성품도 부드럽고 자기주장도 강하지 않으셔서 너무 나약한 분 같지만 신앙과 내면으로는 가장 강한 분이시다. 어머니가 힘들어하거나 우울해하셨다면 나도 살아갈 힘이 없었을 것 같다. 늘 뭐든지 할 수 있다는 용기를 주셔서 행복한 아들로 살았다. 타고난 성격과 성품도 있겠지만 평생을 주님을 믿고 동행하셨기 때문이다. 잔소리나 훈계도 한 번 안 하셨지만 기도하는 모습, 하나님을 예배하며 감사하는 모습으로 본이 되셨다. 너무 오냐오냐하셔서 좀 버릇없는 아들이 되었지만 자존감이 떨어지지 않게 해 주셨다고 생각한다. 어머니의 사랑을 대신할 수 있는 건 이 세상에 없다. 나에게 정말 소중한 어머니를 말하자면 밤을 새워도 끝이 없을 것 같다.

세월이 갈수록 어머니도 쇠약해지시고 나도 건강이 더 악화되고 소통도 어려워져서, 점점 희망도 기쁨도 사라지는 것 같았다. 이제 살아도 뭐 하나 싶었는데 예수님과 동행하기 위해 동행일기를 쓰고 나누기 시작하면서 나에게 놀라운 변화가 일어났고 그걸 지켜보시는 어머니에게 큰 기쁨과 행복이 생겼다. 동행일기로 많은 분들과의 소통과 교제가 재개되어 나뿐 아니라 어머니도 큰 은혜와 위로를 받으시니 살아야 할 의미가 생겼다. 특별할 것 없는 생활이지만 동행일기로 나누게 되니 아름다운 신앙과 삶의 이야기가 된다. 주님과 동행하는 것이 나의 영혼을 살리고 유익하게 할 거라고만 기대했는데 가정과 이웃에도 영향을 끼치니 감동이다. 연로하신 어머니에게 평생 효도 못해서 마음이 아팠는데 예수동행일기로 조금이나마 기쁨이 되어서 위안이 된다.

매일 한 시간씩 홀로 기도하시는 어머니께 기도를 부탁드려서 하루 한 번 기도를 받고 있다. 큰 힘이 된다. 오래오래 이 행복을 누리고 싶고 하루의 은혜를 소중하게 여겨 감사하며 살고 싶다. 오늘은 다시 돌아오지 않는 선물 같은 시간이다.

떠남과 만남

어느새 9월의 마지막 날이다. 새로운 해가 밝아오던 날이 엊그제 같은데 벌써 석 달 밖에 남지 않았다. 눈 깜짝할 사이에 한 해가 지나가고 있지만 그동안 참 여러 가지 일이 있었다. 절대로 잊을 수 없는 일 한 가지를 꼽는다면 설 지나고 얼마 안 돼서 사랑하는 동생 천수가 하늘나라로 간 일이다. 내일을 기약할 수 없는 중증 근이영양증 환자지만 천수가 나보다 먼저 눈을 감고 떠난다는 것은 상상도 못 한 일이었다. 너무 충격을 받아서 믿을 수 없고 믿고 싶지 않았다.

천수를 처음 알게 된 건 20대 초반이었다. 병원에서 처음 만난 천수는 환우들 중에서도 특별히 더 정이 많고 순수한 친구였다. 몸이 불편하면 보통 소통과 관계에 소극적인데 항상 먼저 사람들에게 다가가고 먼저 인사를 건네는 천사 같은 아이였다. 자주 만나지 못하면 관계가 지속되기 어려운데 25년 가까이 변치 않는 우정을 이어왔다. 주로 온라인 채팅으로 소통하고 실제로 만난 건 열 번도 안 되지만 세상에서 제일 가까운 친구였다. 수많은 에피소드를 다 열거할 수 없지만 많은 추억을 남겨준 고마운 동생이다. 지금도 남는 아쉬움은 이렇게 떠날 줄 알았으면 천수와의 시간을 소중히 여기고 더 많이 함께할 걸 싶은 것이다. 가깝고 좋은 사이일수록 늘 함께 있을 줄 알고 소중함을 잊는 것 같다. 내가 작년에 생사를 오갈 때 석 달 동안 매일 내가 살아서 돌아오길 기도하고 기다려 준 동생을 생각하면 정말 많이 그립다. 처음에는 주님을 몰랐지만 알고 나서 믿고 집에서 세례도 받고 저 빛나는 천국, 고통도 장애도 슬픔도 없는 하나님 나라로 이사 간 내 동생 정말 고맙고 그립다. 주님과 동행하며 살다 보면 언젠가 그곳에서 만날 것을 손꼽아 기다린다.

동생을 떠나보내고 한동안 너무 허전하고 그리워서 힘들었다. 그 마음을 달래려고 주님을 더 생각하고 바라보는 동행을 시작했는지도 모르겠다. 그 친구가 행복한 동행을 선물로 주고 떠난 것 같다. 천국에서 누릴 완전한 주님과의 동행을 미리 맛보라고! 이 땅에서 누리지 못한 건강과 자유를 영원히 누릴 천국이 있어 오늘의 괴로움을 넉넉히 견디고 기뻐할 수 있다.

오늘 서울 서문교회에서 오랜 세월을 함께한 안경희 권사님, 인도네시아에서 돌아온 나의 영어 선생님 강현진 집사님, 안산에서 선교회 간사로 섬기시는 송계정 누나가 어머니와 나를 보러 오셨다. 늘 기억나는 고마운 분들인데 동행일기 구독자가 되어 세 분이 마음 모아 뜻깊은 만남이 이뤄졌다. 안경희 권사님은 아버지 목회하실 때부터 계셔서 아버지에 대해 즐거운 추억을 많이 이야기해 주셔서 2시간이 듣기에도 모자랄 정도였다. 요즘 목사님과 다른 아버지의 어설픈 모습이 더 재미있는 추억으로 전해져서 함께 웃으면서 행복한 시간을 보냈다. 어머니도 모처럼 이야기보따리를 풀어놓고 과거로 시간 여행을 떠나 행복해하셨다.

목회자와 성도의 동역이 어렵다면 한없이 어려운 일이지만 주님의 은혜로는 그보다 더 아름다운 동행이 없을 것 같다. 아버지는 강단 위에서의 모습은 말씀의 권위로 힘이 있으셨지만 강단 아래에서의 모습은 인간미가 많은 목회자셨던 것 같다. 아버지는 세련되고 잘 다듬어진 목회 잘하는 목사님과는 달라서 어머니와 우리 자녀들이 마음을 졸였지만 그것마저 장점과 매력으로 봐 주시는 교인들로 인해 21년 목회를 잘 마치고 그 시절을 추억하게 됐다. 아들인 나도 이제 겨우 알게 된 것은 목회자 아버지에게 교회와 교인들은 단순히 사역과 일터가 아니었다는 것이다. 나는 은퇴 이후 왜 그렇게 그리워하시고 외로워하시는지 잘 이해하지 못했다. 쿨하게 잊고 아버지 노후를 자유롭고 즐겁게 보내시길 원했다. 목회에 미련이 남거나 내 사역이라는 욕심이 아니라 교회와 교인들을 낳아서 기른 자식과 같이 여기셨던 것이다. 모든 목회자가 겪어야 할 은퇴 이후의 어려움이지만 그 마음을 좀 더 헤아리지 못한 것이 죄송스럽다. 목회를 해 보지 않고는 다 이해하지 못하겠지만 부모와 자식 관계를 생각해 보면 이해가 될 것 같다. 아버지가 어떤 목회자로 기억될지 모르지만 분명한 건 주님의 몸 된 교회와 양 무리들을 사랑으로 돌보셨다는 것이다. 목회자도 연약한 인간이기에 많은 비판과 불만의 대상이 되지만 모든 평가는 주님이 하실 것이다.

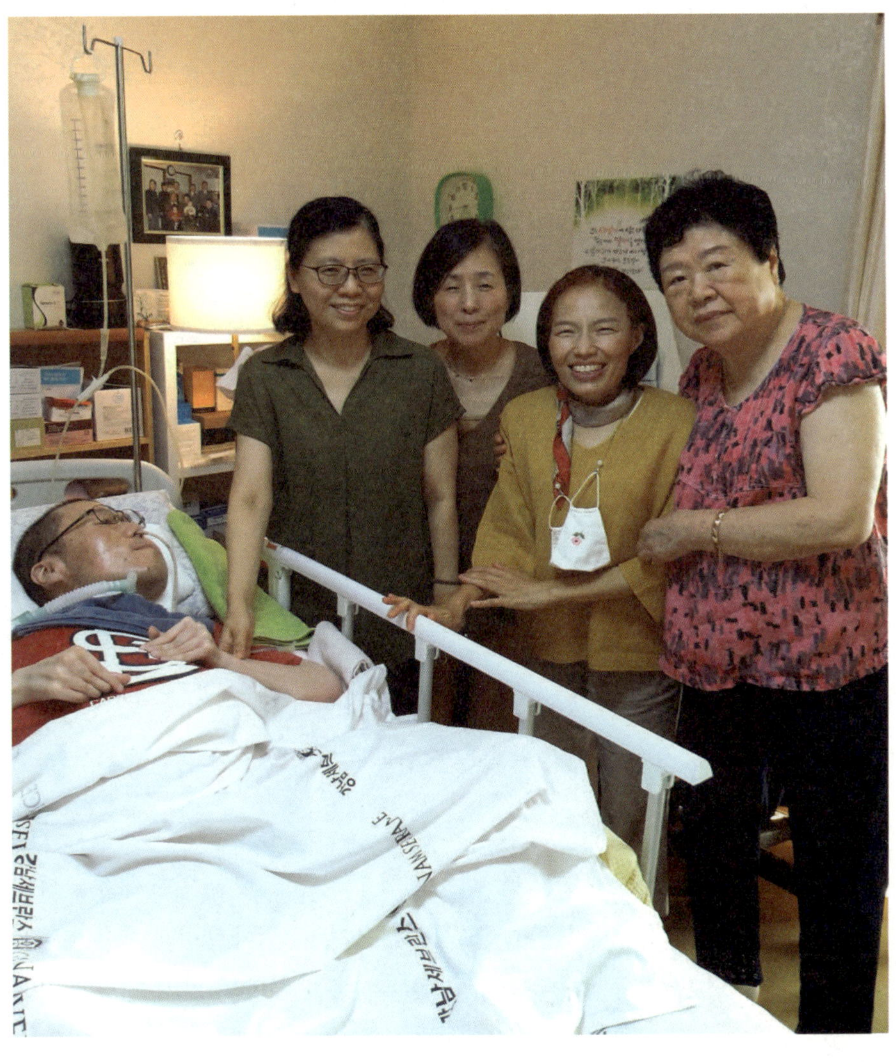

주님이 이루시는 동행

10월의 첫날을 맞이하면서 감사한 것뿐이다. 이 몸으로 정말 살아 있는 것 외에는 아무것도 할 수 없을 것 같았는데 주님과 동행하기로 마음먹었더니 넘치는 은혜와 평강을 주시고 삶의 목표가 생기니 감사하다. 다른 분야에도 관심이 많고 하고 싶은 말도 많지만 내 실력과 지식으로는 내 글에 아무 영향력이 없고 생명력도 없어서 쓸 자신감이 생기지 않았다. 신앙적인 글도 매일 쓰고 나눌 내용이 없어서 동행일기를 시작하기도 어려웠는데 이렇게 계속 쓰리라고는 생각지 못 했다. 주님과 동행하는 삶은 내 힘과 능력으로 되는 것이 아니라 주님이 이루시는 것이라는 것을 고백한다. 신앙생활도 내 노력과 내 감동으로 하려고 하면 안 되는 것을 잘 몰랐다. 나를 부인하고 십자가에 못 박는 것은 나의 선한 의지와 열심까지도 내려놓는 것이다. 나처럼 무능력한 사람에게는 얼마나 감사한 사실인지 모른다. 나에게 주신 재능과 능력으로 섬기고 선한 영향력을 끼치는 것은 아름답지만 그것이 공로가 되거나 은혜와 복의 근거는 아니다. 교회에서도 고학력과 전문직, 사회적 지위나 명성을 쌓은 분들이 인정받는 건 마땅하지만 신앙의 척도나 영혼의 가치가 되어서는 안 된다고 생각한다. 그렇다고 해서 약하고 가난한 사람을 더 선한 것처럼 생각하는 것도 성경적이지 않다. 세상이 더 경쟁이 심해지고 계층 갈등이 생기는 이유도 외부 조건으로 편견을 갖고 차별을 하기 때문이다. 주님은 절대로 사람을 외모로 취하지 않으신다. 할렐루야! 나도 사람을 판단하고 편견을 갖는 것을 회개해야겠다.

오늘은 여러 가지 할 일은 못했지만 마음 편하게 지냈다. 주님 안에서는 열심을 갖는 것도 귀하고 열심을 내려놓는 것도 귀하다. 모두 주님이 귀하게 사용하신다. 중요한 것은 주님 안에 있는가 주님 밖에 있는가 하는 것이다. 자꾸 내가 이것밖에 못하나 싶은 조바심도 생기지만 주님과 더 가까이 동행하는 것이 내가 사는 이유다. 다른 건 욕심내지 않아도 된다. 주님께 감사하고 주님을 더 사랑하고 사람들을 사랑하는 것에만 힘을 쓰자.

별일 있어도 감사, 없어도 감사

어제는 별일 없이 하루가 지나갔는데 오늘은 별일이 생겨서 분주한 하루를 보냈다. 아침에는 그 일이 신경이 쓰여서 예민해지고 기분이 좀 별로였지만 예전과 다르게 오래가지 않고 곧 평안이 찾아왔다. 몸이 자유롭지 못하고 오랫동안 아프다 보니 예민하고 사소한 일에도 기분 상하고 서운한 마음이 생기기 쉬웠는데 주님과 동행하면서 조금 덜한 것을 느낀다. 사람의 말과 행동에 민감하게 반응하고 일어난 상황에 따라 흔들리던 마음이 주님의 뜻에 민감하게 반응하고 상황이 어떠하든 주님을 바라보고 신뢰하니 안정감을 얻게 된다. 몇 달 전하고는 많이 달라진 나를 보게 되어 감사하다. 사람의 성격과 기질은 변하기 어렵다는데 주님 안에서는 변한다고 믿는다. 변하려고 애쓰지 않아도 주님과 동행하는 삶을 살다 보면 나도 모르게 변할 줄 믿는다.

어젯밤부터 콧줄(경관식 튜브) 입구가 찢어져서 주사기로 물과 약물을 넣을 때 새서 흘러나왔다. 교체 시기가 일주일 남았는데 이번 콧줄은 입구가 좀 크고 약해서 빨리 고장이 난 것 같다. 당장 몸에 이상이 일어나는 일은 아니지만 식사와 물과 약 복용에 지장이 있어서 당황스럽고 불안했다. 다행히 교체해 주실 분이 오늘 오셔서 해결됐는데 그때까지 긴장되고 신경이 쓰였다. 콧줄을 코로 넣어서 식도를 지나 위장까지 들어가는 작업이 아직도 좀 불편하고 여러 사람의 도움을 받아야 해서 무게가 있어서 그런 것 같다. 걱정과 달리 오늘은 아주 수월하게 잘 돼서 감사한 마음이 흘러넘쳤다. 믿음 없고 연약해서 걱정하고 불안해하지만 사랑의 주님은 꾸짖지 않으시고 푸른 풀밭에 누이시고 쉴 만한 물가로 인도하신다(시편 23:2). 믿음이 가는, 환자의 마음을 생각해 주는 좋은 분을 보내 주신 주님께 감사드린다. 별일이 없어도 감사하고 별일이 있어도 주님의 도우심이 있어서 감사하다.

작은형님이 어머니를 위로하고 나를 보러 고단한 몸을 이끌고 왔다. 얼굴 보고 대화만 해도 고마운데 어머니를 돕고 나를 힘써 도와주니 더 고맙다. 잉크젯 프린터가 노즐이 막혀서 인쇄가 제대로 안 됐는데 고쳐 주려고 형님이 한참 애썼다. 평생 도움받고 수고시켜서 동생으로서 미안할 때가 많다. 나도 남을 돕는 걸 참 좋아하는데 마음뿐이다. 내가 할 수 있는 건 기도와 온라인 소통인데 그것이라도 사랑으로 제대로 해야겠다.

작은누나와 조카 유성이가 잠시 왔다 갔는데 반갑고 기분이 좋았다. 작은 매형이 어머니 생신을 기념해서 아기자기한 편지와 선물을 보내왔다. 그 마음을 정성스럽게 전딜하니 김동을 준디. 어떤 선물과 물질도 마음이 담겨있어야 더 감동된다는 것을 배운다.

동행일기를 쓰고부터 진짜 감사와 행복을 삶에서 찾아내게 된다. 하나님의 존재만으로도 은혜가 돼서 감사하고 사람들을 그 존재만으로 사랑하고 축복할 수 있게 된다. 내 생각대로 감사하고 뜻대로 돼야 마음 편하던 나는 이제 없다. 모든 것이 주님의 은혜다.

오늘의 감사

1. 많은 일이 있었지만 주님의 은혜와 모두의 섬김의 평안하고 순조롭게 하루를 잘 마치게 해 주셔서 감사합니다.

2. 마음이 불안하고 불편할 때 내 안에서 평안을 주시고 어둠을 물리쳐 주셔서 감사합니다.

3. 아무 일 없어서 편한 것도 좋지만 좀 불편해도 서로 돕고 감사할 일 생겨서 감사합니다.

4. 콧줄도 갈고 목관도 갈아 끼우게 해 주셔서 감사합니다.

5. 나를 돌보는 권사님이 내 마음을 이해하고 편하게 해 주셔서 감사합니다.

6. 저녁에도 신실한 분을 보내 주셔서 감사합니다.

7. 오늘도 동행일기를 통해 많은 교제가 이뤄지게 해 주셔서 감사합니다.

8. 큰형님이 달고 싱싱한 샤인 머스켓 포도를 보내 주셔서 감사합니다.

Only One Life, 은혜로 사는 인생

10월 첫 주일을 맞이했다. 이제 2021년의 끝이 가까이 왔다. 새해 첫날부터 오늘까지 힘든 날이 많았지만 지나고 보니 힘들었던 일보다 주님의 도우심이 생각난다. 단 하루도 내 힘으로 산 것이 없었고 모든 것이 주님의 은혜였다. 언젠가 주님이 부르시는 날에도 나는 주님의 은혜로 잘 살았다고 고백하고 기쁘게 세상과 이별할 것이다.

오늘 주일 설교 말씀으로 은혜를 받았다. 하나님은 내가 오직 한 번뿐인 인생(Only One Life)을 잘 살기를 원하신다. 예수님의 십자가 은혜로 구원받은 그리스도인으로서 사람들의 영혼을 예수께로 인도하는 것이 잘 사는 것이라는 말씀을 아멘으로 받는다. 그 말씀이 이 땅에서 병들고 불편한 몸을 가지고 살아가는 나에게 소망과 위로가 된다. 나의 남은 날을 알 수 없지만, 사는 날 동안 주님과 동행하는 삶을 통해 사람들에게 주님이 십자가 은혜로 주시는 영원한 생명을 전하고 싶다.

동행일기를 쓰면서 여러 목사님들과 대화할 수 있게 돼서 감사하다. 미국 오리건주 유진 중앙교회의 전병두 목사님이 카카오톡으로 동행일기를 읽고 답을 주시고 목사님의 글을 보내 주셔서 은혜를 받는다. 일본 선교사로 사역하시는 TBIC 교회의 전병두 목사님은 매일 아름다운 사진을 찍어서 보내 주셔서 일본을 위해 기도하게 된다. 두 분의 이름이 같아서 신기하다. 나에게 사람들과 소통하는 시간도 소중하다.

1. 10월 첫 주일을 허락하셔서 예배하고 말씀 듣게 해 주셔서 감사합니다.

2. 낮에 몸이 나른하고 집중력이 떨어져서 의욕이 저하됐지만 대구탕과 포도를 먹고 회복되어 동행일기 쓰게 해 주셔서 감사합니다.

3. 잠시 호출기와 카카오톡 소통이 안 돼서 짜증이 났는데 주말 연속극으로 큰 웃음 주셔서 짜증이 사라져서 감사합니다.

4. 어머니와 권사님이 같이 식사도 하고 드라마도 보면서 외롭지 않고 즐겁게 해 주셔서 감사합니다.

세상 즐거움 대신 주님과 동행

오늘 재밌는 일은 없었지만 조용하고 편안하게 하루를 보냈다. 매일 신나고 즐거운 일이 있으면 좋겠지만 몸이 불편하고 약하다 보니 아무 일 없는 날도 조금 심심하지만 편안하게 쉴 수 있어서 감사하다. 좀 더 젊고 건강했던 30대까지는 이성 친구도 만나고 싶고 영화관, 노래방, 식당, 카페 같은 멋진 장소도 가고 싶었다. 결국 그런 생각을 포기하고 대신 온라인 게임으로 재미를 삼고 대중문화를 즐기고 연예인이나 눈 요깃거리로 내리만족을 삼았는데 작년에 죽을 고비를 넘기고 나서는 전부 다 헛되게 느껴졌다. 이제 이전에 즐기던 세상 것 지나가고 비교할 수 없이 좋은 주님과 동행하게 됐으니 나에게 허락하신 고난이 축복이다. 나를 향한 하나님의 생각은 재앙이 아니라 평안이다. 할렐루야!

> "여호와의 말씀이니라 너희를 향한 나의 생각을 내가 아나니
> 평안이요 재앙이 아니니라 너희에게 미래와 희망을 주는 것이니라"
> (예레미야 29:11)

오늘의 감사 

1. 하루에 많은 일은 못하지만 주님과 동행할 수 있어서 감사합니다.

2. 내 삶에 말씀 보고 기도하고 찬양하고 감사하고 소통할 목적을 주셔서 감사합니다.

3. 세상 즐거움 다 포기해도 주님만으로 소망 안에서 기뻐하게 해 주셔서 감사합니다.

4. 계속 소화가 잘되고 머리 아프지 않게 해 주셔서 감사합니다.

5. 필요한 돌봄을 충분히 받게 해 주셔서 감사합니다.

6. 쿠팡에서 주문한 수프를 삼킴 어려움 없이 맛있게 먹게 해 주셔서 감
   사합니다.

쓸쓸함을 넘어 감사로

오늘은 가래가 많아서 수시로 석션을 하느라 힘든 하루였다. 기관 절개한 이후로 가래가 많이 끓어서 석션이 일상이 됐는데, 최근에는 조금 덜했다. 폐 속에 배출 안 된 가래가 있어서 그런가 해서, 기침 유도기로 가래를 끌어올려 봐도 별로 나오는 게 없고 목에서만 가래가 자꾸 생겼다. 가래 색이 투명하고 열이나 가슴 통증도 없어서, 폐 염증은 생기지 않은 것 같고 기온이 내려가는 계절의 영향이 아닐까 심작해 본다. 호흡 근육이 거의 사리지고 기침히는 힘도 없어진 20대 초반부터 감기만 걸려도 너무 힘들고 가래가 생기면 하루 종일 고생을 했다. 폐렴에 걸려서 위험한 상황도 여러 번 겪었는데 기침 유도기로 뽑아내고 항생제로 잘 버텨오다가 작년에는 폐렴으로 기관 절개를 해서 목숨을 건졌다. 내 마음대로 못 움직이는 장애도 힘들지만 호흡조차 기계 도움 없이는 못하고 가래 배출도 석션과 기침 유도기 없이는 불가능한 것이 더 괴롭다.

오늘은 하루 종일 가래만 보여서 다른 은혜나 생각이 떠오르지 않았다. 마음도 좀 울적해서 그저 주님 의지하고 싶은 마음으로 기도제목을 쓰면서 기도했다. 요새 좀 살만해지니 동행일기 쓰는 은혜를 크게 누리면서도 인간적으로 누리지 못하는 기본적인 활동과 경험, 욕구가 좀 쓸쓸하게 느껴졌다. 간단하게 말해서 사는 게 별로 재미없다는 것이다. 오늘 가래 때문에 그런 한가한 고민이 쏙 들어가서 이것도 은혜라고 생각한다. 괴로움이 많을 때는 괴로움만 사라져도 더 바랄 게 없다고 하다가 좀 편안해지면 즐거움을 찾고 스트레스 풀고 싶어 하는 나를 보게 된다. 예수님과 동행하더라도 적당한 쉼과 건전한 즐거움은 필요하다고 생각한다. 단지 여러 가지 상황으로 충분히 누릴 수 없다고 해서 기쁨을 잃고 쓸쓸해서는 안 되겠다는 결론을 얻는다.

"주님, 별로 은혜롭지 못한 생각과 일상의 모습에도 동행하시고 새로운 은혜를 깨닫게 해 주시는 주님을 찬양합니다.

건강한 사람에게는 당연한 권리와 일상이 나에게는 어려운 일이라고 해서 실망하고 쓸쓸해하지 않도록, 영원하고 본질적인 평안과 행복을 누리고 감사하게 하소서."

오늘의 감사 

1. 가래 때문에 어려운 하루였지만 마음 평안하고 쓸데없는 생각이 사라지게 해 주셔서 감사합니다.

2. 석션하느라 수고 많이 하신 권사님과 선생님께 감사합니다.

3. 어젯밤에는 발 씻느라 동행일기도 못 쓰고 활동도 못 했지만 개운함을 얻어서 감사합니다.

4. 어머니가 교회 권사님과 약속해서 좋은 시간 보내고 오셔서 감사합니다.

5. 오늘도 소화 잘되고 쾌변 보게 해 주셔서 감사합니다.

6. 홈쇼핑에서 산 겨울옷이 마음에 들어서 감사합니다.

7. TV로 재미있는 예능 방송 보게 해 주셔서 감사합니다.

8. 대답 못 해도 카카오톡 메시지와 페이스북 댓글로 소통하고 격려해 주신 분들께 감사합니다.

회복 주시는 주님

밤새 석션 하느라 숙면을 하지 못해서 오전부터 졸리고 기운이 없었다. 하루를 잘 보낼 수 있을지 걱정이 됐지만 주님이 주시는 평안과 힘으로 큰 어려움 없이 하루를 마칠 수 있었다. 주님이 주신 지혜로 목관 튜브에 달려 있는 작은 관을 석션했더니 튜브 속에 있던 가래가 많이 빠져나와서 어제보다 가래가 덜해졌다. 내가 미처 생각하지 못한 부분을 알게 하시는 주님의 은혜가 동행하는 삶의 복이다. 컨디션을 회복하기 위해 링거도 맞고 비디민B 복합제도 먹었더니 저녁부터 많이 회복됐다. 주님은 때에 따라 여러 방법과 사람을 통해서 치료하시고 회복시키신다.

동행일기를 쓰고 나누는 일에 많은 시간을 할애하고 있는 데 비해 기도하는 시간이 너무 부족하다는 고민이 있다. 하루 종일 주님과 동행하는 것도 삶의 예배고 기도라고 할 수 있겠지만 시간을 정해 놓고 구별된 장소에서 드리는 기도가 꼭 필요하다는 생각이 든다. 비교적 시간 여유가 있는 편인데도 늘 인터넷, SNS, TV가 항상 열려 있으니 마음을 정하지 않으면 1분도 기도하기 어렵다. 늘 뭔가를 듣고 보고 하는 분주한 세상을 살고 있는데 기도를 호흡으로 생각하고 다른 일보다 먼저 기도의 무릎 꿇기 원한다.

"주님 코로나19로 세상이 급변하고 종말의 시대인 듯 흘러가는 지금 생명의 호흡과 같은 기도로 깨어 있기를 원하시는 줄 믿습니다. 틈만 나면 기도해야 하는데 늘 나의 즐거움과 세상 것만 찾은 것을 항복하고 회개합니다. 매일 하루 한 시간 기도하도록 도와주소서."

1. 졸리고 기운이 없어서 힘들었는데 평안과 힘 주셔서 회복시켜 주시니 감사합니다.

2. 내가 알지 못하고 깨닫지 못하는 것들을 보여주시고 생각나게 해 주셔서 감사합니다.

3. 기도 충분히 안 하고도 신앙적으로 괜찮은 사람으로 살았는데 문제를 깨닫고 회개하게 하셔서 감사합니다.

4. 좋은 링거 주사와 영양제로 몸을 회복시켜 주셔서 감사합니다.

5. 잠시라도 사람들과 소통하게 해 주셔서 감사합니다.

감사로 회복되는 마음

오늘은 나의 무기력하고 의욕 없는 모습이 답답하게 느껴졌다. 컨디션도 좋고 기분도 괜찮은데 어수선하고 집중이 잘 안돼서 어제 쓰다 만 동행일기도 마무리 못하고 할 일은 많은데 시간만 흘러가 버렸다. 동행일기도 그날 시간이나 상황에 따라 한 줄이라도 쓰면 되고 감사 일기로 대신해도 되는데 제대로 써야 한다는 부담이 있는 것 같다. 주님이 감동 주시는 대로 쓰면 되고 힘들어서 못 쓰면 마음 편히 쉬고 주님과 동행하면 되는데 무기력해서 못 썼다고 해서 마음이 불편했다. 내가 성실하고 부지런하지 못해도 주님은 나를 사랑하시고 함께하신다. 나는 육신이 연약하고 능력이 없지만 주님을 의식하고 바라보고 감사만 해도 가치 있는 삶을 살고 있다고 믿는다.

저녁이 돼서 잠시 기도하면서 주님이 주시는 평안한 마음을 얻었다. 나를 향한 시선을 주님께 돌리기 위해 쉬지 말고 기도하고 범사에 감사해야 한다. 자꾸 나는 기분 낼 일이 없다는 푸념이 나왔는데 감사가 없으면 늘 한탄만 하겠구나 싶었다. 건강해서 맛보고 멋 내고 돈을 쓰면 기분이 전환될 것 같다는 생각에 늘 같은 자리에서 반복된 일상을 보내는 내가 초라해 보였다. 나는 매일 감사만 해도 끝까지 성도의 믿음을 지킬 것이라고 믿는다.

"주님, 어제까지도 주님만으로 충분하고, 있는 모습 그대로 나를 사랑하시고 나와 함께하시는 주님으로 만족했는데 오늘은 무기력한 나를 바라보고 실망하고 낙심했습니다. 나의 어리석음을 용서하소서. 내가 아무것도 할 수 없는 것처럼 느껴질 때도 주님 안에 머물고 감사만 드려도 충분히 가치 있다는 것을 깨닫게 해 주셔서 감사합니다. 육신이 연약하고 돌봄을 받아야 해서 동행일기 쓰기가 어려울 때도 주님을 생각하고 감사하고 즐거워하게 하소서."

1. 나의 산만함과 무기력함 때문에 불행하다고 느꼈는데 내가 아무것도 할 수 없을 때도 변함없이 나를 사랑하시고 함께하시는 주님을 생각하고 기쁨을 회복하게 해 주셔서 감사합니다.

2. 오늘은 피로하지 않고 기운 나게 해 주셔서 감사합니다.

3. 보내 주신 분을 알 수 없지만 꿀처럼 단 배를 보내 주셔서 먹게 해 주셔서 감사합니다.

4. 신세를 한탄하다가 다시 감사를 고백하게 해 주셔서 감사합니다.

5. 동행일기를 통해 모르고 지냈던 분들과 친교를 나누게 해 주셔서 감사합니다.

예배와 동행의 기쁨

오늘은 마음이 즐겁고 행복한 주일이었다. 어제나 오늘이나 다를 것 없는 일상이지만 생각을 바꾸니 어제와 완전히 다른 하루가 됐다. 내가 아무것도 못해도 주님이 나와 함께하신다고 생각하니 기쁨과 평안이 가득했다. 주님과의 관계를 일로만 생각할 때는 경험하지 못했던 기쁨과 평안이다. 주님이 원하시는 것은 내가 사랑으로 주님을 예배하고 항상 동행하는 것이다. 그것이 주님이 사람을 자기 형상대로 지으신 목석이나. 주님을 예배하고 그분과 동행하는 것이 최고로 가치 있는 일이다.

주일은 나와 동행하시는 주님을 예배하는 가장 복되고 기쁜 날이다. 다시 돌아오지 않을 오늘 하루, 다른 것 못해도 주님을 예배하고 인생의 겨울을 준비하라는 말씀을 마음에 새기면서 주님과 동행하였으니 기쁘고 행복하다. 주님을 예배하고 동행하는 어머니와 권사님을 통해서도 기쁨과 소망이 옮겨져 왔다. 주님을 예배하고 동행하는 것은 내 영혼과 공동체를 살리는 일이다.

오 주님,
거룩하고 복된 주일 주님을 예배하고 동행하면서 기쁘게 보내게 하신 은혜 감사합니다. 그동안 주님을 멀리하고 종교적인 형식과 의무로 주님과 행복한 동행을 못했습니다. 이제부터 다시 돌아오지 않을 소중한 하루 주님을 예배하고 동행하며 인생의 겨울을 준비하게 하소서.

1. 주님 한 분만으로 기쁘고 행복한 주일 하루 보내게 해 주셔서 감사합니다.

2. 주님을 예배하는 것이 내가 할 수 있는 가장 가치 있는 일이라는 것을 알게 해 주셔서 감사합니다.

3. 주님과 동행하는 것으로 만족하고 즐거워하게 해 주셔서 감사합니다.

4. 어머니가 예수동행일기를 쓰고 나눠 주셔서 감사합니다.

5. 권사님이 많은 기쁨과 은혜를 전해 주셔서 감사합니다.

6. 아름다운 계절 가을을 주셔서 감사합니다.

7. 주말 연속극도 보고 기분 좋은 저녁을 보내게 해 주셔서 감사합니다.

2021.10.11 월요일

새로운 한 주가 시작되는 월요일이다. 오늘도 나의 생활은 새로운 것 하나 없는 환자의 일상이었지만 감사하는 은혜로 마음은 새로웠다. 요즘 『평생 감사』의 저자 전광 목사님의 책 『감사가 내 인생의 답이다』를 매일 읽고 있는데 신앙인의 감사 실천이 어떤 변화와 능력을 주는지 여러 사람의 사례를 통해 보여주는 내용이라 많은 은혜와 도전을 받고 감사를 실천하게 만들었다. 나도 오랫동안 감사 일기를 썼지만 감사의 대상이나 내용이 제한적이고 소극적이었다. 쉽게 드러나고 느껴지는 일만 감사했더니 아무리 감사 일기를 써도 삶의 변화로 이어지지 않았다. 누가 봐도 좋은 일, 고마운 사람에 대한 감사는 안 하는 것보다는 좋지만 내 인생을 바꾸지는 못한다. 하나님께 대한 감사뿐 아니라 사랑하는 가족과 이웃에 대해 감사해야 한다는 걸 깨달았다.

책 속에 소개된 이지선 자매의 감사 이야기를 통해 고난과 시련도 감사하는 장미꽃 가시 감사의 능력을 봤고 어떤 목사님이 자신을 미워하고 괴로움을 주는 교회 권사님에게 100가지 감사를 편지로 써서 전했을 때 일어난 화해와 용서의 기적을 봤다. 나는 나의 고통과 시련에 대해서 얼마나 감사했는가? 미운 정 고운 정 다 든 가까운 사람들에게 인사치레가 아닌 진정한 감사를 한 적이 있었는가?

권사님이 어제 먼저 가까운 사람에 대한 감사를 감사 일기로 쓰시는 걸 보고 나도 한 사람 한 사람 각각 감사한 제목을 써 봐야겠다 결심했다. 가장 가까운 어머니와 매일 나를 돌봐주시는 권사님과 선생님께 짧은 한마디 말 말고는 감사를 표현하지 못했다. 낮에 졸리고 몸이 조금 편하지 않아서 기분이 좀 별로였는데 감사 일기를 썼더니 기분이 좋아지고 불평이 사라졌다. 평소에 쓰던 대여섯 가지 감사 일기가 아니라 나를 도와주시는 권사님에 대해서 감사한 것을 써 봤는데 25개가 넘게 써졌다. 그동안 나에게 일어난 일, 다른 사람의 호의와 친절에 대한 감사를 하자니 그렇게 많이 쓰지 못했다. 오늘은 첫 시작이고 앞으로 따로 문서를 만들어서 어머니와 형제들과 가까운 분들에 대해 100가지씩 쓰기로 결심했다. 주님과 동행하는 사람은 매 순간 "주님 감사합니다" 고백하고 관계 맺은 사람들에게 감사하면서 화목을 이루는 사람이다.

오늘의 감사 

1. 오늘도 의미 없는 하루가 아니라 감사로 내 마음의 정원을 아름답게 가꾸는 빛나는 하루 되게 해 주셔서 감사합니다.

2. 주님과 동행하고부터 매일 새로운 은혜를 주셔서 감사합니다.

3. 나의 연약함과 무능함을 통해서도 은혜와 능력을 나타내시니 감사합니다.

4. 어머니의 예수동행일기로 큰 은혜 주셔서 감사합니다.

5. 권사님의 100가지 감사 일기로 큰 감동 주셔서 감사합니다.

6. 유튜브에서 배운 지식으로 고른 눈 영양제로 안구건조증이 호전되어서 감사합니다.

7. 종일 찬양 듣고 은혜와 평안을 누리게 해 주셔서 감사합니다. 모든 찬양사역자들께 감사합니다.

도움받는 것도 사명입니다

어제의 은혜로 오늘을 살 수 없다는 것을 깨달은 하루였다. 나는 항상 누군가의 돌봄을 받아야 하루를 보낼 수 있기 때문에 나를 돌보는 분들의 건강과 상황에 따라서 영향을 많이 받는다. 야간에 돌봐주는 분이 거의 매일 밤낮이 바뀐 생활을 하느라 부인과 자녀들이 건강을 많이 걱정하고 있다고 하니 좀 부담이 된다. 가능하면 내가 자정부터는 잘 준비를 해야 여러 번 자다 깨더라도 덜 무리가 될 텐데 내가 동행일기 쓰고 나서 그냥 자기가 심심해서 유튜브를 한참 보다 자다 보니 늦어서 피로가 누적된 것 같다. 내가 그분 가족이라 해도 야간 일 하는 걸 안쓰러워할 것이다. 그래도 그런 이야기를 전해 들으니 마음이 무겁고 계속 이렇게 다른 사람의 건강을 해치면서 돌봄을 받아야 하나 근심이 됐다. 오늘은 그 생각 때문에 기쁨과 감사를 잃어버렸다. 나의 수면 시간만 개선하면 되는 건데 괜한 근심으로 소중한 하루를 날린 것이 속상하다. 누가 잘못한 것도 아니고 내 상황이 그런 걱정을 많이 준다. 권사님도 집안 사정으로 내일 쉬셔야 해서 걱정이 더해졌다.

근심하고 걱정해 봤자 해결되는 건 없다. 억지로라도 감사하고 나를 불쌍히 여겨 달라고 기도드려야겠다. 나는 언제쯤 다른 사람 신세 안 지고 자유롭게 살 수 있을까? 이 땅에서는 기적처럼 병이 낫는다 해도 완전한 자유는 없을 것이다. 예수님이 왕으로 다시 오셔서 다스리실 때 완전한 자유와 해방이 있으리라. 내가 좀 힘들어도 남을 돕는 게 낫지 환자가 돼서 도움받는 건 아무리 편해도 정말 할 짓이 아니다. 그렇지만 도움을 받는 것도 도움을 주는 것만큼 귀한 사명이다. 이런 내용을 써야 할지 고민했지만 결국 사는 건 다 비슷할 것 같아서 나눠 보았다. 모두가 고단한 인생을 사는데 감사할 수 있는 사람이 행복한 사람이다. 나도 그런 사람이 되기로 결심한다.

아버지 하나님,

남에게 피해 주지 않고 받지도 않고 살고 싶은 게 사람의 마음인데 항상 가족과 이웃과 더불어 사는 것이 인생인 줄 깨닫습니다. 하나님의 긍휼히 여기심을 구하고 그저 감사만 하면서 세상 끝 날 이뤄질 자유와 해방을 소망하게 하소서.

오늘의 감사 

1. 종일 기분이 별로고 스스로 짜증이 났는데 동행일기로 마음을 새롭게 하게 돼서 감사합니다.

2. 좀 말하기도 부담스러운 약함을 고백하게 하셔서 자유함을 얻게 해 주셔서 감사합니다.

3. 사람들에게 멋지고 근사한 모습만 보이고 싶은 자존심을 깨뜨려 주셔서 감사합니다.

4. 사람에게 의존하여 사는 것은 불안하고 부담스럽지만 주님을 의지하고 동행하는 것은 행복한 것이 감사합니다.

5. 속마음을 터놓고 말할 대상이 있어서 감사합니다.

6. 그렇기 때문에 감사하다가 그럴지라도 감사하고 그것까지도 감사하게 하시니 감사합니다.

7. 고단하고 험난한 이 땅의 삶이 전부가 아니라서 감사합니다.

8. 곧 다시 오실 예수님 감사합니다. 어서 오시옵소서.

9. 엉덩이 꼬리뼈가 점점 아파서 더 좋은 욕창방지매트를 구입하게 해 주셔서 감사합니다.

함께 누린 축복

주님, 이 하루도 연약한 나를 안전하게 지켜 주시고 어려움 없게 해 주셔서 감사합니다.

오늘은 20년째 돌봐주신 권사님 가정에 주님이 축복하셔서 기쁘고 감사한 날이었다. 권사님의 아들과 며느리, 손자들 가정이 새로 거처를 얻어 분가해서 이사하는 날이었기 때문이다. 좁은 공간에서 함께 사느라 고생했는데 기적처럼 집을 선물로 주셨다. 이사를 돕느라 권사님이 쉬셔서 조금 불편했지만 축복된 일로 쉬시는 것이라서 힘들지 않았다. 특별히 나를 돕는 분이 하나님의 자녀가 되고 복을 받는 것은 나의 기쁨이다. 권사님과 20년을 함께하면서 가까이서 하나님이 살아 계셔서 돌보심을 보게 하셨다. 하나님은 고아와 과부의 아버지가 되신다. 하나님은 십일조와 새벽 기도로 믿음 지키고 아들 키우신 권사님의 세월을 헛되지 않게 하셨다. 앞으로도 나를 돕고 함께하시는 분들은 들어가도 복을 받고 나가도 복을 받게 하실 줄 믿는다. 도움받는 나를 주님의 은혜로, 축복의 통로가 되게 하소서!

서민들이 살기가 어려운 시대지만 주님을 의지하는 가정은 모두 주거 문제가 해결되고 결혼과 출산과 자녀 교육도 형통하게 하소서. 청년들과 다음 세대가 꿈을 꾸고 이루는 그런 나라가 되게 하소서.

오늘은 컴퓨터 하기가 힘들어서 글쓰기를 포기했는데 기도하듯이 예수동행일기를 썼더니 감사를 고백하게 하셨다. 가족과 이웃들로부터 기쁜 소식들만 들려오면 좋겠다. 나는 사는 동안 기도로 함께하고 싶다.

눈물의 씨앗, 기쁨의 단

익은 곡식과 열매를 수확하는 풍성한 가을, 주님의 풍성한 은혜로 기쁘고 감사한 하루를 보냈다. 주님은 울며 씨를 뿌리러 나가는 사람을 반드시 기쁨으로 곡식 단을 가지고 돌아오게 하신다. 나는 시련과 고통으로 눈물 흘리며 씨를 뿌렸고, 이제는 주님과 동행하는 기쁨으로 거두고 있다.

> "눈물을 흘리며 씨를 뿌리는 자는 기쁨으로 거두리로다
> 울며 씨를 뿌리러 나가는 자는 반드시
> 기쁨으로 그 곡식 단을 가지고 돌아오리로다" (시편 126:5-6)

오늘은 아침부터 저녁까지 기분 좋은 일이 이어졌다. 살다 보면 죽을 만큼 슬프고 괴로운 날도 있고 오늘처럼 한없이 기쁘고 행복한 날도 있다. 또다시 힘든 날도 오겠지만 주님과 동행하면서 감사의 씨를 뿌릴 것이다.

오늘 반가운 손님이 찾아오셨다. 병점 임마누엘교회 나종원 목사님과 이방희 사모님이 어머니와 나를 만나러 오신 것이다. 나종원 목사님은 서울서문교회에 계실 때 알게 됐는데 15년 만에 다시 뵙게 되어 기쁘고 반가웠다. 목사님이 늘 생각나고 소식이 궁금했다. 전에 뵐 때마다 내 이야기에 귀 기울여 주시고 힘들 때 용기와 위로를 많이 주셨기 때문이다. 힘들 때 이야기 들어주고 따뜻한 말 한마디 건네는 것이 얼마나 큰 사랑인지 모른다. 나도 그런 그리스도의 사랑으로 누군가에게 늘 생각나고 그리운 사람으로 살고 싶다. 경건 생활과 사역도 관계로 열매 맺는 것임을 깨닫는다.

나종원 목사님은 서울에서 담임으로 목회하시다가 얼마 전에 수원 화성 병점에서 목회를 하게 되셨는데 그 과정이 놀라운 주님의 역사였다고 한다. 코로나19로 중

소 규모의 교회들은 어려움을 겪고 있는데 목사님 교회에 새로운 교인들이 많이 왔다고 하니 감동이다. 서울서문교회 계실 때부터 사모님이 미인이시라는 이야기를 많이 들었는데 뵙고 보니 사실이고 마음도 아름다우셨다. 목사님과 사모님의 따뜻하고 아름다운 모습으로 많은 영혼들이 주님께 돌아오리라 믿는다.

오늘의 감사

1. 주님의 은혜로 피곤한 지 모르고 기쁨으로 힘내서 돌봐주신 권사님 감사합니다. 주님 안에서 기뻐한다면 피로와 수고도 견딜 줄 믿습니다.

2. 오늘 만난 나종원 목사님과 사모님을 통해 주님의 사랑을 전해 주시고 귀한 간증 듣게 해 주셔서 감사합니다.

3. 권사님의 며느리와 손자 시윤이를 잠시라도 볼 수 있어서 기쁘고 감사합니다.

4. 미국 오리건 주 유진 중앙교회 전병두 목사님의 목회 여정을 담은 저서 『초원의 오솔길』을 선물로 보내 주셔서 감사합니다.

5. 마음은 분주했지만 사람들과 기쁜 교제를 나눌 수 있어서 감사합니다.

열심보다 동행

며칠 동안 고단해서 예수동행일기를 쉬었다. 거의 매일 쓰다가 사흘이나 안 썼더니 오랫동안 쉰 기분이다. 11월에 있을 하남교회 '셀라 문학의 밤' 응모 마감일이 어제(17일)라서 글을 써서 낸다고 이틀 동안 매달렸더니 시간이 없었다. 설렘이라는 주제로 글을 썼는데 에너지가 전부 소진됐다.

주일 저녁에 체력이 바닥나서 힘들었다. 권사님의 충고로 밤 10시부터 잠을 잤더니 피로가 풀리고 오늘은 편안했다. 잠을 충분히 잤더니 마음도 여유롭고 스트레스가 없어졌다. 뭐든지 적극적으로 열심히 하는 게 좋아 보이지만 멈춰 서서 쉴 줄도 알아야 한다는 걸 깨달았다. 사흘 동안 나의 열심으로 무리하다가 체력이 떨어져서 신경도 날카로워지고 기분도 다운됐다. 주님과 제대로 동행했다면 할 일도 내 멋대로 결정하지 않고 멈춰 설 줄 알았을 텐데 반성이 된다. 나의 한계와 특수성을 인정하고 기도와 감사하기를 본분으로 생각하고 너무 욕심내지 않기를 원한다.

오늘의 감사 

1. 힘들고 바빠서 사흘 넘게 예수동행일기를 쓰지 못했는데, 주님 변함없이 늘 동행해 주셔서 감사합니다.

2. 나 스스로는 컴퓨터 안 하고 일찍 잘 사람이 아닌데 권사님을 통해 잠자기로 결단하게 해 주셔서 감사합니다.

3. 좀 무리했지만 하남교회 '셀라 문학의 밤'에 작품을 응모하게 하셔서 참여하게 하심에 감사합니다.

4. 갑자기 추워졌는데 따뜻한 집이 있어서 감사합니다.

5. 힘들고 아파도 혼자가 아니라 사랑하는 사람들과 함께 할 수 있어서
   감사합니다.

〈설렘, 주님을 예배하고 동행하는 기쁨〉

박신구

설렘의 뜻을 국어사전에서 찾아보니 '마음이 가라앉지 아니하고 들떠서 두근거림. 또는 그런 느낌'이라고 한다. 그 뜻을 알고 보니 나의 순수한 첫사랑의 설렘이 생각난다. 사랑하는 사람을 만날 때마다 처음처럼 설레고 마지막처럼 애틋했다. 함께하는 시간이 행복하고 영원하길 원했다.

나를 구원하기 위해 아들을 십자가에 내어 주신 하나님의 사랑을 경험하고 나서 나에게 설렘은 주님을 예배하고 동행하는 기쁨이 됐다. 매주 드리는 주일예배가 내 생애 첫 예배처럼 설레고 마지막 예배처럼 애틋하고 매일 동행하는 삶이 기쁨이 되길 원한다.

나는 근육을 형성하는 단백질이 생성되지 않고 사라지는 희귀 난치병 근이영양증 환자다. 온몸의 근육이 사라져서 하루 24시간 누워서 인공호흡기로 생명을 유지하고 있다. 다섯 살에 진단을 받았는데 진행성 질병이라서 스무 살이 되면 호흡 근육이 마비돼서 죽음에 이르는 병이라고 했다. 지금은 인공호흡 장치를 통해 수명이 늘어났지만 매년 많은 환자들이 목숨을 잃는 무서운 질병이다. 20대 중반부터 인공호흡기를 쓰게 되면서 외출이 어려워져서 교회를 갈 수 없었고 20년이 지난 지금까지 온라인으로 예배드리고 있다. 전에 드리던 현장 예배의 설렘이 늘 그립고 다시 느끼고 싶다.

작년 4월에 맹장 수술을 받고 폐렴이 생기고 상태가 나빠져서 기관절개를 해서 죽음의 고비를 넘겼지만 말을 할 수 없고 입으로 음식을 먹을 수 없게 됐다. 너무나 절망적이고 힘든 시간을 보내면서 당연한 줄 알았던 모든 것이 은혜였음을 깨닫고 오직 한 번뿐인 인생, 예배하고 동행하기를 사모하게 됐다.

얼마 전부터 매일 동행일기를 쓰면서 주님을 바라보고 나를 돌아보고 감사를 고백하고 있다. 나의 남은 날이 얼마인지는 모르지만 다시 못 올 오늘 하루 나의 예배가 처음인 것처럼 설레고 마지막인 것처럼 애틋하길 원한다. 그 마음을 담은 어느 날의 동행일기를 나누고 싶다.

이제 공기가 제법 차갑게 느껴진다. 가을이 오나 했는데 겨울이 성큼 다가왔다. 항상 가을은 아쉬울 만큼 빠르게 스쳐 지나가는 것 같다. 인생의 시간도 중반을 넘어서니 가을처럼 빠르게 흘러간다. 새해 첫날이 엊그제 같은데 벌써 10월도 절반이나 지났다. 40대 중반이 되어 지난날을 돌아보니 지금 깨달은 것을 좀 더 빨리 알았더라면 하는 아쉬움이 남는다. 과거보다 건강 상태와 삶의 질은 현저히 떨어졌지만 지금처럼 예수동행의 행복을 경험한 적이 없기에 과거로 돌아가고 싶지는 않다.

오늘 블로그 카테고리를 정리하면서 과거 일기와 기도제목을 봤더니 불과 얼마 전까지도 마음이 자주 괴롭고 힘들었다는 것을 알 수 있었다. 그때는 주변 상황과 사람이 나를 힘들게 한다고 생각했는데 지금 주님과 동행하면서 모든 문제가 나에게 있었다는 것을 깨달았다. 하루가 멀다 하고 고민과 갈등을 반복하면서 상황을 바꿔 달라고, 저 사람 변화시켜 달라고 구하던 나를 봤다. 지금은 그런 기도가 사라지고 주님과 동행하는 것만 목적으로 살다 보니 상황과 사람도 나를 힘들게 하기보다 감사 제목이 되고 전부 나를 돕는 손길로 변한다. 이런 은혜를 전에는 왜 몰랐을까? 지난날을 후회해 본들 소용없으니 이제라도 알게 하심에 감사드리자.

고난이 유익이라는 말에 별로 동의가 안 됐는데 이제는 완전히 동의한다. 고난이 다른 보상을 주기 때문에 유익한 것이 아니라 귀로만 들었던 주님을 눈으로 뵙게 하기 때문이다. 다시 말하면 주님을 보게 하고 동행하게 만들어 주기에 고난은 유익하고 축복인 것이다. 요즘 큐티 본문의 욥의 고백이 생각난다. 고난을 통해 머리로만 알던 주님을 경험하고 내 주장을 거두고 회개하기에 이르렀으니 감사하다.

"주님이 어떤 분이시라는 것을,
지금까지는 제가 귀로만 들었습니다.
그러나 이제는 제가 제 눈으로 주님을 뵙습니다.
그러므로 저는 제 주장을 거두어들이고,
티끌과 잿더미 위에 앉아서 회개합니다." (욥기 42:5-6, 새 번역)

오늘의 감사 

1. 특별한 일은 없었지만 계절의 변화를 통해 특별한 은혜를 깨닫게 해 주셔서 감사합니다.

2. 육체적으로는 좀 힘들고 답답한 하루였는데 마음은 즐겁고 위로받게 하셔서 감사합니다.

3. 이틀 동안 배변이 수월하지 않았는데 완전히 해소되게 해 주셔서 감사합니다.

4. C채널에 『스몰 스텝』 박요철 작가님 간증 방송 후반부에 루게릭병 성도로 소개되어 용기와 도전 주셔서 감사합니다.

5. 오후 기도에 저를 위해 사랑으로 눈물의 기도해 주신 권사님 감사합니다.

자유의 은혜, 만남의 축복

오늘 하루 자유와 평화를 누리게 하시고 귀한 만남을 허락하신 주님의 은혜에 감사드린다.

오늘은 김일훈 목사님과 사모님이 오셔서 은혜롭고 즐거운 시간을 보냈다. 아버지가 서울서문교회에서 목회하실 때 함께 하셨고, 서울제일교회 담임 목사님으로 19년 섬기시고 은퇴하셨다. 지금은 라오스에서 선교하시다가 2년 만에 한국에 오셨다. 알고 지낸 지 오래됐지만 변함없이 생각해 주시고 찾아 주시니 주님의 사랑을 느낀다. 혈육의 정보다 더 진한 예수 그리스도의 사랑이다.

라오스 선교 이야기를 들어보니 종교의 자유가 없는 사회주의 국가라서 복음 전파가 금지된 곳이었다. 선교사가 현지인에게 복음을 전하는 것이 불법이라서 걸리면 추방을 당한다고 한다. 학교를 세워도 성경 말씀과 복음을 가르칠 수 없다고 한다. 신앙과 표현의 자유가 없고 인권이 보장되지 않는 사회는 상상하기도 힘들지만 그런 곳에도 선교사가 가서 예배하고 섬기다 보면 간접으로 복음이 증거 되고 한 영혼이라도 구원 얻을 것을 믿는다. 복음도 전할 수 없는 곳을 위해 기도해야겠다. 이 땅에도 많은 선교사들의 피가 뿌려졌기에 지금의 자유가 있다.

하루가 눈 깜짝할 사이에 지나가 버려서 별로 한 건 없지만 코로나19 시국에 소중한 만남을 가지고 자유의 소중함을 깨달아서 보람 있는 하루였다. 내가 뭘 하는 것보다 하나님과 이웃을 사랑하고 감사하며 사는 것이 더 중요하다고 믿는다.

1. 자유롭고 평화로운 일상을 허락해 주셔서 감사합니다.

2. 귀한 김일훈 목사님과 사모님이 심방 오셔서 은혜와 위로받게 해 주셔서 감사합니다.

3. 목사님과 사모님이 어려운 상황에서도 평안하고 건강하게 지내셔서 감사합니다.

4. 목사님과 사모님 통해 지난 추억과 선교지 이야기 나누게 해 주셔서 감사합니다.

5. 소리 내어 말할 수 없어도 사람들과 소통할 수 있어서 감사합니다.

6. 예배와 신앙의 자유를 주셔서 감사합니다.

시험을 이기는 감사

하루를 살다 보면 크고 작은 시험이 있는데 주로 몸이 편하지 않거나 의사소통이 원활하지 않거나 어수선한 상황이면 좀 예민해지고 답답하고 짜증이 올라온다. 오늘은 그 세 가지가 겹쳤는데 특히 의사전달이 잘 안돼서 마음이 불편했다. 기관절개하고 나서 목소리가 안 나와서 순간마다 필요한 소통에 어려움이 생기면 스트레스를 받는다. 그럴 때마다 나의 인간성과 혈기가 보여서 부끄럽다. 매일 주의 임재 안에 머물도록 말씀으로 공급받고 예수 이름으로 기도해야 죄에서 자유할 수 있다. 말로 소통할 수 있을 때는 그게 그렇게 소중한지 몰랐다. 이제 사람들과의 소통은 불편해졌지만 주님과의 소통에는 지장이 없으니 다행이다. 사람에게 쏟아내고 싶은 말을 주님께 올리는 기도로 찬양으로 다 쏟아내야겠다. 주님과 소통하기 위해 동행일기를 쓴다.

시험이 올 때 넘어지지 않고 벗어나는 가장 효과적인 방법은 주님을 생각하면서 감사하는 것임을 오늘도 경험했다. 어머니와 권사님의 수고로 머리를 시원하게 깎은 것이 감사하다는 고백을 하고 호흡기 간호사가 와서 산소 포화도와 이산화탄소 수치를 쟀더니 전부 정상 수치여서 감사를 선포하니 불편하고 짜증스러운 마음이 완전히 사라졌다. 진짜 기적은 이런 것이다.

"너무나 연약하고 부족한 나를 사랑하시는 아버지 하나님, 나의 주님 감사합니다. 감사할 이유가 충분합니다. 주님, 사랑합니다."

1. 나의 연약하고 불완전한 모습을 통해 겸손히 주님 앞으로 나아가게 하시니 감사합니다.

2. 회개하고 돌이킬 때 기뻐 받아 주시고 더 크게 위로해 주시는 주님의 사랑 감사합니다.

3. 주의 말씀과 예수 이름의 권세와 감사로 모든 어둠과 죄악 물러가게 하시니 감사합니다.

4. 평범한 일상에서도 주님의 마음을 느끼고 임재를 경험하게 하시니 감사합니다.

5. 어머니와 권사님의 수고로 머리를 시원하게 깎게 해 주셔서 감사합니다.

6. 산소 포화도와 이산화탄소 수치가 정상이어서 감사합니다.

7. 삼킴 훈련 목적을 겸해서 요구르트 한 통 먹게 하셔서 감사합니다.

8. 정말 싱싱한 왕새우와 포도 주신 김일훈 목사님, 박성열 사모님 감사합니다.

9. 문자로 위로해 주시는 모든 분들께 감사합니다.

10. 어머니가 항상 곁에 계셔서 감사합니다.

풍랑을
잠잠케 하신 주님

오늘은 예상 못 한 어려움으로 마음에 풍랑이 일어나 지치고 힘들었는데 주님의 도우심으로 지나왔다. 장애인 활동 지원 서비스 결제에 문제가 생겨서 해결되기까지 2시간 넘게 걸렸는데 아무것도 못하고 신경을 썼더니 지치고 짜증스러웠다. 문제의 원인을 몰라서 시간이 많이 흘러갔다. 이런 일로 소중한 시간을 스트레스 받고 보내려니 속상했다. 하루를 완전히 망친 것 같아서 기분이 엉망이었는데 아무 노력 안 해도 기분이 풀려서 주님의 은혜다.

몸이 많이 아파서 많은 것을 포기하고 받아들였다고 생각했는데 여전히 내 의지대로 안 되면 힘들어하는 나를 본다. 돌봄을 받는 것도 빨리빨리 진행이 안되면 마음이 답답하고 급해진다. 오랫동안 아프면서 급한 성격이 많이 죽었지만 본성은 여전하다. 행동 하나도 스스로 할 수 없다는 것이 가장 힘든 부분이다. 주님을 매일 만나고 하루 종일 함께해야만 약함과 고난도 견디고 이길 수 있다. 나 혼자서도 살만할 때는 주님이 절실하지 않았다. 인생에 질병과 장애만이 주님을 필요로 하는 고난은 아닐 것이다. 모든 사람이 내면의 상처와 두려움, 깨어진 관계의 아픔, 사랑하는 사람을 떠나보낸 슬픔, 경제적 어려움과 실패 같은 각각의 문제로 주님이 필요하다. 한편으로는 나만 힘든 게 아니라는 사실에 위로를 받고 외롭지 않다. 어려움을 이해하고 공감하는 동행이 많기 때문이다.

오늘 〈생명의 삶〉 큐티로 욥기 11장 1~11절을 묵상하면서 나 자신과 다른 사람의 고통에 대해 뭔가 잘못을 했기 때문이라고 생각하는 정죄 의식이 있다는 걸 깨달았다. 판단하고 정죄하는 것은 악한 사탄이 사람을 절망에 빠뜨리는 도구다. 주님 안에서 고난도 축복이 되는 기적을 경험했으니 나 자신과 타인을 사랑하고 축복하고 감사하며 살리라.

1. 잠시 힘들었지만 문제가 잘 해결되어서 감사합니다.

2. 마음속 풍랑을 잔잔하게 해 주신 주님 감사합니다.

3. 하루를 무사히 보내게 해 주셔서 감사합니다.

4. 약함과 고난을 통해 주님을 필요로 하고 동행하게 해 주셔서 감사합니다.

5. 작은누나의 고혈압이 정상이 돼서 감사합니다.

6. SNS로 사람들과 소통할 수 있어서 감사합니다.

감사만으로 충분한 하루

오늘은 별일 없이 하루가 지나가서 좀 허무하게 느껴질 정도였다. 예수동행일기에 쓸 내용도 없겠다 싶었다. 하루 24시간 누워서 생활하는 나의 일상이 다람쥐 쳇바퀴 도는 것처럼 답답하게 느껴졌는데 주님은 감사만 해도 충분하다는 생각을 주셨다. 저녁에 권사님을 통해 예수동행일기에 아무것도 쓸 것 없으면 감사한 일을 써 보라는 말씀을 듣게 하셨고 동시에 하남교회 이신효 목사님을 통해 어제 쓴 감사 일기가 은혜된다고 혼자 읽기 아까우니 교회 홈페이지 감사노트에 올려 보라는 말씀을 카카오톡 문자로 전해 주셨다. 주님은 들리는 음성이 아니라도 확실한 사인을 보여주셔서 깨닫게 하신다. 오늘은 감사만 해도 충분히 가치 있고 행복한 하루다.

오늘의 감사

1. 특별하고 새로운 일이 없어서 지루하고 심심하다고 느꼈는데 별일 없는 평온한 일상이 감사하다는 깨달음을 주셔서 감사합니다.

2. 하루도 빠짐없이 돌봐 줄 두 분을 교대로 보내 주셔서 감사합니다.

3. 오늘 아침에도 잠 잘 자고 눈 뜨게 해 주셔서 감사합니다.

4. 여든이 넘은 연세에도 건강하시고 밝고 활기찬 어머니가 계셔서 감사합니다.

5. 예수동행일기를 통해 한 번이라도 더 주님 생각하고 바라보게 하시니 감사합니다.

6. 예수동행일기를 나눌 수 있는 분들이 있어서 감사합니다.

7. 컴퓨터를 이용해서 세상과 소통하고 활동할 수 있어서 감사합니다.

8. 영양을 충분히 공급받게 해 주셔서 감사합니다.

9. 화목한 관계를 누리게 해 주셔서 감사합니다.

10. 행복을 외부 환경에서 찾지 않고 내 안에서 찾게 해 주셔서 감사합
니다.

11. 한 주도 무사히 잘 보내도록 지켜 주셔서 감사합니다.

문제가 아닌 주님을 바라보기

오늘은 엉덩이 꼬리뼈 부위가 아파서 힘든 하루였다. 작년에 맹장 수술하고 고생하면서 살이 많이 빠져서 그 부위에 뼈가 돌출됐다. 가끔 아프다가 최근에 자주 아파서 욕창 방지 에어매트리스도 더 비싼 걸로 바꿨는데 좀 덜한듯하더니 오늘 또 아프다. 수술 이후 살도 빠진 데다 누워 있어서 꼬리뼈에 무게가 가는 것 같다. 다행히 오후에 괜찮아졌는데 이미 지치고 힘들어서 의욕이 사라지고 기분이 다운됐다. 장애의 불편함은 어느 정도 적응이 되는데 통증의 불편함은 기분을 우울하게 만든다. 큐티도 하고 주일예배도 드렸지만 무거운 마음은 사라지지 않았다. 주님을 간절히 부르고 바라봐야 하는데 나의 통증과 괴로움만 생각했다. 어차피 되돌릴 수 없는 일이라는 걸 아는데도 내 몸과 마음은 지나간 통증에 머물러 있었다. 그 영향인지 종일 배변도 이뤄지지 않아서 더 몸이 무거웠다. 몸을 마음대로 움직일 수 있다면 기분 전환이 쉬울지 모르겠다. 이런 상태로 아무것도 할 수 없지만 예수동행일기를 쓰면서 나의 약함을 고백하면 주님의 은혜가 있을 것을 믿는다. 확실히 무겁고 불편한 마음이 사라지는 걸 경험했다. 다음에는 아무리 아프고 힘들어도 문제를 바라보지 말고 주 예수님을 바라봐야겠다. 문제에 매달려 본들 몸과 마음만 더 괴롭다. 시편 기자처럼 고난이 닥쳐올 때 피난처와 요새이신 주님을 바라보고 기도하자.

실패한 하루처럼 느껴졌는데 내 모습 이대로 사랑하시고 동행하기를 멈추지 않으시는 주님을 생각하니 기쁘고, 나의 약함과 문제는 아무것도 아니라는 것을 깨닫는다. 아프고 힘들 때 아무 소망이 없는 것 같지만 나를 떠나지 않으시고 함께하시는 주님을 생각하면 소망이 생긴다.

1. 엉덩이 꼬리뼈 통증이 오래가지 않고 사라지게 해 주셔서 감사합니다.

2. 작은 통증에도 근심하고 낙심하는 연약한 나를 있는 그대로 받아 주시고 떠나지 않으시고 동행해 주셔서 감사합니다.

3. 인생에 시험과 괴로움이 많지만 주님의 은혜가 더 크고 풍성해서 감당하고 이기게 하시니 감사합니다.

4. 몸이 아프고 불편해서 기분이 별로인 나를 잘 이해해 주고 위로해 주신 어머니와 권사님 감사합니다.

5. 영양가 높고 맛 좋은 대구와 새우 살을 국물과 밥에 잘 갈아서 먹게 해 주셔서 감사합니다.

6. 소화가 잘 돼서 속이 편하고 머리 아프지 않아서 감사합니다.

7. 저녁에 찬송가를 틀어 놓고 예수동행일기를 썼더니 무거움과 어둠이 사라져서 감사합니다.

8. 현장 예배는 못 드려도 온라인으로 예배 함께 드릴 수 있어서 감사합니다.

9. 예수동행일기로 나의 작고 약함을 통해 주님의 크고 강하심을 보게 하셔서 감사합니다.

깊어가는 가을 오늘도 주님과 동행하며 하루를 살았다. 매일 반복되는 일상이지만 다시 오지 않을 오늘은 한 번 뿐인 삶의 소중한 하루다. 시간이 흐를수록 나의 육체는 풀처럼 마르고 들의 꽃처럼 시들지만 영원하신 주님을 예배하고 섬길 때 영원한 생명을 얻는다. 그 소망으로 오늘도 나는 주님께 감사하며 기쁨의 제사를 드린다.

어제저녁에는 예수동행일기를 쓰다 말고 잤다. 특별한 일 없는 반복되는 일상에 쓸 내용이 잘 생각나지 않았기 때문이다. 더 정확히 말하자면 주님과의 동행에 집중하기보다 나의 상태에 집중해서 하루 동안 깨달은 은혜와 감사 제목이 잘 떠오르지 않았다. 아무것도 못 하고 흘러가는 시간이 답답하고 무기력하게 느껴졌다. 나의 한계와 약함만 바라본다면 기뻐하고 감사할 수 없다. 오늘 다시 주님께로 시선을 돌리고 주님 한 분으로 만족하고 감사하기로 결단한다. 나의 느낌과 생각을 따라가지 않고 주님의 영과 진리를 따라가기를 선택한다.

일상의 소통을 음성으로 하지 못하고 컴퓨터로 해야 하는 것이 답답하고 외로움을 느끼게 한다. 연하검사를 통과해서 목에 기관절개관을 제거하고 인공호흡기를 코 마스크로 쓰게 되면 다시 목소리를 낼 수 있다. 간절히 기도드린다.

1. 늘 밝고 씩씩한 권사님이 어머니와 나에게 힘 주시고 활력소가 되셔서 감사합니다. 거기다 배려와 존중까지 더 해 주셔서 더욱 감사합니다.

2. 돌봄을 통해 편안하고 삶이 윤택하게 해 주셔서 감사합니다. 전부 주님의 선물입니다.

3. 오랜만에 대화했는데 나를 기억해 주시고 반겨 준 분들에게 감사합니다. 더 잘 교제하게 하소서.

4. 일상의 어려움과 한계로 근심하지만 위로와 소망 주셔서 감사합니다. 주님만 바라보게 하소서.

오늘도 감사합니다

1. 주님, 오늘 하루도 함께해 주시고 지켜 주셔서 감사합니다. 늘 반복되는 일상이 지루하고 답답하게 느껴질 때가 있지만 일상의 변화가 힘든 나의 형편을 아시고 익숙한 생활하게 하신 줄 깨닫고 감사드립니다. 생각해 보면 주님의 생각은 나의 생각보다 크고 높으십니다. 나의 어리석음과 무지함으로 주어진 환경에 감사하지 못하고 불평한 것을 회개합니다.

2. 예수동행일기를 꾸준히 쓰도록 도우시니 감사합니다. 그것보다 더 중요한 것은 하루를 살면서 부지런히 주 예수님을 부르고 종일 주신 말씀 묵상하고 순종하고 기도로 주님 보좌 앞으로 나아가는 것인데, 요즘 글 쓰는 데만 신경 쓰고 힘을 쏟은 것을 고백합니다. 예수동행일기를 쓰는 이유가 동행의 삶을 살기 위함인데 제대로 실천하지 못했습니다. 내 삶에서 주님과 친밀하게 동행하면 자연스럽게 글을 쓰게 될 텐데 고심하며 힘들게 글을 쓴 날이 많았습니다. 어떤 내용을 써야 할지 고민하지 말고 내가 오늘 몇 번이나 주님을 부르고 생각했는지, 깨달은 은혜가 무엇인지, 감사할 일은 무엇인지 기록하게 하소서.

3. 낮에 할 일은 많은데 집중력이 떨어지고 멍 때리고 있어서 스스로 답답할 때가 많습니다. 앞으로는 그럴 때마다 차라리 눈을 감고 주님을 부르고 기도하기 원합니다. 몸이 불편해서 잘 안되는 일에 집착하기보다 주님과 교통하기를 즐겨 하게 하소서. SNS와 유튜브가 시간과 마음을 빼앗아서 기도할 시간이 부족하다고 한탄만 하고 환경을 탓한 것을 반성합니다.

4. 오늘 이예분 권사님을 통해 독감 예방주사를 맞게 해 주셔서 감사합니다. 진심으로 감사하고 기도로 보답하게 하소서.

5. 오늘은 기도하는 마음으로 예수동행일기를 쓰니 마음이 새롭고 편안합니다. 글의 형식은 다양해도 주님은 마음의 중심을 보실 줄 믿습니다. 사람은 배려해 주고 주님만 의식하고 예수동행일기 계속하게 하소서.

6. 오늘 기도제목을 새로 써 봤습니다. 매일 추가하고 지속적으로 기도하게 하소서.

기도제목 

1. 11월에 입원해서 목을 막고 다시 말하고 입으로 먹을 수 있게 하소서.

2. 나쁜 습관과 중독을 고치고 끊게 하소서.

3. 하루 1시간 기도하게 하소서.

4. 예수동행일기와 감사 일기를 매일 쓰게 하소서.

5. 큐티와 성경 읽기와 설교 듣기에 마음을 모으고 집중하게 하소서.

6. 영혼 구원을 위해 기도하기를 멈추지 않게 하소서.

7. 근이영양증 치료제가 개발되게 하소서.

8. 예배를 회복하게 하소서.

9. 교회 헌금과 선교 헌금과 구제하기를 즐겨 힘쓰게 하소서.

10. 코로나19와 독감과 감기에 걸리지 않도록 지켜 주소서.

11. 사람들과의 교제와 소통을 소중히 여기게 하소서.

12. 답답해하거나 짜증 내지 않고 늘 기뻐하고 감사하게 하소서.

13. 교회 가서 예배드리는 날이 오게 하소서.

14. 대한민국에 하나님을 두려워하고 정의와 공의를 실현할 대통령과 정권을 세워 주소서.

주님과 다시 시작한 하루

벌써 10월 마지막 주말이다. 시간은 쉼 없이 흐른다. 그래서 인생의 즐거움도 괴로움도 영원하지 않고 언젠가 끝이 난다. 계절은 반복되지만 이 땅에서의 삶은 한 번 지나가면 다시 오지 않는다. 주님이 주신 구원의 선물과 천국 소망 때문에 이 땅에서 짧고 유한한 삶을 사는 것이 오히려 다행스럽고 감사하다.

오늘 아침에 눈뜨자마자 주님을 불렀다. 주님만 불러도 마음이 편안해지고 주님이 함께 계신다는 게 느껴졌다. 몸은 꼼짝없이 누워 있지만 기도가 흘러나오니 내 영은 자유로웠다. 요즘 이 행복을 놓치고 있었는데 예수동행일기를 통해 다시 찾아서 감사하다. 일기로 점검하고 결심하지 않았다면 다시 회복하기가 어려웠을 것 같다. 아침을 주님과 함께 시작하니 하루 종일 주님이 가깝게 느껴졌다. 모처럼 주님과 대화를 나눴더니 기분이 새롭고 생기가 돌았다.

오랜만에 작은누나와 조카 유성이가 왔다. 목소리를 낼 수 있다면 더 반겨 주고 소통할 텐데 눈빛으로만 통하니 아쉬웠지만 사랑의 마음은 전해졌길 기대한다. 일상적인 대화가 얼마나 소중한지 말할 수 있을 때는 몰랐다. 다시 말할 수 있게 된다면 하루 종일 주님의 이름을 소리 내어 부르고 기도하고 사람들과 사랑과 축복의 말로 소통하고 생명의 복음을 전하겠다고 기도드린다. 주님의 뜻이라면 이뤄지리라 믿는다.

오후에는 누룽지 삼계죽을 갈아서 먹었더니 정말 맛있었다. 먹고 나서 생각하지도 않은 기도가 흘러나왔다. "주님, 먹을 수 있을 때 욕심으로 아무거나 맛만 좋으면 먹었습니다. 다시 먹게 되면 과자나 패스트푸드는 먹지 않겠습니다." 건강을 위해 먹어야 할 음식을 입을 즐겁게 하려고 먹은 것을 회개했다. 지금도 배고픔에

허덕이는 사람이 많이 있다.

"깨닫게 하시는 주님 감사합니다. 할렐루야! 보혜사 성령을 보내셔서 내 마음을
주장해 주시는 주님을 찬양합니다."

> "그러나 내가 너희에게 실상을 말하노니
> 내가 떠나가는 것이 너희에게 유익이라
> 내가 떠나가지 아니하면
> 보혜사가 너희에게로 오시지 아니할 것이요
> 가면 내가 그를 너희에게로 보내리니" (요한복음 16:7)

향기 나는 삶으로 전할 소식

오늘은 10월 마지막 주일이다. 이번 한 달 동안 나와 동행하시고 안전하게 지켜 주신 주님께 감사드린다. 내가 연약해서 실수하고 넘어져도 주님은 나를 떠나지 않으시고 다시 일으켜 주셨다. 육체의 질병과 장애가 나를 지치고 힘들게 했지만 주님이 함께하셔서 치유와 회복의 은혜를 베풀어 주셨다.

오늘 아침 눈뜨자마자 자연스럽게 주님을 부르고 생각했다. 잠잘 때도 나와 함께 하시고 아침에 눈 뜨게 하신 주님께 감사드렸다. 오늘은 어떤 은혜를 주실지 기대가 되었다. 잠들기 전에 주님을 부르고 잠에서 깨고 나서 주님을 부르니 하루가 새롭다.

오늘은 하남교회 오이코스 전도 축제 주일 영화 예배가 있었다. 영화 '극한 직업'을 보고 담임 목사님이 말씀을 전하시고 믿지 않는 영혼을 주님께로 인도하는 시간이었다. 이렇게 좋은 기회에 주변에 한 사람도 초대하지 못한 것이 아쉬웠다. 교회 한번 나와 보라고 말하기가 왜 이렇게 어려운지 모르겠다. 전도는 내 말솜씨와 설득으로 되는 것이 아니고 평소에 마음 문을 열도록 삶으로 주님을 증거해야 하는 것 같다. 세상에서 유명한 맛집이나 좋은 소식은 사람들에게 소개하고 전해 주면서 영혼을 살리고 영생을 주는 교회에는 한 사람도 인도하지 않다니, 참 부끄럽다. "저 사람이 다니는 교회면 나도 한 번 가 보고 싶다"고 말할 수 있는 향기 나는 삶을 살아야겠다.

1. 눈뜨자마자 주님을 생각할 수 있게 해 주셔서 감사합니다.

2. 하남교회 영화 예배를 통해 많은 분들이 복음을 듣게 해 주셔서 감사합니다.

3. 어머니와 권사님이 교회에서 예배 잘 드리고 오셔서 감사합니다.

4. 종일 웃음이 끊이지 않고 화목하게 해 주셔서 감사합니다.

5. 한 사람도 교회로 인도 못한 것을 통해 평소에 빛과 소금이 되어서 복음을 전하고 교회로 인도해야겠다고 깨닫게 해 주셔서 감사합니다.

작은 관심, 큰 사랑

11월의 첫날, 한 주의 시작 월요일이다. 방에 누워서 바깥 풍경을 볼 수 없어서 예쁘게 물든 단풍도 못 보고 가을이 끝나가고 있다. 오늘 작은누나가 찍어서 보내 준 단풍으로 물든 가로수 사진을 보고 가을이구나 실감했다. 직접 보지는 못해도 하늘과 산과 들의 풍경을 사진으로 보내 주는 분들이 있어서 감사하다. 페이스북 친구가 광안리 바닷가 사진과 영상을 찍어서 나를 위해 올려줘서 감동을 받았다. 온라인으로도 마음이 전달되기에 충분했다. 따뜻한 말 한 마디, 일상의 풍경 사진 한 장이 사랑으로 전해져 온다. 나도 그렇게 사람들에게 따뜻한 위로가 되는 그리스도의 편지가 되고 싶다. 사랑하는 주님과 동행하면서 주변을 돌아볼 여유도 가져야겠다. 나부터 사람들과 소통을 잘 못한 것을 반성하며 사랑의 마음으로 한마디 말을 건네야겠다 다짐해 본다. 오늘이 내 생의 마지막인 것처럼 사랑하며 살기를 원한다.

오늘 20년 만에 영락교회 정소자 권사님을 만났다. 권사님이 매일 새벽 기도 나오셔서 어머니와 친하게 지냈다. 연락처를 잃어버려서 다시 만날 수 없었는데 권사님이 연락을 주셔서 만나게 돼서 참 반갑고 감사했다. 오랫동안 연락 못 한 사람에게 먼저 연락하는 것이 사랑이라는 생각이 든다.

"주님, 내가 아프고 힘들다는 핑계로 사람들에게 소홀히 하고 관심 갖지 못한 것을 회개합니다. 유명하거나 무명하거나 모든 사람을 주님의 형상대로 지음 받은 소중한 존재로 여겨 사랑하고 존중하고 따뜻한 관심을 전하게 하소서. 이 땅에 있을 때 더 사랑하고 천국에서 반갑게 다시 만나게 하소서."

기쁨 감사 기도의 일상

주님은 연약한 나를 위로하시고 평안을 주시는 사랑이 많으신 분이시다. 어제와 오늘 마음이 무겁게 가라앉은 나를 사람들을 통해서 위로하시고 힘 주셨다. 공감하고 위로해 주신 분들이 많았다. 어떤 말보다 공감하는 마음이 가장 큰 위로라는 사실을 깨닫는다. 나의 아픔을 공감하시는 주님의 마음을 느끼게 하시니 감사하다.

오늘은 큰누나가 맛있는 인삼 닭죽을 만들어 와서 맛있게 먹었다. 큰누나와 나는 12살 띠동갑인데 나를 늘 아껴 주고 사랑해 준다. 내가 안 아팠으면 누나와 좋은 추억이 더 많았을 텐데 하는 아쉬움이 남는다. 나는 주님을 사랑하고 동행하는 삶을 살아가는 큰누나가 보기에 좋다.

주님이 나에게 바라시는 것은 항상 기뻐하고 쉬지 말고 기도하고 범사에 감사하는 것임을 깨달았다. 그것이 주님과 동행하는 삶의 모습이라고 믿는다. 다른 것은 다 못해도 그저 주님 안에서 기뻐하고 기도하고 감사하기를 원한다. 〈꿀송이 보약 큐티〉를 듣고 항상 기도했던 이방인 고넬료를 통해 항상 기도하는 것은 규칙적으로 기도하는 것임을 깨달았다. 매일 동행일기를 통해 내게 주어진 하루를 기뻐하고 기도하고 감사했는지 점검해야겠다.

> "항상 기뻐하라 쉬지 말고 기도하라 범사에 감사하라
> 이것이 그리스도 예수 안에서 너희를 향하신 하나님의 뜻이니라"
> (데살로니가전서 5:16–18)

1. 연약하여 실수하고 넘어진 나를 위로하시고 다시 일으켜 주시는 주님 감사합니다.

2. 실수와 아픔을 통해 더 단단해지고 성숙하게 하시니 감사합니다.

3. 기분을 빨리 바꾸고 기쁨과 감사를 회복하게 해 주셔서 감사합니다.

4. 내 마음을 공감해 주시고 위로해 주신 모든 분들께 감사합니다.

5. 오늘 큰누나를 통해 위로해 주시고 맛있는 닭죽 먹게 해 주셔서 감사합니다.

6. 항상 밝고 명랑하신 어머니가 감사합니다.

7. 깊어가는 가을 아름다운 단풍 풍경 감사합니다.

8. 현장 예배가 열리고 일상 회복이 이뤄져서 감사합니다.

예) 육군 소장
서정열 장로 드림

"두려워하지 말라 내가 너와 함께 함이라
놀라지 말라 나는 네 하나님이 됨이라
내가 너를 굳세게 하리라 참으로 너를 도와주리라
참으로 나의 의로운 오른손으로 너를 붙들리라" (이사야 41:10)

서정열 장로님의 신앙과 삶이 많은 사람을 감동시키는 이유는 높은 지위를 가지고도 예수님처럼 섬기셨기 때문이다. 이치훈 원장님도 의사로 그런 삶을 살고 계신다. 장로님의 간증과 미담을 듣고 믿는 사람은 어떻게 살아야 하는지 깨닫는다.

오늘의 감사 

1. 귀한 믿음의 서정열 장로님을, 이치훈 원장님 통해 알게 하시고 절절포 정신과 신앙으로 연결되게 해 주셔서 감사합니다.

2. 서정열 장로님을 보고 말씀만 들어도 힘을 얻고 위로받고 소망을 갖도록 하시니 감사합니다.

3. 어머니와 권사님도 서정열 장로님 말씀에 주님이 주시는 힘과 소망을 얻으셔서 감사합니다.

4. 서정열 장로님의 절절포 머플러와 브로치와 2달러의 꿈과 엽서와 사랑의 선물 주셔서 힘과 위로 얻으니 감사합니다.

5. 이치훈 원장님 맛있는 죽을 선물해 주셔서 잘 먹고 힘을 얻어서 감사합니다.

6. 주일 설교 말씀으로 내가 주님과 함께한다는 자화상을 소유하고 교회를 사랑하면 형통한 사람이라는 깨달음 주셔서 감사합니다.

7. 어제와 오늘 죽을 입으로 먹고 가래 생기지 않아서 감사합니다.

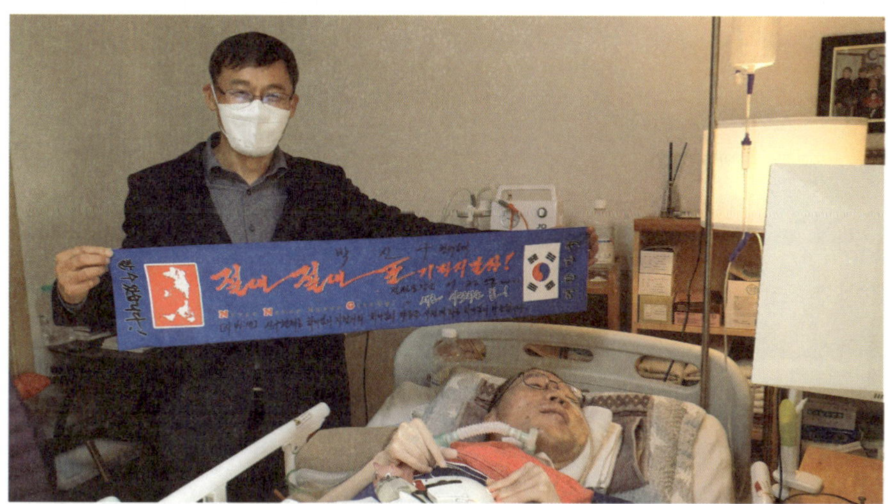

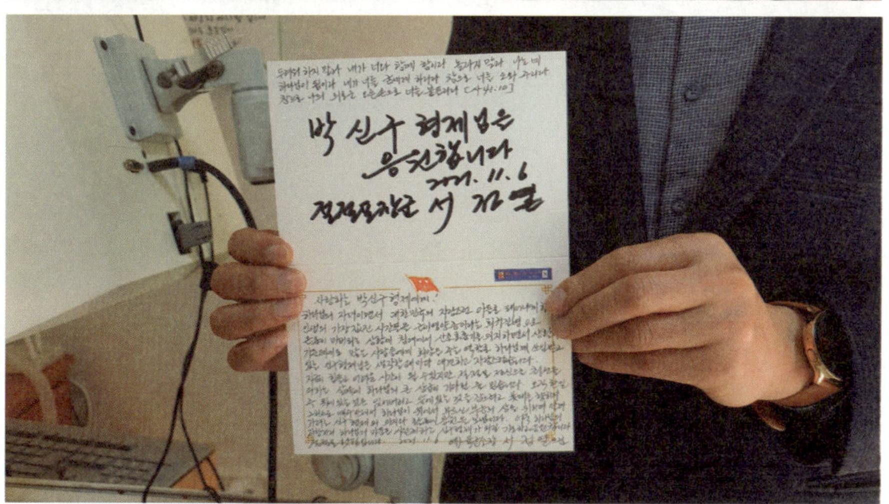

예) 육군 소장 서정열 장로 드림　237

포기하지 않는 믿음

나는 연약하고 크고 작은 고난 있지만 주님이 늘 함께하신다는 정체성과 자화상을 가졌기에 패배자가 아니라 승리자, 형통한 사람이다. 주님과 동행하고 주님의 몸 된 교회를 사랑하는 것이 내가 형통한 삶을 사는 길이다.

> "예루살렘을 위하여 평안을 구하라
> 예루살렘을 사랑하는 자는 형통하리로다" (시편 122:6)

어제 오후에 서정열 장로님과 이치훈 원장님이 오셔서 위로와 용기를 주셨다. 서정열 장로님은 절절포(절대 절대 포기하지 마라) 정신을 많은 청년 장병들과 청소년들에게 전해 주신다. 이치훈 원장님 소개로 장로님을 알게 되었는데 매일 아침 귀한 말씀 묵상을 카톡으로 보내 주시고 절절포 정신을 담은 머플러와 선물과 위문품으로 현역 군인뿐 아니라 일반인까지 바른 신앙과 건강한 정신으로 이끌어 주고 계신다. 이번에 서정열 장로님이 오셔서 하나님이 주신 꿈과 동행하는 삶을 절대 절대 포기하지 말라는 메시지를 엽서와 머플러에 담아 전해 주셨다. 친필로 써 주신 아래의 글을 마음에 깊이 새긴다.

박신구 형제에게

하나님의 자녀이면서 대한민국의 자랑스러운 아들로 태어나게 하시고 인생의 가장 값진 시간들을 근이영양증이라는 희귀 질병으로 온몸이 마비되는 상황에 침대에서 산소호흡기를 의지하면서 생활하는 가운데에도 많은 사람들에게 희망을 주는 역할을 하면서 하나님께 쓰임 받고 있는 신구 형제를 생각할 때마다 대견하고 자랑스럽습니다. 지금이 힘들고 어려운 시간이 될 수 있지만 절절포 정신을 갖고 최선을 다한 삶 속에 하나님의 큰 상급이 기다릴 줄 믿습니다.

오직 한 일, 즉 뒤에 있는 것은 잊어버리고 앞에 있는 것을 잡으려고 푯대를
향하여 그리스도 예수 안에서 하나님이 위에서 부르신 부름의 상을 위하여
달려가려는 신구 형제의 의지와 활동에 응원을 보냅니다. 더욱 하나님의 자랑
거리 하나님의 마음을 시원케 하는 신구 형제가 되길 기도하고 응원합니다.
절절포 파이팅입니다!!!

코람데오(CORAM DEO)
신앙으로

월요일에 비가 오고 나서 날이 많이 추워졌다. 이제 가을이 가고 겨울이 왔다. 찬 바람 불어 낙엽이 떨어지고 나무에 앙상한 가지가 보이기 시작한다. 그러나 이 겨울도 언젠가는 끝나고 새싹 피어나는 따뜻한 봄이 올 것이다. 내 인생의 겨울, 죽음이 찾아와도 그 후에 영원한 생명, 부활의 봄이 올 것을 믿는다. 아멘.

요새 떨어진 기온에 몸도 움츠러들고 잠을 충분히 못 자서 힘이 없었다. 몸이 힘들어지니 마음 다해 주님과 동행하지 못했고 감사와 기쁨도 줄었다. 몸이 힘들고 지쳐서 감사를 잊고 근심한 것을 회개한다. 나를 힘들게 하는 건 육에 속한 것들이다. 주님을 가까이할수록 힘 주시고 도우신다는 것을 기억하자. 코람데오(CORAM DEO) 신앙으로 내일은 하나님 앞에서 감사가 넘치고 미소 짓는 하루가 되길 기대한다. 컨디션 조절을 잘해야겠고 힘이 없을 때는 그저 잠잠히 주님만 바라보고 기도하고 기다려야겠다. 내가 하려고 애쓰는 모든 것이 주님 보시기에는 별로 중요하지 않다. 나를 만족시키고 가치를 높이려는 노력과 수고를 주님을 기쁘시게 하는 것으로 착각할 때가 많다. 주님이 기뻐하시는 것은 내가 주님만으로 기뻐하고 만족하는 것이다. 몸이 지치고 힘들 때는 주님이 나를 기도의 자리로 부르시는 줄로 알자.

11월 22일에 병원에 입원하기로 했다. 입원이 힘들어서 할 수 있으면 피하고 싶지만 아파서 가는 것이 아닌 것에 감사하고 선한 길로 이끄실 기대를 가지고 간다. 코로나19 검사받고 아무 이상이 없기를 바라고 입원부터 퇴원까지 형통하게 해 주시기를 기도드린다. 연하검사가 기적처럼 통과되고 기관절개를 봉합하게 되길 간구한다. 벌써부터 긴장이 되지만 임마누엘 하나님 함께하시니 모든 것을 맡기자.

1. 힘들고 지칠 때 주님 안에 머물며 쉼을 얻고 회복하게 해 주셔서 감
   사합니다.

2. 내가 하려는 것을 내려놓고 주님과 동행하고 기도하고 감사만 하도
   록 인도해 주셔서 감사합니다.

감정이 아닌
성령의 은혜로

오늘은 컨디션 저하로 침체된 상태에서 벗어나서 감사한 하루였다. 사람이라서 기복이 있고 자주 침체에 빠지지만 절대 절대 포기하지 않는 믿음으로 주님과 동행하고 감사만 하면 문제 될 것이 없다. 절절포+예수동행+감사가 내 마음의 태도와 습관이 되면 상황과 환경이 어떠하든지 흔들리지 않을 줄 믿는다.

어제 조금 어수선한 마음으로 동행일기를 쓰고 잤는데 오늘 아침에는 눈뜨자마자 행복한 기분이 들고 몸과 마음이 가뿐했다. 우연히 나타나는 기분 변화같이 보이지만 주님이 주시는 위로와 평안이기에 내 영혼 깊이 들어와 영과 혼과 육 전부를 치유하고 회복시켰다고 믿는다. 사람의 감정 변화와 성령의 역사는 완전히 다르다. 사람의 기분은 수시로 변하기 때문에 좋아져도 늘 불안하고 평안이 없다. 나는 매일 변하는 기분에 좌우되지 말고 주님께 집중하고 동행하기 원한다.

다니엘 기도회 8일 차 김윤상 선교사님 간증을 듣고 큰 은혜받고 용기와 확신을 얻었다. 교통사고로 죽을 지경에 이르러 한 달을 의식 잃고 중환자실에서 사망 선고를 기다리던 청년이 사람들의 중보기도와 감사 고백으로 기적처럼 회복된 이야기였다. 감사가 기적을 일으킨다. 주님도 오병이어의 기적을 행하시기 전에, 죽은 나사로를 무덤에서 살리시기 전에 감사의 기도를 올리셨다. 감사해도 병들고 사고 나고 죽기도 하지만 주님과 함께 살고 죽으니 삶 자체가 기적이다. 나도 감사하기 어려운 상황에서 주님만 생각하고 감사한다면 어떤 식으로든 주님의 능력이 나타나리라. 사람이 할 수 없는 일을 행하실 주님께 감사드리자.

오늘 낮에는 마우스가 잘 되지 않아서 아무것도 할 수 없었고 졸리기만 했다. 컴퓨터 마우스만이라도 내 의지대로 움직일 수 있다는 것이 새삼 감사하게 느껴졌다. 손을 쓸 수 없어서 눈동자 움직임으로 안구 마우스를 사용하는 신형진 형제는 공부해서 연세대를 졸업하고 직장에서 일을 하고 있다. 루게릭병 환우 박승일 형제는 눈동자도 마비되어 안구 마우스도 쓸 수 없어 글로도 소통하기가 어렵다. 장애가 전혀 없는 건강한 사람만 감사해야 할 것이 아니라 누워서라도 컴퓨터를 할 수 있는 나도 평생 감사해야 할 충분한 이유가 있다.

다음 주 월요일 입원하면 집에 돌아올 때까지 카카오톡, 페이스북, 블로그를 할 수 없다. 동행일기와 감사 일기도 중단해야 한다. 스마트폰과 태블릿 PC로는 터치패드 마우스를 사용할 수 없기 때문이다. 노트북을 가져가면 되겠지만 추가로 구입하기도 부담되고 병원에서 사용하기도 번잡해서 포기했다. 병원에서는 그저 주님과 동행하면서 인도하심을 구하기로 한다.

오늘 오전 11시에 조카 박시윤이 해군 청해 부대 36진 '최영함' 출항식을 하고 아덴만으로 떠났다. 내년 5월까지 바다 위에서 임무를 수행하고 돌아온다고 한다. 마음 어질고 착한 믿음의 아들 시윤이를 위험한 작전 지역에서 보호해 주시고 건강하게 하시길 기도드린다. 삼촌이 조카들을 위해 할 수 있는 것이 기도뿐이라 아쉽지만 하루도 쉬지 않고 기도하기로 다짐한다. 대한민국 청년들이 병역의 의무를 다하기 위해 위험과 고생을 감수하고 있음을 기억하고 기도해야겠다.

1. 누워서도 사람들과 소통하고 말씀과 찬양 듣고 쇼핑도 하고 내 의지대로 활동할 수 있도록 허락하신 하나님 아버지 감사합니다. 눈뜨고 생각 있어도 소통할 수 없는 환자들의 고통과 슬픔을 기억하시고 위로하소서. 갇힌 자들과 소외된 자들을 위로하는 그리스도인 되게 하소서.

2. 나에게 주어진 상황과 환경을 감사로 받아들일 때 행복을 찾고 만드는 복을 누리게 해 주시는 하나님 아버지 감사합니다. 하나님을 믿고 섬기면서 드리는 감사는 억지로 하는 것과 달리 풍성한 은혜가 있음을 고백합니다.

3. 찬양을 유튜브로 마음껏 듣고 어둠과 공허함을 물리치고 불평불만을 밀어내게 해 주시는 하나님 아버지 감사합니다. 신앙과 표현의 자유를 잃고 살아가는 북한과 세계 여러 나라 사람들을 기억하시고 은혜를 부어 주소서. 사람들을 자극하고 중독시키는 SNS를 말씀과 찬양의 도구로 다스리게 하소서.

4. 오랫동안 교회를 못 갔지만 목사님과 성도님들 통해 내 영혼을 돌보시고 온라인으로 같은 진리의 복음과 성경 말씀 듣고 믿음 잃지 않게 하시는 아버지 하나님 감사합니다. 다양한 교회와 설교자의 영상을 볼 때 지역의 교회와 소속 교회를 등한시 여기지 않고 좋은 신앙 성장의 기회로 삼게 하소서. 섬기기 위한 밑거름 되게 하소서.

5. 추운 겨울 날씨에 추위를 느끼지 않고 살 수 있는 주거 환경을 주신 하나님 아버지 감사합니다. 거리의 노숙인들과 열악한 주거 환경에 처한 사람들을 기억하고 재기하고 안정될 기회를 주는 사회가 되게 하소서. 학대받는 소중한 생명들을 위해 기도하고 돕는 한 사람 되게 하소서.

6. 아무것도 못 할 때도 조급해하지 않고 말씀과 찬양만 한 것으로도 충분히 가치 있게 여기게 해 주시는 하나님 아버지 감사합니다. 아무

것도 못 하고 기도한다면 그것이 더 유익한 줄 믿습니다. 이 땅을 떠나면 끝날 일로만 바쁘지 않게 하소서. 다른 것 못해도 하루 1시간 기도 꼭 하게 하소서.

그저
용서와 사랑만

나의 주님은 완전하시고 실수가 없으신 분이다. 주님만 믿고 의지하면 실망하지 않는다. 사람을 믿고 의지하면 실망하고 마음이 상한다. 사람은 그저 용서하고 사랑할 대상이다. 주님이 나를 용서하시고 사랑하신 것처럼 말이다. 오늘 사람에 대한 잘못된 기대가 나를 불행하게 만들었다. 그 사람의 말을 용납하지 못하고 마음이 상했다. 상한 기분으로 메시지를 보냈다. 주님을 부르고 주님께 호소하고 끝냈으면 좋았을 것 같다. 말하고 나서 속은 풀렸지만 마음이 좋지 않았다. 사람은 누구도 예외 없이 연약하고 불완전하다는 것을 기억하고 너무 실망하고 마음 상하지 않도록 하자.

계절은 완연한 겨울이다. 낙엽이 쌓이고 나무는 가지를 드러내고 바람을 맞으며 봄을 기다린다. 아무리 추워도 겨울은 가고 봄은 온다. 인생의 마지막 겨울은 끝나고 부활의 봄은 반드시 온다.

오늘의 감사 

1. 사람에게 실망하는 일을 통해 완전하시고 실수가 없으신 하나님만 믿고 의지하게 하시는 은혜 감사합니다.

2. 주말이 되니 일주일 동안 동행하시고 지켜 주신 하나님 은혜가 감사합니다. 토요일은 감사하면서 주일을 준비하게 하시고 내일은 거룩한 마음으로 주일예배드리게 하소서.

3. 나의 상한 마음을 위로하시고 어머니와 권사님을 통해 이야기하고 날려 버리게 하시니 감사합니다. 가까운 사람과 터놓고 이야기하는 것도 필요하다는 것을 알게 하시니 감사합니다.

4. 이번 일을 통해 일찍 예수동행일기 쓰고 자려는 결심하게 해 주셔서 감사합니다. 다른 재미와 만족을 구하지 말게 하소서.

5. 맛있는 전복죽 갈아서 먹게 해 주셔서 감사합니다. 바라옵기는 예전 처럼 목에 구멍을 막고 감사하며 먹기를 원합니다.

6. 매일 마주 대할 수 있는 어머니와 권사님과 선생님 계셔서 감사합니다. 함께 하는 순간이 그리울 때가 온다는 것을 기억하고 후회 없이 사랑하고 섬기게 하소서.

7. 하루 종일 컴퓨터 마우스가 잘 움직여서 감사합니다. 잘 될 때 답장도 하고 글도 쓰게 하소서.

미라클 모닝, 감사의 저녁

아침마다 주님께 기대하고 기도하고, 선물로 주신 하루를 기뻐하고 감사로 마치는 기적의 아침, 감사의 저녁을 결단하게 하신 주님께 감사드린다. 아침에 기도로 시작하고 저녁에 감사로 마치는 것이 복 있는 사람의 모습이고 예수님과 동행하는 삶이다. 나는 질병과 장애로 주의 일을 할 수 없다고 생각했는데 기도와 감사가 주님이 기뻐하시는 일이라고 하니 위로가 된다.

오늘은 온라인으로 주일예배만 드리고 아무것도 안 하고 하루를 지냈다. 하나님이 쉼을 주셨다고 생각하고 마음 편히 쉬었다. 늘 누워 있어도 마음은 분주하고 쉼을 누리지 못할 때가 많다. 아무것도 안 하고 시간이 빠르게 흘러 저녁이 됐는데 기도하고 싶은 마음을 강하게 주셔서 기도하고 기도제목을 써 내려갔다. 나의 소원과 중보 기도와 영혼 구원이 필요한 사람을 생각나게 하셨다. 내가 여러 가지 할 일을 생각하고 실행하려고 하면 주님의 이끄심을 느낄 여유가 없다는 것을 깨달았다. 내 계획과 일정을 내려놓고 주님이 원하시는 것을 생각나게 하시고 행하게 하시기를 기다려야겠다. 주님을 위하는 일조차 내가 혼자 선택하고 결정하는 것을 회개한다. "주님, 오늘은 무엇하기를 원하세요? 말씀해 주시고 생각나게 해 주세요!"라고 한 번이라도 기도드렸다면 어땠을까? 기도도 예배도 글 쓰는 일도 주님을 위해 내가 하는 것이라고 생각했다. 사실 주님이 예비하시고 인도하시면 나의 자유의지로 따르는 것이 맞는 것이었다. 당연한 사실이지만 이제 깨닫게 하신 주님의 은혜에 감사드린다. 기도하는 것도 나의 용건만 말하고 주님의 음성은 들으려고 하지 않았다. 이제 "주님 말씀하셔서 주님의 마음과 소원을 알게 해 주세요"라고 기도하고 잠잠히 기다리기를 결단한다. 나의 의지와 생각과 열심도 전부 내려놓는다. "주님이 나의 왕이요 주인이십니다! 나의 왕관을 벗어드리고 보좌를 내어드립니다."

오늘의 감사 

1. 조금 지치고 산만해서 주일예배만 겨우 드리고 쉬었는데 나를 주장하고 이끌어 주셔서 감사합니다.

2. 내가 주인 되고 왕이 되는 종교 생활을 버리고 주님을 인정하고 왕으로 모시는 믿음 생활을 결단하게 해 주셔서 감사합니다.

3. 주일 설교 말씀을 통해 기도로 하루를 시작하고 감사로 하루를 마치는 미라클 모닝과 감사의 저녁을 가르쳐 주셔서 감사합니다.

4. 코로나19 방역지침 완화로 교회마다 더 많은 성도들이 예배하고 찬양을 올려드리는 모습이 감사합니다.

5. 쉴 때는 확실히 쉬고 나서 기도하고 말씀을 떠올리고 예수동행일기 쓰게 해 주셔서 감사합니다.

6. 고단한 인생길을 우울하게만 보내지 않고 자유로운 영혼이 되어 쉬기도 하고 즐거움도 맛보고 방황한 것도 인정하고 털어버리게 해 주셔서 감사합니다.

매일 누리는 변화와 기적

11월의 절반이 지나갔다. 정말 세월이 빠르다. 2021년 첫날이 엊그제 같은데 이제 얼마 남지 않았다. 한 해를 돌아보니 후회되고 아쉬운 일도 많지만 예수동행일기를 쓰면서 주님과 더 가까워진 것이 감사하다. 고난이 없었다면 누리지 못했을 동행의 축복을 주신 주님께 감사드린다. 주님과 동행한다고 해서 하루아침에 새사람이 되거나 기적이 일어나지는 않지만 주님이 일하기 시작하심을 느끼고 있다. 앞으로 일어날 변화와 기적의 역사가 기대된다. 매일 주님과 동행하면서 주님을 기대하고 기도하고 기다리는 것이 바로 놀라운 변화와 기적이다.

많은 문제의 해결보다 매일 주님을 만나고 동행하는 진짜 그리스도인 되는 것이 나의 소원이다. 주님과의 관계가 회복되면 인생의 문제는 저절로 해결된다고 믿는다. 당장 기관절개를 막고 예전처럼 말하고 음식을 입으로 먹고 근이영양증을 치료해 주시는 것이 나의 간절한 소원이지만 기적보다 주님을 바란다. "우리가 살아도 주를 위하여 살고 죽어도 주를 위하여 죽나니 그러므로 사나 죽으나 우리가 주의 것이로다"라는 로마서 14장 8절의 말씀이 나의 고백이 되는 역사가 있기를 원한다.

1. 어젯밤에 마우스 움직이는 손이 힘이 없어서 예수동행일기 쓰다가 그냥 잤는데 오늘 낮에 여유를 가지고 다시 쓰게 해 주셔서 감사합니다. 내 힘으로 하지 않고 힘 주시는 대로 주님만 의지하고 의식하고 쓰게 하소서.

2. 오늘은 눈뜨자마자 주님을 찾고 기도하게 하시고 순간순간 기도하게 해 주셔서 감사합니다. 불편한 몸으로 새벽 기도는 못 가지만 깨어 있는 동안 수시로 기도하고 잠잘 동안 주님이 역사해 주소서.

3. 어제 윤애경 선생님이 오셔서 목관 튜브와 콧줄 교체하게 해 주셔서 감사합니다. 이물질을 몸에 찔러 넣는 것이 늘 고역이지만 그나마 수월하게 해 주신 은혜입니다. 원컨대 기관절개 막고 목관 튜브와 콧줄 빼게 하소서.

4. 한동안 걱정, 근심이 많았는데 사흘 동안 평안하고 미소 짓게 해 주셔서 감사합니다. 살다 보면 그냥 지치고 힘들고 침체될 때 있는데 주님 안에서 힘을 얻고 기뻐하게 하소서.

5. 밤에 조금 더 일찍 끝내고 잠자게 해 주셔서 감사합니다. 유튜브, 게임, 인터넷 더 하고 싶은 욕심 버리고 잠자리 드는 시간을 기도와 임재의 시간으로 누리게 하소서.

6. 기온이 떨어졌지만 낮에는 따뜻한 햇살이 비치게 해 주셔서 포근함 느끼게 해 주셔서 감사합니다. 추운 겨울 같은 내 인생에도 주님의 빛 비추소서.

반복된 연습과 훈련의 중요성

오늘은 모처럼 침대를 세워서 몸을 일으켜 앉았다. 세 달 전쯤 앉았다가 힘들어서 그 후로 하루 이틀 미루다가 누워서만 지냈다. 이러다가 영영 못 앉을 것 같고 앉는 연습을 해야 나중에 앉기가 수월할 것 같아서 용기를 냈다. 다행히 어지럽지는 않았는데 5분이 지나서 힘들기 시작하더니 10분이 넘어서 땀이 나고 답답해서 몸을 눕혔다. 누운 뒤에도 한동안 머리가 욱신거리고 가슴이 답답해서 힘들었다. 너무 오랜만에 앉아서 혈압과 호흡이 불안정하지 않았나 싶다. 편한 것에 익숙해지는 것이 몸과 마음을 얼마나 나약해지게 만드는지 알 수 있었다.

예수님과 매일 동행하고 일기를 써서 점검하는 것도 처음에는 습관이 안 돼서 얼마나 귀찮고 불편했는지 모른다. 믿음 생활도 적당히 주일예배만 드리고 교회에 매이지 않으면 편하고 코로나 팬데믹 상황에는 영상 예배만 한번 드리면 성도의 의무를 다했다고 생각하는 것 같다. 조금 귀찮고 불편해도 교회 모임에도 참여하고 성경도 읽고 큐티도 하고 기도도 하고 예수동행일기도 쓰고 감사 일기도 쓰면 나의 영혼과 내면이 단련되고 외적인 어려움을 이길 힘이 생길 줄 믿는다.

오랜만에 앉았다가 고생하고 지쳐서 종일 멍 때리고 졸면서 쉬었다. 그래도 아침에 간절히 기도드리고 저녁에는 어떻게든 예수동행일기를 쓰게 돼서 침체를 피할 수 있었다. 나도 주님과 동행 안 하면 편하게 여가 생활을 즐길 수 있지만 40년 넘게 그렇게 살아보니 예수 믿어도 아무 평안과 능력이 없었다. 어차피 한 번뿐인 인생 진짜를 만났으니 제대로 믿고 따라야 하지 않겠는가. 세상 즐거움보다 더 가치 있는 것을 알게 하신 주님께 감사드린다.

추운 날씨와 코로나19 확진자 수가 많은 것과 앉아 보는 연습을 더 해야겠다는 핑계로 22일로 예정된 입원을 연기하기로 했다. 아는 근육병 동생이 사흘 전에 퇴원했는데 재활의학과 담당 교수님 두 분이 코로나 밀접 접촉자로 분류돼 자가격리 중이라는 말을 듣고 영향을 받았다. 지나친 염려 같긴 한데 좀 더 마음 놓일 때 가도록 하고 그동안 앉는 연습하고 연하운동을 하기로 했다. 기도를 더 해 보고 결정해야 했나 싶은 반성도 한다. 주님의 인도하심을 구하고 기다리는 믿음 주시길 기도드린다.

오늘의 감사

1. 지난밤에 조금 일찍 자고 밤새 돌봄과 보호받게 해 주셔서 감사합니다. 작년까지도 야간에 어머니가 돌보시느라 잠 못 자고 힘들었습니다. 기관절개도 하고 힘들어진 만큼 감당할 힘 주시고 피할 길 허락하시니 감사합니다.

   "사람이 감당할 시험 밖에는 너희가 당한 것이 없나니
   오직 하나님은 미쁘사 너희가 감당하지 못할
   시험 당함을 허락하지 아니하시고
   시험 당할 즈음에 또한 피할 길을 내사
   너희로 능히 감당하게 하시느니라" (고린도전서 10:13)

2. 아침에 눈뜨자마자 15분 정도 주님을 찾고 기도하게 해 주셔서 감사합니다. 다른 시간 많아도 홀로 있는 시간, 컴퓨터 안 하는 시간에 기도하기는 아침이 좋습니다. 때를 얻든지 못 얻든지 매일 수시로 기도하고 복음 전하게 하소서.

3. 고단한 인생길에서 하루를 평안하고 즐겁게 보내게 해 주셔서 감사합니다. 지난날을 돌아보면 괴로운 날이 참 많았습니다. 절망스러워도 포기하지 않고 기도한 응답을 보게 하십니다. 괴로울 때 드린 기도가 헛되지 않으니 감사합니다.

4. 낮에 힘들었는데 저녁에는 편안해져서 감사합니다. 힘든 시간도 자주 오지만 금방 지나가는 은혜가 감사합니다. 나의 갈 길 다 가도록 나와 동행하소서. 천국 문에 이르도록 나와 동행하소서.

약할 때 강함 되시는 은혜

어제부터 컨디션이 떨어져서 낮에 졸리고 조금 머리가 무겁고 가슴이 두근거렸다. 평소보다 잠도 일찍 자고 스트레스도 없는데 몸이 가볍지가 않으니 의욕과 자신감이 떨어졌다. 그런데 내가 약해질수록 기도는 간절해지고 자주 하게 된다. 항상 그랬던 것 같다. 내 힘으로 안 될 때, 나의 한계를 느낄 때 주님을 찾고 의지하게 된다. 그래서 고난이 유익하다는 말이 맞다는 생각이 든다. 나의 약함을 부끄러워하지 않는 이유는 약할 때 주님의 능력이 나타나서 강해지기 때문이다.

> "나에게 이르시기를 내 은혜가 네게 족하도다
> 이는 내 능력이 약한 데서 온전하여짐이라 하신지라
> 그러므로 도리어 크게 기뻐함으로
> 나의 여러 약한 것들에 대하여 자랑하리니
> 이는 그리스도의 능력이 내게 머물게 하려 함이라
> 그러므로 내가 그리스도를 위하여
> 약한 것들과 능욕과 궁핍과 박해와 곤고를 기뻐하노니
> 이는 내가 약한 그때에 강함이라" (고린도후서 12:9-10)

몸이 가라앉아서 마음도 약해지고 우울해지기 쉽지만 족한 은혜 주시는 주님을 생각하고 기뻐하고 나의 여러 약한 것들에 대하여 자랑하니 그리스도의 능력이 내게 머물게 되어 강해지는 것을 경험한다. 오늘은 나의 약함 때문에 주님과 동행하고 감사드리기 좋은 날이다. 내가 약할 때 다른 사람의 약함과 어려움도 느껴져서 더 사랑하고 위해서 기도하게 되는 은혜가 있다. 우리 주 예수님도 인간의 몸으로 오셔서 낮아지시고 약해지셨기 때문에 나의 약함과 괴로움을 잘 아시고 도우시고 기도해 주신다.

1. 컨디션이 좋지 않아 그저 하루를 살아내기만 했지만 주님 안에서 평안을 누리고 기도하고 감사하는 복된 날 되게 해 주셔서 감사합니다.

2. 내가 약할 때에 주님의 능력으로 강함 주셔서 약함을 기뻐하고 사람들의 약함을 도와 기도하게 하시니 감사합니다. 주님처럼 고난당한 사람, 몸이 아픈 사람, 마음이 상한 사람을 위해 애통한 마음으로 기도하게 하소서.

3. 오늘을 살도록 밤에 자고 아침에 눈뜨게 해 주셔서 감사합니다. 고단한 인생이지만 주님이 함께하시니 살아 있음이 행복입니다.

4. 짧은 시간이라도 진심으로 주님을 바라보고 기도하는 평안과 행복을 맛보게 해 주셔서 감사합니다. 틈만 나면 영혼의 호흡인 기도를 하게 하소서.

5. 주님 안에서 믿음의 지체들과 기도와 교제로 연합하고 동역하게 해 주셔서 감사합니다. 형식적인 인사와 소통을 예수동행일기로 진실한 대화로 발전시켜 주셨습니다. 서로 마음의 문을 열고 그리스도의 사랑을 나누게 하소서.

죄를 고백하고 회개하는 은혜

오늘은 어제보다 컨디션이 좋아서 편안한 하루를 보냈다. 컨디션 안 좋은 날이 있으니 좋은 날이 더 감사하게 느껴진다. 나의 삶도 고난이 없다면 주님의 위로를 받지 못하고 감사하지 못할 것이다.

> "우리 주 예수 그리스도의 아버지이신 하나님을 찬양합시다.
> 그는 자비로우신 아버지시요, 온갖 위로를 주시는 하나님이시요,
> 온갖 환난 가운데에서 우리를 위로하여 주시는 분이십니다.
> 따라서 우리가 하나님께 받는 그 위로로,
> 우리도 온갖 환난을 당하는 사람들을 위로할 수 있습니다.
> 그리스도의 고난이 우리에게 넘치는 것과 같이,
> 그리스도로 말미암아 우리의 위로도 또한 넘칩니다."
> (고린도후서 1:3-5 새번역)

오늘은 특별히 유튜브를 통해 말씀과 간증으로 위로해 주셨다. '2021 다니엘 기도회'를 며칠 못 보다가 3일 치를 몰아서 봤는데 전부 귀하고 은혜로웠다. 솔직히 모든 간증에 은혜받기는 힘든데, 오늘 들은 간증은 약한 자를 강하게 하시고 사용하시는 하나님을 드러내서 좋았다. 내가 사랑하는 사람 모두에게 소개하고 싶은 내용이다.

나의 전부를 사람들에게는 말하지 않으면 숨길 수 있고 드러나지 않지만 주님 앞에서는 말하지 않아도 하나도 숨길 수 없고 드러난다. 매일 나의 숨겨진 부분을 점검해야 한다는 감동을 주신다. 오늘은 실패했음을 고백한다. 내일도 성공과 실패 여부를 기록한다면 죄에 무뎌지지 않고 주님을 의지하여 이길 힘을 주실 것이다. 내 힘으로 이기려고 하니 계속 패배하고 누구에게나 약한 부분이 있으니 괜찮

다고 위안을 삼기에 이르렀다. 실수와 잘못이 없는 사람은 없지만 그것을 인정하고 주님께 도움을 구하는 사람은 있다. 주님은 그런 사람을 찾으시고 의롭다 하신다. 주님 앞에서까지 숨기려 하는 위선과 가식을 회개한다.

오늘의 감사 

1. 오늘 몸 컨디션을 회복시켜 주시고 편안하게 해 주셔서 감사합니다.

2. 육체의 질병과 장애로 고난을 겪지만 주님의 위로로 이길 힘 주시고 다른 사람을 위로할 수 있게 해 주셔서 감사합니다.

3. 유튜브로 주님의 말씀과 생생한 간증을 듣고 깨닫는 은혜 주셔서 감사합니다.

4. 작은 죄도 주님 앞에서 민감하게 여기고 점검하도록 감동 주셔서 감사합니다. 체면이나 이미지를 주님 앞에서도 지키려 한 것을 회개합니다.

5. 연세 드셨지만 아직 강건하셔서 나를 보호해 주고 돌봐 주시는 어머니 감사합니다.

하루도 쉬면 안 되는 일

하루라도 주님 바라보고 동행하지 않으면 기뻐하고 감사할 수 없음을 고백한다. 세상을 보고 사람을 의식하니 마음에 기쁨과 감사가 사라지고 근심과 걱정이 생겼다. 주님의 마음보다 사람의 반응에 민감해졌기 때문이다. 아침에 눈뜨자마자 주님을 생각하고 하루 종일 매 순간 주님 바라보고 저녁에 예수동행일기를 쓰고 감사로 하루를 마감하는 것이 별것 아닌 것 같아도 하루라도 소홀히 하면 그 차이가 얼마나 큰지 알 수 있다. 나의 한계와 절망을 뛰어넘어 하나님의 가능성이 이뤄지는 삶을 살려면 하루도 멈추지 말고 매일 주님만 바라보고 의지하고 동행하는 삶을 살자. 나 자신도 믿을 수 없는 존재이니 사람의 반응을 기대하고 도움을 의지하지 말자.

이틀 동안 미세먼지가 최악이라 창문도 열 수 없었다. 이럴 때는 새로운 바람이 불어오고 비가 내려서 오염된 공기를 씻어 주면 좋겠다. 죄의 먼지로 오염된 내 마음에도 매일 성령의 바람이 불어오고 성령의 단비가 내리기를 갈망한다. 공기도 내 영혼도 혼탁해져서 힘든 이틀을 보냈다. 오늘 주일예배를 통해 씻어 주시니 회복이 돼서 감사하다. 감사로 하루를 마감하고 월요일 아침 주님을 부르고 하루를 시작할 것을 결단한다.

1. 나의 약함을 통해 주님을 바라보고 주님과 동행하는 삶의 능력을 알게 해 주셔서 감사합니다. 불안한 세상과 불완전한 사람을 바라보고 근심하지 말게 하소서.

2. 주일 설교 말씀에서 류태영 박사의 삶의 이야기를 통해 내 인생의 가능성이신 하나님과 동행하는 삶의 희망을 가르쳐 주셔서 감사합니다. 주신 말씀 계속 되새기게 하소서.

3. 매일 매 주일 말씀으로 나를 일으켜 주시고 회복하시는 하나님 감사합니다. 근심과 걱정이 들어올 때 말씀에서 주님의 음성 듣게 하소서.

절대 감사

밤새 미세먼지를 씻어 주는 비가 내려서 오늘은 맑은 공기를 마실 수 있었다. 내 영혼에 먼지처럼 쌓이는 죄와 오염된 생각도 매일 예수 십자가 보혈과 성령의 비로 깨끗하게 씻기기를 간절히 원한다.

오늘은 아침에 눈뜨자마자 주님을 먼저 생각하고 기도드렸다. 며칠 동안 겨울처럼 춥고 쓸쓸한 내 마음이 향할 곳은 아버지 하나님 품이다. 사람의 인정과 칭찬에 의지했던 나를 철저히 깨닫고 깨지는 중이다. 나부터도 다른 사람에 대한 관심이 자주 변하는 걸 보니 사람의 반응에 연연하지 말아야겠다는 다짐을 하게 된다. 믿음의 지체들과의 교제도 내가 위로받으려는 목적으로 이뤄진다면 크게 실망하고 흔들리게 된다는 것을 경험했다. 사람에 대한 관심과 반응도 너무 감정적으로 하기보다 조금 차분하게 잔잔하고 일정해야 상대에게 실망과 상처를 덜 주겠다는 생각이 든다. 예수동행일기를 쓰면서도 읽는 사람을 의식하고 반응을 살핀 것도 반성한다. 앞으로 주님만 의식하고 최대한 있는 모습 그대로 쓸 것을 다짐한다.

마음이 외롭고 쓸쓸할 땐 절대 감사가 특효약이라 생각하고 감사만 하려고 한다. 사람들과도 만나고 어울릴 수 없고 음성으로 소통이 안 되니 늘 채워지지 않는 부분이 있다. 매 순간 주님 바라보고 동행하지 않으면 우울함과 불만족에서 안전하지 못하다. 오늘 읽은 갈라디아서 2장 20절 말씀이 정답이다.

> "내가 그리스도와 함께 십자가에 못 박혔나니
> 그런즉 이제는 내가 사는 것이 아니요
> 오직 내 안에 그리스도께서 사시는 것이라
> 이제 내가 육체 가운데 사는 것은
> 나를 사랑하사 나를 위하여 자기 자신을 버리신

아멘. 나는 그리스도와 함께 십자가에 못 박혀 죽었고 내 안에 그리스도께서 사신다는 것을 선포한다.

오늘의 감사

1. 적절한 비를 내려 주셔서 해로운 미세먼지를 제거해 주시니 감사합니다.

2. 사람의 생각과 근심으로 오염된 내 심령을 그리스도의 십자가 보혈과 성령의 단비로 정결하게 해 주셔서 감사합니다.

3. 추운 겨울에 따뜻한 보금자리를 주셔서 편안하게 살게 해 주셔서 감사합니다.

1초의 기적, 감사

매일 다섯 가지 이상의 감사 일기를 쓰고 있지만 감사의 마음을 잃어버리고 근심하고 불평할 때가 많다. 오늘은 유튜브로 지난주 추수감사주일 설교 '1초의 기적'을 듣고 모든 일에 감사하기로 다시 결단할 수 있었다. 설교 말씀만 들어도 감사한 마음이 생기고 행복했다. 감사하다고 말하는 데 1초밖에 걸리지 않지만 그 능력은 평생 기적으로 나타난다. 요새 내가 아무것도 할 수 없다는 절망과 낙심이 나를 가라앉게 하고 감사하지 못하게 만들었다. 내가 아무것도 할 수 없는 중증 장애인이지만 감사를 고백하고 표현하는 것은 얼마든지 할 수 있음을 깨달았다. 내 평생 병상을 벗어나지 못할지라도 모든 일에 감사한다면 매일 기적 같은 삶을 살게 될 줄 믿는다. 약하고 불완전한 나를 볼 때 감사하고 만족할 이유를 찾기 어렵지만 전능하시고 완전하신 하나님을 바라보면 존재만으로 감사하고 만족할 이유가 된다. 오늘도 종일 손이 불편해서 컴퓨터로 소통하기 힘들었는데 주님을 바라고 의지하며 동행했더니 불만과 불평이 사라졌다. 손을 아끼고 감사에 대한 설교와 찬양만 들었다. 전광 목사님의『감사가 내 인생의 답이다』와 이찬수 목사님의『감사』를 읽고 감사를 실천할 힘을 얻는다.

감사를 회복한 오늘이 내 삶의 기적 같은 하루다. 내가 하나님이 주신 생명으로 존재하는 것 자체가 기적이고 감사의 이유다.

> "시와 찬송과 신령한 노래들로 서로 화답하며
> 너희의 마음으로 주께 노래하며 찬송하며
> 범사에 우리 주 예수 그리스도의 이름으로
> 항상 아버지 하나님께 감사하며" (에베소서 5:19–20)

1. 추수감사주일 설교 말씀 듣고 감사를 회복하고 주님 안에서 기뻐하게 해 주셔서 감사합니다.

2. 낮에는 마우스 움직이는 손이 불편해서 문자 쓰기도 힘들었는데 저녁에 편해져서 글 쓰게 해 주셔서 감사합니다.

3. 나의 상황과 사람을 바라보고 절망하고 낙심한 나를 주님을 바라보고 소망을 갖고 힘을 내게 해 주셔서 감사합니다.

누워서도 감사할 이유

오늘도 하루 종일 침대에 누워서 지내다 보니 나른해지고 집중력을 갖기 힘들었다. 그럴 때마다 나의 한계와 무기력함 때문에 실망하게 된다. 하나님이 사람을 두 발로 서서 걸어 다니도록 창조하셨기 때문에 걷지 않고 앉아 있으면 몸이 약해지고 누워만 있으면 생명력을 잃게 된다. 건강한 사람도 하루, 이틀 누워만 있으면 환자가 된다고 한다. 나의 무기력한 모습에 실망하고 있었는데 평생 걷지 못하고 누워 지내면서 아직 살아서 주님과 동행하고 있는 나를 생각하니 주님의 은혜가 크다는 것이 깨달아졌다. 질병과 장애로 누워서 죽을 날만 기다려야 할 나를 자녀 삼아 주시고 항상 함께하셔서 이 하루도 소망 가운데 살게 해 주신 주님께 감사드린다. 비록 건강한 사람처럼 활동할 수 없고 성공하지 못해도 살아 있는 동안 늘 기도하고 감사하고 기뻐할 수 있다면 행복한 인생이라는 생각이 든다. 육신의 연약함으로 신앙생활도 다른 사람들처럼 못해도 낙심하지 말아야겠다. 하나님의 아들 예수 그리스도를 믿는 것이 가장 가치 있는 일이고 주님을 예배하는 것이 지음 받은 목적이니 그걸로 충분하다.

매일 새 힘 주시고 다른 재미와 만족을 찾지 않도록 은혜 주시기를 기도한다. 컴퓨터 모니터로 글 쓰고 페이스북 하고 게임도 하고 유튜브와 영상을 보기 때문에 좀 더 크고 화질 좋은 제품을 찾아봤다. 외모를 가꾸거나 여행을 가거나 친구를 만나거나 다른 취미가 없어서 주로 컴퓨터와 영상 음향기기를 구경하는 것이 즐거움인 것 같다. 만족은 없을 테니 너무 욕심내지 말고 하루를 즐겁게 보내도록 하자. 컴퓨터가 즐거움과 선한 도구가 되니 감사하다.

"아무것도 염려하지 말고 다만 모든 일에 기도와 간구로,
너희 구할 것을 감사함으로 하나님께 아뢰라
그리하면 모든 지각에 뛰어난 하나님의 평강이
그리스도 예수 안에서 너희 마음과 생각을 지키시리라" (빌립보서 4:6-7)

오늘의 감사 

1. 날마다 힘없고 약한 나를 놓지 않으시고 힘 주셔서 살게 하시니 감사합니다.

2. 나른하고 무기력했는데 주님의 은혜로 누구보다 잘 살고 있음을 깨닫게 해 주셔서 감사합니다.

3. 자유롭게 신앙을 고백하고 하나님을 예배하고 성경을 읽을 수 있게 해 주셔서 감사합니다.

4. 살아 있어서 주님과 동행하고 죽어도 천국에서 함께하실 것이니 감사합니다.

5. 지금까지 힘든지 모르고 살았으니 감사합니다.

6. 팔순 넘은 어머니가 건강하게 활동하시고 인지 능력과 기력이 좋으셔서 감사합니다.

짐이 아닌
쉼을 주시는 주님

오늘은 쉬어가는 날로 생각하고 게으름을 피웠다. 하기 편한 것만 해서 피로와 스트레스는 풀렸지만 주님과의 동행과 기도마저 쉴 것은 아닌지 반성해 본다. 사실 주님은 무거운 짐을 주시는 분이 아니고 오히려 수고하고 무거운 짐 진 사람들을 쉬게 하시는 분이다. 나의 죄악 된 본성이 주님을 예배하고 말씀대로 사는 것을 무거운 의무로 생각하게 할 뿐이다. 하루 종일 재미를 찾고 누려봤지만 주님을 찾고 동행하는 것처럼 나를 치유하고 회복시키는 참 안식과 자유는 없었다. 다시 힘을 내서 주님을 기대하고 기도하고 기다리는 즐거움을 누리자. 성경 말씀을 늘 가까이하고 세상이 주는 근심과 걱정을 멀리하자. 사람을 판단하고 미워하지 말고 이해하고 사랑하기를 힘쓰자.

최근에 뉴스를 잘 안 보고 산다. 정말 알아야 할 사실과 정보는 별로 없고 불안과 분노와 갈등만 조장하는 뉴스가 많은 것 같아서다. 예전에 뉴스를 많이 볼 땐 나도 세상에 대해 불만과 분노를 가졌었다. 내가 지지하는 정치 세력과 인물에 기대와 희망을 걸고, 반대하는 쪽은 증오하는 것이 타락한 인간의 본성이다. 오늘은 코로나19 바이러스 변종이 발견돼서 세계 증시가 폭락했다고 한다. 백신만 맞아도 코로나19가 종식될 줄 알았는데 확진자는 매일 4천 명을 넘고 있다. 겨울 독감이나 감기처럼 흔한 질병이 된 현실을 인정하고 개인위생과 면역 관리를 철저히 하고 예배와 감사를 잃어버린 것을 회개하자. 게으름 피우지 말고 항상 기뻐하고 쉬지 말고 기도하고 범사에 감사하자.

"항상 기뻐하라
쉬지 말고 기도하라
범사에 감사하라
이것이 그리스도 예수 안에서
너희를 향하신 하나님의 뜻이니라" (데살로니가전서 5:16-18)

오늘의 감사

1. 하루 종일 게으름 피우고 놀았는데 그걸 통해서 주님을 예배하고 순종하는 것이 참 만족과 자유라는 사실을 깨닫게 해 주셔서 감사합니다.

2. 코로나19보다 크신 주님을 생각하고 불안과 공포를 물리치고 세상을 위해 기도하는 중보자로 살게 하시니 감사합니다.

3. 볼품없고 깨지기 쉬운 질그릇 같은 나를 택하셔서 귀한 보석 같은 주님을 품게 하시고 나타내게 해 주셔서 감사합니다.

4. 하루 24시간 눈동자같이 지켜 주시고 생명을 연장해 주셔서 감사합니다.

주님만 실망시키지 않는다

어제 새로 산 모니터와 거치대를 작은형님의 수고로 설치했다. 기대한 대로 화면이 선명하고 색감이 뛰어나서 좋은데 누워서 보는데 3인치가 더 커져서 각도와 높이가 잘 안 맞고 해상도가 4배로 높아지는 바람에 마우스 이동폭이 많아져서 적응하느라 힘이 들었다. 오늘은 더 높이 놓고 화면을 볼 수 있는 거치대를 찾아보고 주문하느라 손이 지쳐서 겨우 예수동행일기를 쓴다. 뭐든지 새로운 것이 발전과 변화의 즐거움을 주지만 적응은 힘들다.

사람은 가까이 지내다 보면 정이 들고 관심을 주게 되는데 상대가 몰라주고 오해하면 실망한다. 모든 사람이 연약하고 불완전한 존재라서 실망을 줄 수 있다. 그저 주님께 마음을 드려야 오해와 갈등에서 안전하다. 사람을 위로하려는 마음이 좋지만 관심도 불편할 수 있으니 그저 공감하고 기도해 주는 것이 좋겠다. 외롭고 쓸쓸할 때 주님을 찾자. 주님만이 나의 기대와 관심을 실망시키지 않으신다.

오늘의 감사 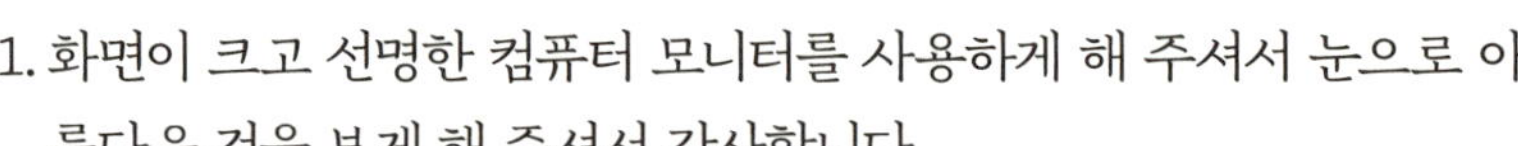

1. 화면이 크고 선명한 컴퓨터 모니터를 사용하게 해 주셔서 눈으로 아름다운 것을 보게 해 주셔서 감사합니다.

2. 살다 보면 사람에게 실망하고 상처받을 때 있지만 완전하시고 실수하지 않으시는 주님만 기대하고 찾는 기회가 되게 해 주셔서 감사합니다.

3. 실망하고 아픈 마음을 위로하시고 긍휼히 여기는 마음 주시니 감사합니다.

4. 세상이 줄 수 없는 평안을 주셔서 감사합니다.

5. 나를 홀로 내버려 두지 않으시니 감사합니다.

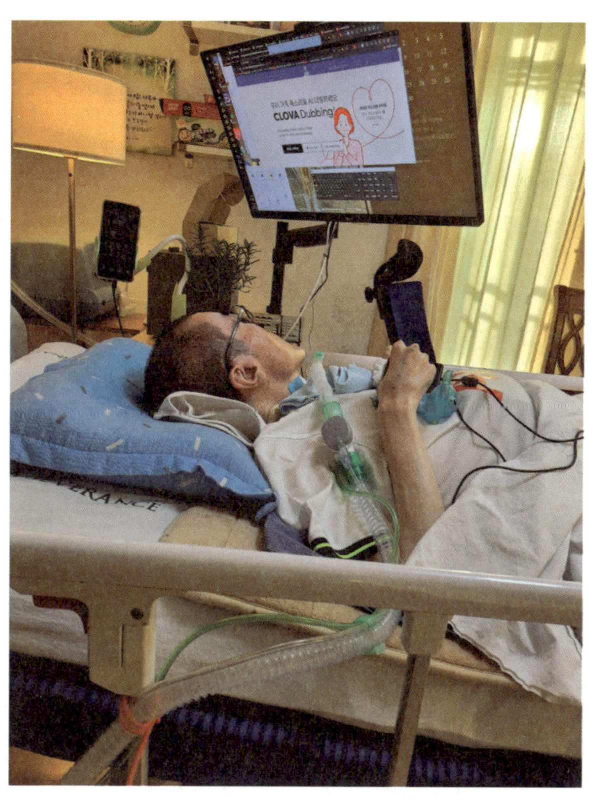

약함이 내게 복이다

겨울비 내리는 11월의 마지막 날이다. 컴퓨터 모니터를 바꾸고 나서 적응하느라 예수동행일기 쓰기가 힘들었다. 일기는 매일 쓰지 못해도 주님과의 동행은 멈추지 않고 계속되길 원한다. 힘이 없고 지쳐서 아무것도 할 수 없을 때도 하나님을 예배하고 예수의 이름으로 기도하고 성령으로 충만하기를 원한다. 환경 변화에 민감하고 연약한 나를 주님께 맡겨드린다. 나는 너무 약해서 주님 없이는 한순간도 살 수 없는데 그 약함이 내게 복이다. 약함을 통해 능력의 주님을 의지하게 하시니 감사하다.

백신 접종으로 코로나19가 곧 종식될 줄 알았는데 오미크론 변이 바이러스로 상황이 더 악화되고 있다. 세상에 희망이 사라지고 미래가 어둡게 느껴진다. 나도 상황이 나아질 때까지 입원과 사람 만나는 일을 미뤄야 할 것 같다. 과학과 기술이 나날이 발전하고 있지만 인간이 해결할 수 없는 전염병과 자연재해가 끊이지 않고 있다. 인간의 한계를 인정하고 주님 앞에 손들고 기도해야 할 때다. 모든 국가와 열방을 위해, 교회와 선교지를 위해, 아파하는 이웃을 위해 깨어서 기도하기 원한다.

어제 오전에 인도네시아 발리에서 사역하시는 강원준 목사님이 출국하기 전에 방문해 주셨다. 강 목사님은 아버지 신학교 제자이신데 나의 예수동행일기를 읽고 연락을 주셔서 교제를 나누게 되고 만나게 되어 큰 위로를 받았다. 원주에 계신 박의부 목사님도 함께 오셔서 찬송 불러 주시고 힘 주셔서 즐겁고 감사한 시간이었다. 박 목사님은 사촌 형님 박계원 목사님의 장인이시고 아버지를 많이 따르고 사랑해 주신 분이다. 내가 알지 못했던 귀한 목사님을 아버지 덕에 알게 되고 만나게 되는 은혜가 감사했다. 아버지는 하늘나라 가고 안 계셔도 어머니가 계셔서 추억을 이야기하시니 만남이 더욱 풍성했다. 지금이라도 아버지와 연결된 분들을 기억하고 마음을 나눌 수 있어서 감사하고 그분들을 위해 기도하고 복을 구하는 것이 내가 할 일이라는 생각이 든다. 지금 나하고 친분을 나누는 모든 사람을 소중히 여기고 사랑하면 세월이 흐르고 세대가 바뀌어도 그 사랑은 누군가를 통해서 이어질 것을 믿는다. 평생 목회자와 신학자로 사신 아버지의 삶에 나의 예수동행일기가 소통의 통로가 되게 하신 주님께 감사드린다.

오늘의 감사 

1. 컴퓨터 사용 환경 변화로 분주하고 어수선하여 예수동행일기와 경건 생활에 어려움이 있었지만 나를 내버려 두지 않으시고 늘 동행해 주셔서 감사합니다.

2. 연약한 육신으로 활동에 제한이 많지만 예배와 기도와 말씀은 호흡처럼 멈추지 않고 지속할 수 있어서 감사합니다.

3. 기대하지도 못한 박의부 목사님과 강원준 목사님과 하늘나라 가신 아버지를 통해 연결되어 주님 안에서 만나서 교제하게 해 주셔서 감사합니다.

4. 현재의 삶과 사역이 미약해 보여도 후대에까지 영향을 끼친다는 것을 알게 해 주셔서 감사합니다.

5. 전염병과 자연재해로 미래가 어둡고 희망이 없는 세상에서 영원한 위로와 소망이 되시는 주님 감사합니다.

감사가 답이다

2021년 마지막 한 달 12월의 첫날을 맞이하게 하신 주님께 감사드린다. 코로나 19로 힘든 시기를 보내고 있는 사람들이 많은데 이만큼 편안하게 지내는 것이 은혜라고 생각한다. 내가 이 세상에 태어나 존재하는 것, 살아 계신 하나님의 자녀가 된 것, 신앙의 가정에 태어난 것, 부모님과 형제들 사랑받은 것, 자유와 인권이 보장된 나라 국민이 된 것, 세계 최고 수준의 의료 혜택을 누리는 것, 식민지와 전쟁을 경험하지 않고 산 것 등등 모두 당연한 것이 아니라 하나님의 은혜임을 고백한다.

살다 보면 걱정, 근심, 고민, 괴로움이 끊이지 않지만 무조건, 사사건건 감사한다면 자유하고 행복할 수 있다고 믿는다. 하나님을 모르고 살았다면 모든 것이 우연이고 운이라고 생각하고 감사하지 못했을 것이다. 하나님을 믿고 의지하기에 이해할 수 없는 고난까지 감사할 수 있었다. 오늘도 감사로 쓸데없이 복잡한 생각을 밀어내 본다. 걱정하고 불평할 자유가 있지만 감사하기를 나의 자유의지로 선택한다. 신앙생활은 결국 감사생활인 것을 깨닫는다. 하나님 사랑에 감사해서 하나님을 사랑하고 순종하는 것이다. 감사가 없는 신앙은 생명 없는 종교일 뿐이다.

오늘의 감사 

1. 오늘까지 살게 하신 것 감사하고 앞으로 살아가게 하실 모든 날 감사합니다.

2. 어두운 밤 지나고 밝은 아침 맞이하게 하시니 감사합니다.

3. 인공호흡기가 있어서 계속 숨을 쉬고 생명을 유지하게 해 주셔서 감사합니다.

4. 눈으로 세상을 보고 귀로 소리를 듣게 하시고 믿음으로 보이지 않는 하나님을 보고 그 음성을 듣게 해 주셔서 감사합니다.

말씀, 기도, 감사의 습관화

하루는 마음이 분주해서, 또 하루는 컨디션이 별로라서, 어제는 손이 불편하다는 이유로 일기를 쓰지 못했다. 글 쓰는 것보다 삶 속에서 기도와 말씀과 감사로 주님과 동행하는 것이 더 중요하다고 스스로 위로하고 마음 편히 쉬었지만 결국 매일 일기를 써서 주님을 생각하고 감사하는 것이 중요하다는 것을 깨달았다. 일기를 쓰나 안 쓰나 삶의 모습은 크게 달라 보이지 않지만 매일 주님 바라보고 나를 돌아보는 글 쓰는 시간이 주님과 동행하는 것이기에 이제는 짧고 간단하게라도 쓰고 하루를 마칠 것을 다짐한다. 하루를 엉망으로 살았거나, 멋지게 잘 살았거나 하루를 돌아보고 기도하고 감사할 때 은혜가 될 것이다. 마음으로 주님과 동행하고 감사하면 된다고 안이하게 생각한 것을 반성한다. 작은 습관 하나가 삶의 변화를 가져온다고 믿는다.

요새 몸이 더웠다 추웠다 체온 변화가 크고 몸도 여기저기 가려워서 불편하고 괴롭다. 사소한 불편과 괴로움이 늘 한 가지 이상 있어서 힘들지만 고난이 있어야 믿음 잃지 않고 겸손할 수 있다 생각하니, 견딜만한 어려움만 허락하시는 주님께 감사드린다. 코로나19 상황이 2년 넘도록 끝나지 않으니 바깥 활동이 없는 나도 답답하고 우울한 기분이 드는데, 사람을 만나고 활동해야 하는 사람들의 심정은 오죽할까 짐작이 된다. 이럴 때일수록 주님과 동행하는 은혜로 마음을 잘 지켜야겠다. 걱정, 근심, 불안을 감사하는 마음으로 물리치자.

12월이고 곧 크리스마스가 오는데 분위기를 느낄 수 없고 사람들과 어울릴 수 없어 조금 쓸쓸한 마음이 든다. 모두가 그럴 테니 우리를 구원하러 이 땅에 오신 독생자 예수 그리스도를 기억하고 찬양하며 기뻐하자. 임마누엘! 우리와 함께하시는 왕을 찬양합니다!

1. 육체의 가시로 불편하고 괴롭지만 감당할 만큼만 허락하시고 피할 길을 주시니 감사합니다.

2. 코로나19로 세상이 우울하고 깊은 절망에 빠져 있지만 변함없는 소망되시는 독생자 예수님이 오신 은혜 감사합니다.

3. 주님이 나의 만족되셔서 감사합니다.

어둠이 깊어질수록 더 밝은 빛

"나의 영혼이 잠잠히 하나님만 바람이여
나의 구원이 그에게서 나오는도다" (시편 62:1)

평안한 주일을 보내고 새로운 한 주의 시작 월요일을 맞이했다. 주일 하루뿐 아니라 매일 하나님을 만나고 예배하는 삶이 되기 원한다. 코로나19 오미크론 변이 때문에 세상에 기쁘고 좋은 소식이 들려오지 않는다. 어둠이 깊어질수록 빛이 더 밝게 비치듯이 세상이 어두울수록 하나님의 독생자가 이 세상을 구원하러 오신 기쁜 소식이 사람들에게 밝은 빛으로 비추길 기도한다.

우리를 위협하는 코로나19 바이러스도 유한한 것이기에 머지않아 위력을 잃고 사라질 것이다. 주변에 노약자를 위해 감염과 전파를 최대한 막아야 하겠지만 코로나 바이러스 자체를 너무 무서워하지는 않았으면 좋겠다. 코로나가 없을 때도 매년 독감과 감기로 수많은 노인과 환자들이 폐렴으로 목숨을 잃었다. 젊고 건강한 사람에게는 위협이 안 되기 때문에 독감이나 감기 걸린 사람을 확진자로 발표하지 않고 격리하지 않았을 뿐이다. 하루속히 코로나도 변이를 거듭해서 흔한 감기로 변하고 면역과 치료로 다스려지는 날이 오기를 바라고 원한다.

1. 주님이 함께하신다는 믿음으로 평안하고 즐겁게 지내게 해 주셔서 감사합니다.

2. 찬양 들으며 하나님 아들 예수님이 인간의 몸으로 오신 것을 기억하고 기뻐하게 해 주셔서 감사합니다.

3. 글 쓴다는 부담 없이 예수동행일기와 감사 일기 쓰게 해 주셔서 감사합니다.

기도를 멈추지 마라

크리스마스와 연말이 있는 12월이 조용히 지나가고 있다. 올해 연말은 위드 코로나로 일상이 회복될 것을 기대했는데 변이 바이러스와 확진자 수 급증으로 상황이 더 악화되고 있다. 아무것도 판단하고 예측할 수 없고 두렵지만 모든 것을 아시는 주님께 두 손 모아 기도드린다. 건강한 성인은 감기 정도로 가볍게 지나갈 일이지만 노약자와 기저질환자의 생명이 위험하고 격리돼야 하는 것이 너무 걱정스럽다. 오늘 아무 일 없음에 감사하고 세계 민족과 열방과 이웃을 내 몸과 같이 사랑하고 기도해야 할 때다. 기도를 최우선적으로 해야 하는데 분주한 일상 가운데 게을리 한 것을 회개한다. 어제부터 매일 기도할 제목을 다시 읽고 추가하고 기도드렸다. 매일 호흡하고 영양을 섭취해야 생명을 유지하듯 기도를 멈추지 않아야 내가 살고 가족과 이웃이 살고 모든 민족과 열방이 살고 교회가 지켜지고 회복될 것이다. 자꾸 기도 시간을 뺏어가고 방해하는 삶의 요소들을 과감하게 끊어내야겠다.

오늘의 감사 

1. 연말과 크리스마스에 사람들을 만날 수 없어서 답답하고 외롭지만 주님의 위로와 동행으로 견딜 수 있어서 감사합니다.

2. 나는 아무것도 할 수 없어도 모든 것 하실 수 있는 아버지 하나님께 기도할 수 있어서 감사합니다.

3. 오늘 하루도 즐겁고 감사하게 마치게 해 주셔서 감사합니다.

낮아짐이 복이 되다

"보라 처녀가 잉태하여 아들을 낳을 것이요
그의 이름은 임마누엘이라 하리라 하셨으니
이를 번역한즉 하나님이 우리와 함께 계시다 함이라" (마태복음 1:23)

요즘 아침부터 저녁까지 매 순간 주님을 생각하고 바라보기가 어려웠다. 그냥 멍 때리거나 다른 생각을 할 때가 많았다. 연말이라서 그런지 생각이 많아지고 마음이 분주했던 것 같다. 그럴수록 사소한 일에 신경도 쓰이고 주님과 동행하는 행복을 잃게 됐다. 다시 흩어진 마음을 정돈하고 말씀 앞에 높아진 자세를 낮추기를 다짐해 본다. 주님 아니면 불편하고 자유롭지 못한 몸으로 하루도 기쁘고 안전할 수 없다. 그 연약함이 나에게 복이다.

사흘째 콧줄 없이 입으로 영양식과 약물을 섭취 중인데 삼킴에 어려움이나 사레 들리는 느낌이 전혀 없고 목관 튜브는 해도 콧줄이 없으니 자유롭게 느껴진다. 병원에서 알면 난리가 날 텐데 스스로 조금이라도 이상이 느껴지면 콧줄을 하면 된다고 생각한다. 전에는 입으로 먹으면 불편함이 느껴져서 콧줄 뺄 엄두를 내지 못했으니 많이 좋아진 게 아닐까 싶다. 건강에 대한 걱정은 주님 손에 맡기고 나는 하루하루 사나 죽으나 주님과 동행하고 말씀과 기도로 주님의 뜻 이루는 삶 살기를 소원한다.

내일부터 크게 추워진다고 한다. 코로나 팬데믹으로 더 힘들고 고통스러운 겨울을 보내야 하는 사람들을 위로하시고 참 소망을 주시길 기도드린다. 감염 우려로 비대면으로 예배하는 성도들에게도 대면 예배를 능가하는 임재를 경험하게 해 주시길 기도한다. 장기간의 비대면 예배를 우려하는 것도 순수하게 주님을 예배하는 것의 의미를 생각하기 때문인데 그 문제로 현실적으로 시험 들고 갈등을 겪는 지체를 배려하는 지혜가 필요하다. 대면 예배의 약화가 신앙의 위기가 되지 않도록 개인 경건과 가정 예배가 회복된다면 앞으로 어떤 상황이 와도 문제가 없을 것이다.

지금은 가만히 기도할 때

오늘도 나에게 생명 주시고 구원을 베풀어 주신 하나님 아버지께 감사드린다. 사람을 구원하시려고 하나님의 아들이 연약한 인간의 모습으로 오신 성탄절이 얼마 남지 않았다. 세상에는 더 이상 기대하고 소망할 것이 없기에 내가 살아 있는 동안 생명과 빛이신 예수님만 생각하고 전하고 싶다. 매 순간 예수님을 부르기로 결단하고 하루 1시간 온전히 기도하기를 원한다.

오늘은 전전포 서정열 장로님의 묵상 말씀이 은혜가 된다. 월요일부터 토요일까지 매일 아침 카카오톡으로 귀한 말씀을 나눠 주신다.

"모세가 백성에게 이르되 너희는 두려워하지 말고 가만히 서서 여호와께서 오늘 너희를 위하여 행하시는 구원을 보라 너희가 오늘 본 애굽 사람을 영원히 다시 보지 아니하리라 여호와께서 너희를 위하여 싸우시리니 너희는 가만히 있을지니라" [출애굽기 14:13~14] 아멘 ♡ 너희를 위하여 싸우시리니….

위기 앞에 있을지라도 우리의 삶은 바라보는 시각에 따라 달리 보이고 영향을 받습니다. 세상을 보면 파도처럼 곧 나를 삼켜버릴 것같이 두려움이 찾아오지요. 그렇지만 하나님은 우리를 위해 이스라엘 민족에게 보여주신 홍해를 갈라지게 하는 기적을 행하신 것처럼 또 준비하고 계십니다. 오늘도 말씀에 내 이름을 넣고 읽으며 가만히 눈을 들어 하나님만을 바라보고 신뢰하며… 힘내서 출발.

아멘. 지금은 두려워하지 말고 가만히 서서 여호와께서 나를 위하여 행하시는 구원을 볼 때다. 코로나와 질병과 장애와 현실과 악한 영이 나를 힘들게 해도 나를 위해 싸우시는 하나님이 계시니 가만히 있으라고 하신다. 하나님만 바라보고 의지할 때 홍해가 갈라지는 놀라운 역사를 보게 될 것이다.

일 년 전에 페이스북에 올린 내 기도를 읽고 응답되기 시작했음을 고백한다. 믿음으로 구하는 것은 결코 헛되지 않다.

"육신의 곤고함 가운데 나를 도우시고 함께 아파하시는 주님의 손길 느낄 수 있어 정말 감사합니다. 연약하고 어리석어 주님의 크신 뜻 보지 못하고 근심하고 원망하는 저를 불쌍히 여기소서. 주님만 간절히 구하고 의지할 때 기적도 일어날 줄 믿습니다. 기적을 구하는 게 아니라 주님의 임재를 구하고 주님만으로 만족할 때 주님이 일하심을 믿습니다. 저에게 필요한 것은 이 땅에서 잘 먹고 잘살고 형통한 것이 아니라 주님뿐입니다. 건강하고 잘살아도 영원한 지옥에 간다면 저주일 뿐이요 아프고 고생해도 영원한 천국 간다면 축복임을 고백합니다. 잠시 잘살기 위해서가 아니라 주님 나라에 참여하기 위해 치유와 회복의 역사를 구합니다. 육신의 병을 고치실 뿐 아니라 지옥 갈 하나님과 원수 된 사람을 하나님 자녀 삼으신 놀라운 기적을 간증하게 하소서. 예수님 이름으로 기도합니다. 아멘."

어제는 어떤 일로 스트레스받고 마음이 불안정했는데 내 생각을 항복하고 상대를 이해하고 기도했더니 아무것도 아닌 일처럼 사라지고 오늘은 평안을 회복했다. 사람의 말을 너무 판단하고 의미를 둬서 일어난 일이었다. 주님만 생각하고 바라봤다면 겪지 않았을 괴로움이다. 다시 감사와 화목을 주시는 주님께 영광을 돌린다.

오늘의 감사

1. 내 생각과 기분을 따르다가 주님의 마음과 뜻을 따르니 자유와 평안을 누리게 되어 감사합니다.

2. 서정열 장로님의 묵상 글과 이찬수 목사님의 『감사』 책을 읽고 은혜와 깨달음 주셔서 감사합니다.

3. 어제 작은형님이 강남 세브란스 외래에 가서 환자 영양식을 처방받아 준 수고에 감사합니다.

4. 어머니가 아침도 드시기 전에 엉덩이에 붙일 폼 사 오셔서 잘 붙이고

통증 없게 해 주셔서 감사합니다.

5. 하루 24시간 수고해 주시고 몸과 마음을 편안하게 해 주시는 어머니
   와 권사님과 활동보조 선생님 감사합니다.

6. 컴퓨터를 이용해 소통하고 글을 쓸 수 있게 해 주셔서 감사합니다.

오직 예수로 충분

"이 첫째 부활에 참여하는 자들은 복이 있고 거룩하도다
둘째 사망이 그들을 다스리는 권세가 없고
도리어 그들이 하나님과 그리스도의 제사장이 되어
천 년 동안 그리스도와 더불어 왕 노릇 하리라" (요한계시록 20:6)

12월은 유난히 빠르게 지나간다. 연말과 크리스마스를 느낄 새도 없이 15일이 흘러갔다. 코로나 때문에 보고 싶은 가족과 지인들도 만날 수 없고 아무 장식도 없어서 더 그렇다. 그래도 나에게 생명과 구원을 주시려고 2천 년 전에 베들레헴 마구간에 오신 예수님과 1년 365일 동행하게 된 것으로 충분하다.

인간적으로는 코로나가 생기기 전, 폐렴으로 기관절개하기 전 2019년 크리스마스가 그리운 것도 사실이다. 그때는 가까운 사람들과 맛있는 음식도 나눠 먹고 연말을 즐겁게 보냈다. 하루속히 코로나가 종식되고 평범한 일상이 회복되길 간절히 기도하고 이런 어려운 시기를 통과하면서 보이지 않는 내면이 예수로 채워지고 영혼이 새롭게 거듭나는 사람들이 많아지길 기도한다. 코로나 이후를 비관적으로 보는 의견이 절대적으로 많지만 영이신 하나님을 믿고 예배하는 것은 우리 힘과 능력으로 하는 것이 아니기에 주님 다시 오실 때까지 예수 복음은 땅 끝까지 전해지고 교회는 부흥될 것을 믿는다.

내가 할 일은 누워서 자나 깨나 예수님 생각하고 기도하는 것이다. 드러나게 사역하지 못해도 예수동행과 말씀으로 기도하는 삶을 살 때 주님의 일하심을 보리라. 할렐루야!

1. 크리스마스 장식과 파티가 없어서 썰렁한 12월 같지만 내 마음에 오신 주 예수 그리스도를 생각하고 동행할 수 있어서 행복하고 감사합니다.

2. 세상의 화려함과 즐거움도 사라지고 사람들의 고민이 깊어지는 이 시기를 통해 참 빛 되고 소망되신 주님이 드러나게 하심을 믿고 감사합니다.

3. 2년 전 크리스마스보다 상황은 나빠졌지만 주 예수님과 늘 동행하는 지금이 더 평안하고 만족이 되니 감사합니다.

4. 오늘도 주님 안에서 평안하고 기쁜 날 보내게 해 주셔서 감사합니다.

추위를 녹이는 예수의 사랑

이번 주 내내 한낮 기온이 영하로 떨어지는 추위가 계속되고 있다. 오늘은 눈도 많이 오고 더 추워진다고 한다. 체온과 면역을 잘 지켜야 이 겨울을 건강하게 보낼 수 있듯이 내 마음속에 예수님의 사랑의 온기가 있어야 넉넉히 살아갈 수 있다. 나의 생각과 힘으로는 너무 춥고 힘든 인생길이다.

오늘도 나를 사랑하셔서 이 땅에 오셔서 십자가에 달리신 예수님을 생각한다. 예수님을 생각하면 독생자를 내어 주신 하나님 아버지의 사랑이 느껴진다. 어제 유튜브에서 설교를 듣다가 거룩에 대한 강력한 메시지를 받았다. 거룩에 대한 열망이 사라지고 죄에 대해 무뎌진 나를 깨닫고 회개하고 거룩한 삶을 구하는 기도를 수시로 드리고 있다. 거룩은 도덕적이고 금욕적인 삶이 아니라 세상과 구별된 삶을 의미한다. 성도라는 이름을 얻고도 세상 사람과 다를 바 없는 삶을 살고 있으니 복음 전파와 교회 부흥에 걸림돌이 되고 있었다.

"오 거룩하신 하나님, 죄인 되었던 나를 사랑하셔서 나의 죄를 독생자 예수께 담당시키시고 나를 의롭다 하시고 거룩한 백성 삼아 주셔서 감사합니다. 은혜만 받고 끝내지 않고 거룩한 삶으로 주님을 세상에 전하게 하소서."

1. 매서운 추위와 코로나로 힘든 겨울을 따뜻하고 안전하게 보내게 해 주셔서 감사합니다.

2. 매일 새로운 은혜 주셔서 하나님의 사랑과 나의 죄를 깨닫게 해 주셔서 감사합니다.

3. 죄로 죽을 수밖에 없는 나를 위해 독생자 예수를 이 땅에 보내시고 십자가에서 죄를 담당시키셔서 나를 자녀 삼으시고 성도 되게 하시니 감사합니다.

말씀과 기도로 준비하는 삶

가만히 있어도 시간은 멈추지 않고 흘러간다. 2021년이 저물어가고 있다. 연말과 크리스마스에도 특별한 약속이나 계획 없이 마음만 분주하게 지내고 있다. 주님을 매 순간 먼저 생각하고 의식해야 하는데 여러 가지 상황과 생각에 타이밍을 자꾸 놓치게 된다. 내가 기도와 말씀의 자리에 서 있지 않으면 생각을 뺏길 수밖에 없다. 예수동행일기를 쓰는 것만으로도 주님을 생각하고 깨닫는 은혜가 있지만 일상 가운데 기도와 말씀으로 공급받지 않고는 어렵다는 것을 깨닫는다. 일기를 쓰기 앞서서 기도하고 말씀 듣기에 힘쓸 것을 결단한다. 기도와 말씀 없이는 주님과의 동행도 없다.

지금은 개인적으로나 전 세계적으로 고난과 고생의 때다. 다시 밀물이 밀려오게 하실 하나님을 신뢰하고 오늘 밀물의 때를 준비해야겠다. 하나님은 꿈꾸는 것 같은 놀라운 일을 우리 앞에 준비해 두셨다.

어제부터 컴퓨터 사용이 원활하지 않아 소통도 어렵고, 예수동행일기를 쓰지도 못해 아쉬웠다. 할 수 있는 일이 거의 없다는 한계 앞에서 기쁨과 감사는 사라지고, '해야 할 일을 못한다'는 무거움만 남았다.

그때 성령님은, 2천 년 전 나 같은 죄인을 구원하시기 위해 하나님의 아들이 연약한 육신으로 이 땅에 오셨음을 생각나게 하셨다. 가장 높으신 분이 가장 낮은 말구유에 누우셨다. 그 주님이 지금 이 순간 나와 동행하신다는 사실이 큰 기쁨의 좋은 소식이 되었다.

내가 아무것도 못해도, 예수님을 나의 구주로 영접하고 영원히 함께한다면 충분히 기뻐하고 감사할 수 있다. 앞으로 할 수 있는 일이 점점 줄어들지라도, 나의 영은 항상 주님을 예배하며 교제할 것이다. 성탄의 주님을 기억하며, 내가 주인 되려는 모든 것을 내려놓고 주님만을 기뻐하고 예배드리자!

> "천사가 이르되 무서워하지 말라
> 보라 내가 온 백성에게 미칠
> 큰 기쁨의 좋은 소식을 너희에게 전하노라
> 오늘 다윗의 동네에 너희를 위하여 구주가 나셨으니
> 곧 그리스도 주시니라
> 너희가 가서 강보에 싸여 구유에 뉘어 있는
> 아기를 보리니 이것이 너희에게 표적이니라 하더니" (누가복음 2:10-12)

1. 무능력 앞에 절망하던 나에게, 죄인을 구원하시기 위해 가장 낮은 곳
   으로 오신 예수님의 큰 기쁨의 좋은 소식을 들려주심에 감사합니다.

2. 세상에서 존재감과 만족을 추구하던 마음을 내려놓고, 오직 주님과
   동행하는 것이 전부임을 고백하게 하심에 감사합니다.

주님만으로 충분한 성탄절

"그 말씀은 육신이 되어 우리 가운데 사셨다.
우리는 그의 영광을 보았다.
그것은 아버지께서 주신, 외아들의 영광이었다.
그는 은혜와 진리가 충만하였다." (요한복음 1:14, 새번역)

말씀이 육신이 되어 우리 가운데 오신 기쁘고 복된 성탄절, 어두운 세상에 그 외아들을 빛으로 주신 주님께 감사드린다. 성탄절 하루를 주인공이신 예수님을 충분히 생각하지 못하고 기쁜 소식을 사람들과 많이 나누지 못하고 정신없이 보내서 아쉽다. 성탄절은 오늘 하루지만 매일 이 땅에 오신 예수님을 기뻐하고 감사하고 다시 오셔서 다스리실 예수님을 기대하고 기다리는 날이 돼야겠다.

크리스마스에 사람들에게 인사도 다 못 하고 예수동행일기도 쓰지 못해서 아쉬움이 컸다. 그저 하나님의 아들이 나를 사랑하셔서 나와 같은 사람이 되어 이 땅에 오신 것을 기억하고 기뻐하기만 해도 충분한데 내가 해야 할 일을 다 못 하는 것에 신경 쓰느라 충분히 기뻐하지 못했다. 미리 성탄절과 새해 인사도 나누고 가까이 있는 사람들에게 작은 선물이라도 나눠 주면 더 보람 있고 기분이 좋겠지만 주님만으로 기뻐하고 감사하는 것을 주님이 더 기뻐하실 것이라는 생각이 든다.

괴로움 중의
세 가지 고백

매 순간 "주님 감사합니다, 주여 나를 불쌍이 여기소서, 나는 죽었습니다" 외치면서 주님을 바라봐야 하는데 육신의 괴로움만 생각하고 있으니 주님과 동행하기가 어려웠다. 두 가지 어려움이 나를 괴롭혔다.

첫 번째는 이틀 동안 계속 몸 여기저기 배기고 아파서 괴로웠는데 아침에 보니 욕창 방지매트 압력이 1단계가 돼 있었다. 5단계가 돼야 교대로 부양이 돼서 통증이 없고 욕창을 예방하는데 모르고 있었던 것이 좀 속상했다. 작은 통증만 있어도 평안을 유지하기가 쉽지 않다. 그래도 더 고생하지 않고 원인을 발견하게 해 주신 주님께 감사드린다.

두 번째는 환자용 영양식만 하루 4개 먹다가 요새 여러 가지 음식을 믹서기로 갈아서 먹어 보는데 삼킴에는 문제가 없는데 소화가 느리고 가스가 차서 불편함이 있었다. 조금 양을 조절하면 괜찮을 것 같으니 심각한 문제는 아니다. 그런데 목소리가 안 나와서 통증이나 불편감을 즉시 전달하는 것이 쉽지 않으니 괴로울 때가 많다.

몸이 불편하고 마음이 괴로울 때마다 "주님, 감사합니다!" 선포하고, "주여, 불쌍히 여기소서!" 구하고, "나는 죽었습니다!" 주님이 주인이심을 고백하고 기쁨과 자유를 누리기를 원한다.

나는 죽고
예수로 사는 삶

오늘 하루 종일 컴퓨터 마우스 사용의 어려움 때문에 일상이 멈춘 것 같았다. 컴퓨터를 통해서만 스마트폰을 사용하고 사람들과 소통하고 글을 쓰고 뉴스와 정보를 얻고 물건을 사고 미디어와 게임으로 여가를 즐기기 때문에 컴퓨터 없이는 모든 것이 멈추고 불통이 된다. 그래서 오늘은 너무 답답하고 우울해졌다. 겨우 유튜브로 설교 말씀을 들으면서 눈을 감고 "주님, 나는 죽었습니다. 내 안에 계신 주님만 사셨습니다"를 계속 외쳤더니 아무것도 못해도 괜찮다는 평안이 밀물처럼 들어왔다. 주님의 은혜로 예수동행일기를 쓰게 되어 부어 주시는 은혜의 감동을 경험했고 사람들의 사랑과 관심에 위로와 힘을 얻고 행복했지만 그것마저 할 수 없을 때, 나와 함께하시는 주님만으로 만족하고 기뻐할 수 있겠다는 생각이 들었다. 나의 존재감과 만족, 사람들의 인정까지 모두 주님보다 중요하지 않은 것으로 여기는 것이 나는 죽고 내 안에 예수가 사는 것임을 고백한다.

> "내가 그리스도와 함께 십자가에 못 박혔나니
> 그런즉 이제는 내가 사는 것이 아니요
> 오직 내 안에 그리스도께서 사시는 것이라
> 이제 내가 육체 가운데 사는 것은
> 나를 사랑하사 나를 위하여 자기 자신을 버리신
> 하나님의 아들을 믿는 믿음 안에서 사는 것이라" (갈라디아서 2:20)

작년 4월, 맹장수술 후 중환자실에서 사경을 헤매다 기관절개하고 목소리를 잃었을 때 나는 죽었다고 생각했다. 삶에서 중요한 것을 포기하게 됐으니 죽은 것처럼 느꼈지만 사실은 여전히 죽지 않았음을 고백한다. 여전히 나의 자존심, 명예, 인정, 교만, 욕심, 욕망, 비교, 판단이 살아서 나를 주장하고 지배하고 있으니 매일 갈라디아서 2장 20절을 선포하고 매일 죽는 연습을 하기로 결단한다.

한 해를 돌아보며 드리는 감사와 회개

이제 2021년이 하루밖에 남지 않았다. 차분하게 한 해를 돌아보고 새해를 계획하고 새로운 결심할 여유 없이 연말이 지나가 버렸다. 오늘과 내일은 주님께 감사하고 회개하는 시간을 갖고 연락이 가능한 분들에게 새해 인사를 일일이 문자로 써 보내기로 결심했다. 내일까지 다 마칠 수 있을지 모르겠다. 새해 인사 이미지나 문구를 복사해서 전달하면 10분도 안 걸리겠지만 마음이 담기지 않아서 무의미하게 느껴진다. 하나님께도 사람에게도 감사를 표현하는 것이 복이라는 생각이 든다.

한 해를 돌아보니 올해 예수동행일기 쓰기를 습관화한 것이 가장 잘한 일인 것 같다. 예수동행일기를 쓰는 목적은 주님과 동행하는 마음 중심과 태도를 점검하는 것이라고 생각하고 계속해 나가려 한다.

올해 기도를 제대로 못한 것과 오래된 습관을 버리지 못한 것을 회개한다. 순간순간 주님 이름을 부르고 한마디 구하는 것도 기도라고 생각하지만 최소 30분이라도 기도에 전념하는 것이 제대로 된 기도라 할 수 있겠다. 아무도 없는 나 혼자만의 시간에서 보이는 모습이 하나님 앞에서 숨길 수 없는 진짜 내 모습이라고 생각한다. 그런데도 여전히 주님을 의식하지 못하는 내 모습이 많이 부끄럽다. 사람의 눈은 의식하면서 의로우시고 완전하신 하나님의 눈은 의식하지 않는 나의 모습을 고백한다. 그것까지 허물어지지 않고는 주님과의 동행도 반쪽자리에 불과하다. 온라인은 개인적이고 은밀해서 드러나지 않지만 주님은 나와 함께하셔서 다 보고 계신다. 마지막 날에 주님 앞에서 낱낱이 드러나 부끄러움 당하지 않도록 깨닫고 회개하게 하시는 주님께 감사드린다. 주님이 보시는 기도와 거룩을 결코 포기하지 말자. 나는 마음을 정하고 성령님은 일하신다.